村上シネマ

村上春樹と映画アダプテーション

藤城孝輔

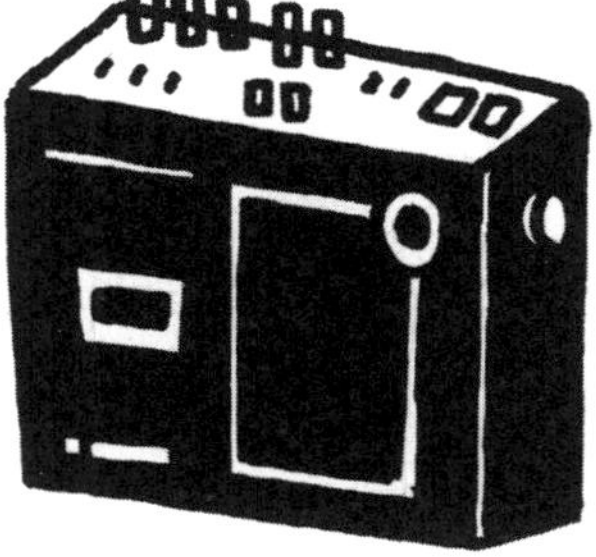

森話社

カバー・扉イラスト　澤里佳

村上シネマ

村上春樹と映画アダプテーション

目次

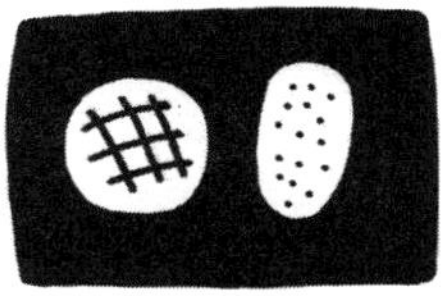

Ⅳ　多様化するコンテクスト

［凡例］

1 本文における映画のタイトルは、日本国内での劇場公開や映画祭上映時の邦題を二重かぎかっこ（『』）に入れて示す。日本未公開の作品には、原題の和訳を二重かぎかっこに入れて明記するが、初出において原題を併記する。ただし第3章だけでとりあげる作品については、類似したタイトルが多く見られるため、原題のみの表記とする。

2 引用文中の引用者による注記は、角かっこ（［］）に入れる。

まえがき　二台の赤い車のあいだ

大森一樹が監督した映画『風の歌を聴け』（一九八一年）の序盤には、鼠が運転する車が西宮球場の前で横転するシーンが、主人公の「僕」と鼠が出会った最初の日の思い出として挿入される。この車について、村上春樹の原作小説では「黒塗りのフィアット６００」[▽1]と説明されているのだが、映画に登場するフィアットはあざやかな赤色をしている。同作の製作ノートによれば、中古車店の店員が抵抗を示したにもかかわらず、大森は製作主任の久里耕介を通して濃紺のフィアットをわざわざ赤く塗りかえさせたという。「塗り上がったフィアットを見ると赤でも悪くない。ナイトシーンも多いことだしずっと映えるに違いない。つくづくユニークな形の車だと思う。スバルと間違えるじゃないかという意見もあったが、赤く塗ってもやはりフィアットはフィアットだ」と、大森本人は色の仕上がりに大変満足していた様子である。[▽2]

それから四〇年後に公開された濱口竜介監督作『ドライブ・マイ・カー』（二〇二一年）にも赤い車が印象的に登場する。主人公である家福の愛車は村上の短編小説では「黄色のサーブ900コンバーティブル」となっているが、[3]映画では赤いサーブ900ターボのサンルーフタイプに改変されている。「オープンカーでは風の音が入ってしまうので、会話を録《と》ることができないので、屋根付きにしようってことになったんです。黄色は緑と近い色だったので、風景の中に埋まりやすくなるけど、赤なら際立つ」と濱口はインタビューで答えている。[4]しかし「ただ、これは後付けみたいなところもあって、劇用車担当の方が、ご自身の真っ赤なサーブでやってきたんですが、それがものすごくかっこよく見えたんです」と濱口自身が補足するとおり、色の選択はあくまで監督本人の直感的な印象にもとづくものであった。[5]

大森の映画では泥酔した「僕」が横倒しになったフィアットのサンルーフを押しやぶって外に出て運転席の鼠に声をかける［図1］。他方、濱口の『ドライブ・マイ・カー』には家福とみさきが走行中のサーブのサンルーフをあけ、そこからタバコを指に挟んだ手を出すシーンがある［図2］。どちらも登場人物同士の距離の縮まりを車を舞台に演出しているわけだが、どうして直感的なものであったはずの劇用車の選択が同じ色のサンルーフ車に帰結し、同様に人物の関係性を示す重要な小道具として用いられているのだろうか？　「ずっと映えるに違いない」「赤なら際立つ」という異口同音の言葉からは、四〇年の歳月にへだてられたこの二人の映画監督が共に映画メディアにおける赤色の視覚的なインパクトの強さを意識していたことがうかがえる。

映画史に目をむけると、赤がたびたびシンボリックな役割を与えられてきたことがすぐにわかる。テクニカラー作品『オズの魔法使』（ヴィクター・フレミング監督、一九三九年）に登場するドロシーのルビー色の靴が原作小説では銀の靴であることは有名な逸話である。また、『帰らざる河』（オットー・プレミンジャー監督、一九五四年）のマリリン・モンローも放浪生活の中で赤い靴だけは大事に守りつづけていた。イギリス映画『赤い靴』（マイケル・パウエル／エメリック・プレスバーガー監督、一九四八年）では、芸術への情熱にとりつかれたバレリーナが結婚生活を捨てて赤い靴を履いたまま列車に身を投じる。パウエルとプレスバーガーの映画が下敷きとするアンデルセンの童話にあるように、慣れ親しんだ〈家〉から人を連れだし、遠くの（そしてしばしば危険な）よその土地にいざなうものという意味が赤い靴には与えられることが多い。赤い自動車もこのような文化的コンテクストの延長線上に位置づけて理解することができる。大森の「僕」や濱口の家福にとって、赤いサンルーフ車は自己の殻を抜けだし、他者と出会うための道具である。その出会いに成功して

図１　『風の歌を聴け』

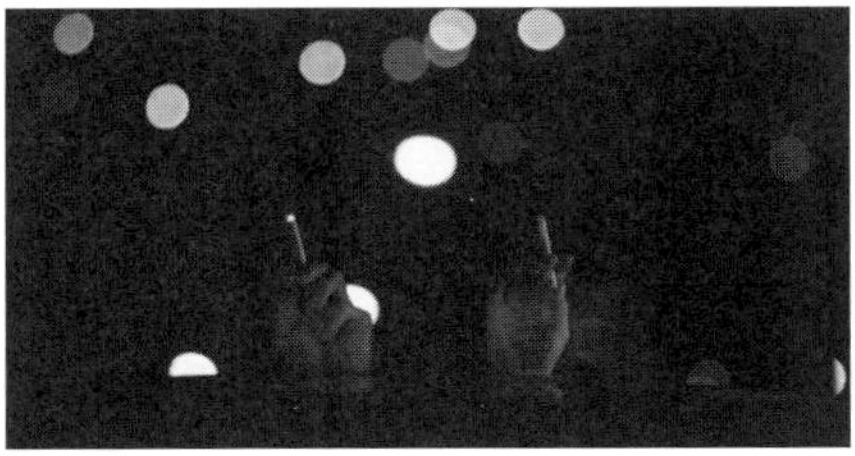
図２　『ドライブ・マイ・カー』

いるかどうかは、本書の第2章と第11章で考えてみたい。

アダプテーション（adaptation、日本語では「改作（物）、翻案（物）、脚色」[6]などと訳される）は異なるメディア、ひいては異なる時代や文化のコンテクストに物語を移植する行為である。作品によって程度の差はあれ、原作の物語は必然的に形を変える。内容の改変は『風の歌を聴け』や『ドライブ・マイ・カー』の車の色のように映画監督によるアーティスティックな選択の場合もあれば、時間的制約などメディアのフォーマットに由来する要請や金銭的都合、アダプテーションが行われる社会文化にもとづく事情など、さまざまな要因で行われる。村上春樹は自作の映画化に関して決して積極的な作家ではないが、それは自作が改変されることが理由ではない。むしろ「文章の中では自然だけど、それをそのまま口にするとたぶんちょっと不自然なものになるかもしれない」[7]と自身が認識している小説のセリフが元のかたちで映画で使用されることに対して、村上は懸念を示すことが多い。『風の歌を聴け』をめぐる対談で大森に語った「セリフなんかも、あれは普通ナマの人の話すセリフじゃないのね。それがナマで出てくるからね、ヤバいなあと思って……」[8]という感想は素直な本音であろう。

基本的に村上は「いったん権利を譲ったら、譲りっぱなしにする方針」であり、『ドライブ・マイ・カー』や『バーニング　劇場版』（イ・チャンドン監督、二〇一八年）のように原作とは大きく異なる展開をする作品についても「どんどん筋や台詞を変えていってくれてるから観てて楽」と語る。[9]村上の文章に依拠した部分の多い翻訳台本からいったんわかりやすくセリフを書きなおしたものの、「原作通りに喋りたい」という主演俳優の希望で台本どおりのセリフに戻った『ノルウェイの森』（トラン・アン・ユン監督、二〇一〇年）のような作品もある。[10] そういった作品に対しても、村上は原作者として公に苦情を言うことはなく沈黙を守っている。

村上の映画化に対する抵抗は、アダプテーションの原作に対する忠実さというよりはビジネスとしての映画業界への不信によるところが大きい。読者とのメッセージのやりとりの中で映画化について彼は次のように語っている。

映画の世界って、魑魅魍魎《ちみもうりょう》だらけというか、とにかくややこしいことが多いんです。多額のお金が絡《から》んできますし、あいだにいろんな人が入ってきますから、話があちこち錯綜して、すったもんだの末に面白くない結果に終わることが少なくありません。だからこそ僕としては、映画関係の話には積極的には関わらないようにしているわけですが。[11]

助川幸逸郎は、村上が早稲田大学時代に脚本家を志していたものの途中で断念したことについて当時の大学生の文化的階級における位置づけから考察を試みている。学生運動にとりくんだ一九六〇年代のエリート学生層と一九七〇年代の通俗化した学生層のどちらにも属さなかった村上が、高級文化と大衆文化のあいだに作家としての立ち位置を見出したと助川は推察する。「村上にとって映像はポップに寄りすぎていた」[12] という助川の結論は、本書の第1章で検討する初期の映画批評などの活動を鑑みればにわかには受け入れがたい。だが、監督やプロデューサー、配給会社やスポンサーなど多数のステークホールダーの利害がからみあう通俗的な映画業界に村上が閉口していたとすれば、村上が映画界と距離をおくようにしていることにも納得がいくだろう。「ボクは元々シナリオライター志望だったんですが、個人的な人間なので共同作業には向かないと思いあきらめました。でも映画は大好きだし、いろんな部分でボクの書くという行為に影響を与えているんです[13]」という村上の発言は、村上が映画というよりも映画をとりまく人間関係に対して抱いていた抵抗感、そして村上春樹という作家と映画の切っても切れない結びつきを如実に示している。

本書は、村上春樹の主要な映画化作品の分析を中心に、村上の文学とアダプテーションの関係について考える一冊である。序章に相当する第Ⅰ部「村上春樹と映画、その有機的なつながり」では、村上のキャリア初期における日本映画批評と、映画から文学への広義のアダプテーションと呼べる後年の小説への影響をケース・スタディーとしてとりあげる。鈴木清順の映画と村上の映画評、そして小説『騎士団長殺し』(二〇一七年)という三種のテクストを手がかりに、これまで「非日本的」と見なされることの多かった村上文学と日本映画の親和性の高さを論証する。さらに、東日本大震災の表象を例として、社会的コンテクストの理解を映像テクストの分析と同程度に重視する本書の分析手法を実践的に示す。

第Ⅱ部以降の章では、村上文学の映画化の歴史を便宜的に三つの時期に大別し、最初の映画化作品である『風の歌を聴け』から『ドライブ・マイ・カー』までの個々の映画化作品を論じる。はみでる部分はところどころあり、必ずしも時系列に厳密に従っているわけでもない。それでも、基本的には、二台の赤い車のあいだに横たわる四〇年を軸とした物語になるだろう。三つの大まかな時代区分は、一九八〇年代の自主映画、二〇〇〇年代のアート・シネマ、二〇一〇年代以降のコンテクストの多様な広がりという流れを強調するためのものである。

その最初となる第Ⅱ部「インディーズ映画の時代」では、一九八〇年代のポスト撮影所時代の日本映画における映画化作品をとりあげる。撮影所システムが崩壊した一方で、ぴあフィルムフェスティバルなど、自主映画や学生映画からプロになれる機会が生まれた一九八〇年代の日本映画界において、当時若者世代の文学の旗手と見なされていた村上の文学を映画化する意義を問う。また、村上の掌編小説が本来のコンテクストを飛びだし、村上の文学を愛好する個人の自主制作によって世界各地でアダプテーションが繰り返されるようになった経緯についても概観する。

続く第Ⅲ部「原作への忠実さとの格闘」では、村上が映画化を一貫して拒むようになった一九九〇年代の間隙を挟み、一部の映画作家に再び許可を出すようになった二〇〇〇年代の作品をとりあげる。アート・シネマの枠組みの中で言及されることの多いこの時代の作品は、原作に忠実であることへの固執が際立っており、『海辺のカフカ』(二〇〇二年)以降国際的な評価が格段に高まった村上文学に対する気負いが色濃く感じられる。第Ⅲ部に収められた三つの章では、それぞれの映画作家による原作との格闘に重点をおいて議論を展開する。

第Ⅳ部「多様化するコンテクスト」では、内容の大幅な改変が一般的になり、大衆文化やグローバル化などコンテクストが多様化する二〇一〇年代以降の作品をとりあげる。アート・シネマとは対照的なアイドル映画としての側面をもつ作品や、舞台を韓国に移し、プロット自体も大きく変えた作品、村上の複数の小説から題材を得つつも独自の物語を繰り広げる作品など、多様なアプローチがこの時代から現在にかけて見受けられる。各章において映像テクストとコンテクストの往還を分析的手法として採用することで、原作に対する忠実さの問題の検討にとどまらず、それぞれの時代、文化のコンテクストにおいて個々の映画化作品がもっていた意義をあきらかにしたい。

一冊の本につきあうことは、見知らぬ他人の車に乗ってドライブをすることに似ている。本書のドライブは道草も食いつつ行きあたりばったりの行程にはなるだろうが、車内では楽な気もちで移ろう景色を眺めてほしい。車の色は、おそらく赤だ。

▽1　村上春樹『風の歌を聴け』講談社（講談社文庫）、一九八二年、一八頁。
▽2　大森一樹／西村隆「製作ノート　風の歌を聴け」『月刊イメージフォーラム』一五号、一九八二年、一四五頁。
▽3　村上春樹『女のいない男たち』文藝春秋（文春文庫）、二〇一六年、二三頁。

▽4　平辻哲也「村上春樹さんの原作の大きさを感じた　『ドライブ・マイ・カー』でカンヌ4冠　濱口竜介監督」『サンデー毎日』一〇〇巻四一号、二〇二一年、一一五頁。

▽5　同。

▽6　竹林滋ほか編『新英和大辞典』六版、研究社、二〇〇二年、二八頁。

▽7　村上春樹『夢を見るために毎朝僕は目覚めるのです　村上春樹インタビュー集1997-2011』文藝春秋（文春文庫）、三〇九頁。

▽8　村上春樹／大森一樹／村上知彦「HUMAN HOT INTERVIEW SPECIAL「風の歌を聴け」原作者村上春樹vs.監督大森一樹」『Hot Dog Press』三巻一九号、一九八一年、一六頁。

▽9　野村訓市（インタビュー）、門間雄介（文）「村上春樹2021年の観る。」『BRUTUS』四二巻二〇号、二〇二一年、七〇頁。

▽10　門間雄介取材・構成「亀山千広（エグゼクティブ・プロデューサー）×小川真司（プロデューサー）対談」東宝ステラ編『ノルウェイの森』劇場用プログラム、東宝（株）出版・商品事業室、二〇一〇年、一二頁。

▽11　村上春樹『村上さんのところ』新潮社（新潮文庫）、二〇一八年、三八六頁。

▽12　助川幸逸郎「村上春樹は、なぜ映画脚本家にならなかったか」石田仁志／アントナン・ベシュレール編『文化表象としての村上春樹　世界のハルキの読み方』青弓社、二〇二〇年、二〇六頁。

▽13　立松和平／村上春樹「原作者対談・映画ってなんだ!?『遠雷』立松和平vs『風の歌を聴け』村上春樹映画への関わり方にもいろいろあるんだ」『平凡パンチ』一八巻四二号、一九八一年、頁番号なし。

I

村上春樹と映画、その有機的なつながり

第1章　鈴木清順の映画と『騎士団長殺し』

映画批評に見る創作の源泉

村上春樹はキャリア初期の一時期、集中的に映画批評を執筆している。明里千章によれば一九八〇年から一九八二年の三年間のうちに一九本、映画に関する村上の文章が発表されている。[1] 発表媒体は代表的な映画雑誌である『キネマ旬報』に不定期で四本、平凡社の雑誌『太陽』の映画評コーナー「太陽の眼」に一年間の連載として一二本などである。また、川本三郎との共著『映画をめぐる冒険』（一九八五年）では、村上は全二六四本中一五四本の作品に対して三〇〇〜四〇〇字程度の寸評を書いている。近年でも吉本由美著『するめ映画館』（二〇一〇年）の中で「映画好き」[2] の一人として対談や鼎談を行うなど映画を論じる機会はたびたびある。しかし、現在の村上の映画に対するむきあい方は、ジョルジョ・アミトラーノが言うようにあくまでアマチュアの「映画愛好家」としての姿勢であると考えられる。[3] 村上が一九八〇年代前半にとりくんだ映画批評家としての精力的な仕事とは、大きなへだたりが感じられる。

明里が指摘するとおり、村上にはこれらの映画批評の仕事を意図的に「消し去りたがっている」ふしが見られる。▽4 初期に書かれた映画評の大半は一九九〇年～一九九一年と二〇〇二年～二〇〇三年に刊行された「全作品」集にも収録されることなく、単行本にもまとめられていない。また、村上の唯一の映画本といえる『映画をめぐる冒険』は長らく絶版のままとなっている。村上はラジオ番組『村上RADIO』（二〇一八年～）でディスクジョッキーとして自分の愛好する音楽を紹介し、『村上T　僕の愛したTシャツたち』（二〇二〇年）ではTシャツのコレクションの一部を披露している。だが、彼が今後「村上シネマ」というタイトルの本を出す可能性は、きわめて低いだろう（だからこそ、本書のタイトルに使うことにした）。

明里は「映画評とレコード評だけは絶対に仕事としてやりたくない」や「悪口というのは［…］決して気分の良いものではない」といった当時の発言を紹介し、村上が当初から批評活動に消極的であったことを示している。▽5 さらに、はじめて原作を提供した映画『風の歌を聴け』（大森一樹監督、一九八一年）にむけられた酷評に村上が疲弊し、「原作提供者として映画に関わらざるを得ない位置にあることへの不要な気遣いや心配、関係者と見なされることへの警戒感、そういったすべての煩雑さから避難したかったのではないだろうか」と明里は推察する。▽6 自分のコントロールのおよばない映画の内容について村上が実際にそこまで気に病んだのかどうかは定かではないが、本人の発言を見る限り少なくとも小説執筆の時間を大幅に削られることや出版業界のわずらわしさに不満を感じていたことはたしかであろう。

本章では、明里とは異なる観点から村上の創作と映画批評の関係を考察したい。特に注目したいのは、村上が一九八〇年の『太陽』の映画評連載の中で論じた『ツィゴイネルワイゼン』(一九八〇年)をはじめとするポスト日活時代の鈴木清順監督作品と『騎士団長殺し』(二〇一七年)に見られる間テクスト性である。村上は早稲田大学第一文学部演劇専修在学中にアメリカ映画のほか東映作品と見られる「ヤクザ映画」を「欠かさず観た」と発言している。[▽7] にもかかわらず、これまで村上の小説と日本映画の関連は十分に顧みられてこなかった。四方田犬彦は村上の日本映画に対する姿勢を「日本映画への一貫した拒否」と見なし、それは村上が「日本と呼ばれるローカルな物語をわが身に引き受けることを拒否してきた」ためであると推測している。[▽8] 実際、村上の小説の中で言及されるのはアメリカ映画やヨーロッパ映画が中心であり、日本の映画作品への明示的な言及は『1Q84』(二〇〇九~二〇一〇年)に黒澤明の『蜘蛛巣城』(一九五七年)と『隠し砦の三悪人』(一九五八年)が登場するまでは皆無であった。[▽9] しかし、日本映画は村上によって完全に等閑視されているわけではなく、より潜在的なかたちで村上の小説に影響をおよぼしている。後年の村上がみずからの映画評を読者の目にふれさせないようにしてきた点についても、創作の着想の源泉を特定されることへの懸念があったという仮説を立てることができるのではないか。村上が同時代の日本映画を論じた数少ない例である初期の映画批評は、それをあきらかにする手がかりとなるだろう。

1　異界との交わり――『木乃伊の恋』

一九八〇年七月から一九八一年六月にかけて連載された『太陽』の映画評において、村上は日本映画を合計三本とりあげている。[10]洋画が大半である村上の映画評の中で、これらは例外的であるといえる。鈴木清順を監督に起用した自主配給映画『ツィゴイネルワイゼン』にはじまり、翌年『風の歌を聴け』を監督する大森一樹がＡＴＧ（日本アート・シアター・ギルド）の出資を得て撮った『ヒポクラテスたち』（一九八〇年）、東映映画で知られる鈴木則文が脚本を担当した日活ロマンポルノ映画『団鬼六　ＯＬ縄奴隷』（藤井克彦監督、一九八一年）にいたるまで論評対象の作品は多様であり、村上が日本映画に対して幅広い知識をもっていたことをうかがわせる。

村上は「文句のつけようもない一級品」とほとんど手放しで絶賛する『ツィゴイネルワイゼン』評の中で、同作を『殺しの烙印』（一九六七年）、『木乃伊の恋』（一九七三年）に連なる「近年の流れ」の中に位置づけ、鈴木を「「巨匠」という名に安住せず、「才人」という名に溺れることなく、自らに鞭を打ち、前進することにのみ身を砕きつづける作家」として高く評価している。[11]鈴木は一九六八年に日活を解雇されて以来、撮影所と対立した映画作家として広く認識され、当時の映画通の若者のあいだでカルト的な人気を博していた。すでに五〇代のベテラン映画監督であった鈴木に対して村上が用いた「前進」という言葉は、鈴木を同時代の映画作家として注目しつづけてきたことを示すものである。これは、一九七〇年代に一〇代であった映画評論家の上島《かみじま》春彦が「私にとって鈴木清順は『ツィゴイネルワイゼン』の監督となる前に早くも、驚かされたりがっかりさせられたり一喜一憂する現役の映画監督であった」[12]と回顧する言葉と共鳴する。

ちなみに鈴木が日活解雇後に監督した『木乃伊の恋』と『ツィゴイネルワイゼン』のあいだに撮られた松竹映画『悲愁物語』（一九七七年）については、村上は未見であるとして議論から外している。村上は批評の中で鈴木清順の作家性にしか言及していないものの、『殺しの烙印』『木乃伊の恋』『ツィゴイネルワイゼン』はいずれも田中陽造が脚本を担当している（ただし『殺しの烙印』は「具流八郎」という架空の作家名による共同脚本）。梶原一騎の原案にもとづき大和屋竺が脚本を執筆した『悲愁物語』は、鈴木と田中の協同作品の一貫性から外れるものとして意図的に言及をひかえたと見なすこともできる。

全一三話のシリーズ『恐怖劇場アンバランス』（一九七三年）の第一話として放映されたテレビ映画『木乃伊の恋』は、上田秋成の『春雨物語』（一八〇八年）に収録された「二世《にせ》の縁《えにし》」を劇中劇のかたちで取り入れており、同じく「二世の縁」を題材に用いた村上の『騎士団長殺し』と特に関連が深い。『木乃伊の恋』について村上は次のように述べている。

> テレビの怪奇シリーズの一本として製作された「木乃伊の恋」は上田秋成『春雨物語』の一篇に題材を取ったものだが、実像と幻影、真実と虚構、過去と現代を一体化させたその映像は息

を呑むばかりに素晴らしいものであった。「ツィゴイネルワイゼン」は明らかにこの「木乃伊の恋」の延長線上に捉えられる作品であるが、もちろんその完成度はより一層高められている。[13]

この評言に用いられている言葉とよく似た表現が『騎士団長殺し』にも登場する。「私」が騎士団長のイデアとはじめて出会った翌朝、改めて雨田具彦の日本画《騎士団長殺し》を眺める場面における描写である。

雨田具彦が日本画の筆と顔料で描きあげた架空の人物が、そのまま実体をとって現実（あるいは現実に似たもの）の中に現れ、意志を持って立体的に動きまわるというのは、まさに驚くべきことだった。しかしじっと絵を見ているうちにだんだん、それが決して無理なことではないように、私には思えてきた。おそらくそれだけ、雨田具彦の筆致が鮮やかに生きているということなのだろう。現実と非現実、平面と立体、実体と表象のはざまが、見ればみるほど不明確になってくるのだ。[14]

右記の二つの引用の傍線部ではどちらも三種類の対義語の対が提示され、「一体化」あるいは「不明確になってくる」という表現で、対義性が失われていくさまが描かれている。対となっている言葉は異なるものの、「実像と幻影」および「実体と表象」、「真実と虚構」および「現実と非現実」にはそれぞれ類義的な関係が見受けられる。さらに映画評で言及される「過去と現代」については、「私」が最初に《騎士団長殺し》の絵を発見した時点で「古代の衣装《いしょう》をまとった老人の姿は、どのように見ても「騎士団長」という呼び名には相応《ふさわ》しくない。「騎士団長」という肩書きは明らかにヨーロッパ中世あるいは近世のものだ[15]」と指摘しており、異なる時間性の混じりあうアナクロニズムが絵の特徴の一つとして示されている。つまり、《騎士団長殺し》という絵画のモティーフは、村上が鈴木の『木乃伊の恋』から受けた印象を下敷きにしたものであると考えられる。

『木乃伊の恋』は、作中に「二世の縁」全文口語訳を挿入した円地文子の短編小説「二世の縁拾遺」（一九五七年）を原作としている。しかし、先述の映画評を書いた時点で村上は円地の原作を読んでいたとは考えにくい。円地の短編が収録された二〇一九年（英語版は二〇一八年）刊行のアンソロジーへの序文の中で、村上は「「二世の縁　拾遺」（一九五七）は、上田秋成（1734-1809）の古典『春雨物語』の中に収められている「二世の縁」という短い怪奇譚をもとにして物語が進められる。そのことは知らず、僕も『騎士団長殺し』という長編小説の中で、この「二世の縁」をストラクチャーのひとつとして用いたことがある」と、近年まで円地の作品を読んでいなかったと主張している[16]。一方、『木乃伊の恋』は一九七三年のテレビ放映以降、村上の映画評が出て半年後の一九八〇年一二月一〇日に『時の娘』（内藤誠監督、一九八〇年）と併映されるまでは正式に劇場公開されておらず、村上はテレビ放映時またはプライベートな上映会などの早い段階で目にしていたと考えられる[17]。

さらに村上はテレビドラマの鑑賞に加え、テレビ放映の三年前にあたる『映画評論』一九七〇年五月号に採録された同作のシナリオを読んでいた可能性がある。円地の「二世の縁　拾遺」では秋成の「二世の縁」を病床の老教授が口語訳し、かつての教え子の女性が口述筆記するという枠物語の形式がとられる。この枠物語における主人公である女性は一人称の語り手であり、「則武さん」[18]とセリフの中で一度名字が言及されるのみである。田中陽造のシナリオではこの人物に「則武笙子」[19]という名前を与えている。内田康が指摘するとおり、「笙子」という名前は『騎士団長殺し』の秋川まりえの叔母の名前にも用いられている。則武笙子はドラマの中で名前で呼ばれる場面があるが、漢字表記はシナリオ上にしか見られない。[20]「秋川笙子」という人物名が『木乃伊の恋』に対するオマージュとしてつけられたものだとすれば、村上がシナリオを読んでいない限り漢字表記を知ることはできなかっただろう。村上は脚本家を志して早稲田大学演劇博物館で古い映画シナリオを習慣的に読んでいたことから、[21]おそらく学生時代に『木乃伊の恋』の台本を読む機会があったものと推測できる。

ドラマは円地の原作（および秋成の「二世の縁」）に対していくつかの大きな改変を加えている。一つは、土の中で即身仏となった状態からよみがえったとされる入定の定助が終始異界の存在として描かれる点である。円地の小説では入定からよみがえった定助は愚鈍な凡人に戻り、村の後家と夫婦になる。村人たちは好奇心から定助と後家の交わりをのぞきに集まるが「別に化物が女と戯れている様子もなく、力抜けして帰って」いく。[22]そして物語の結末では、後家が「何で、あんな甲斐性なしを亭主にしたものか」[23]と世俗的な家庭を想起させる愚痴をこぼして終わる。一方『木乃伊の恋』において大和屋竺が演じる定助はミイラの特殊メイクや白塗りの化粧で異様さが強調され、村人たちは定助を「傍に寄るだけで、死人の匂い」[24]がするとして毛嫌いする。円地の原作と同じく、定助は後家と契りを交わすが、二人のあいだにできた子どもが産まれるシーンでは、好奇心で集まった村人がとりかこむ定助の家の周りに赤色の煙幕が立ちこめ、屋内では後家の死体から嬰児の代わりにあたかも『1Q84』のリトル・ピープルを思わせる無数の小人の菩薩が出現する［図1］。恐れおののいた村人は鍬を手に定助を追い回して転落死させる。

図1　『木乃伊の恋』

円地の小説において定助が完全に俗世の人間になってしまうのに対し、『木乃伊の恋』の定助はミイラの状態から戻ったあともこのように終始グロテスクな異界の他者として描かれるのである。

『1Q84』のBOOK 3には、殺害されて横たわる牛河の死体からリトル・ピープルが出てくる場面が見られる。

> 牛河の大きく開かれた口から声は出てこなかった。そこから出てきたのは言葉ではなく、吐息でもなく、六人の小さな人々だった。背の高さはせいぜい五センチほどだ。彼らは小さな身体

に小さな服を着て、緑色の苔のはえた舌を踏みしめ、汚れた乱杭歯をまたぎ、順番に外に出てきた。夕方に仕事を終え、地上に戻ってくる炭鉱夫たちのように。しかし彼らの衣服や顔はきわめて清潔で、汚れひとつなかった。彼らは汚れや摩耗とは無縁の人々だった。[25]

右の描写において「せいぜい五センチほど」とされるリトル・ピープルは、「小さな」という言葉の反復やディズニー映画『白雪姫』（デヴィッド・ハンド監督、一九三七年）に登場する小人の鉱夫を思わせる比喩を用いて体長の小ささが強調されるとともに、清潔さがグロテスクな死体の描写と対比させられることで神秘的な存在として特徴づけられている。この点にも、『木乃伊の恋』において土気色の女の死体とは対照的に全身が黄金に輝く菩薩たちとの共通点が見出せる。

さらに、内田康が指摘するとおり、枠物語に登場する老教授の布川と定助を作中で死なせ、死者の再来の場面を描いた点も円地の小説からの顕著な改変である。これには「ドラマの怪異的要素を増幅させる」目的があったと内田は解釈するが、[26]それと同時に、死者に拘泥しつづける人間のテーマが導入されている。定助の亡霊は、最初に定助を掘りおこした村の豪農である正次が妻をめとった初夜に鉦の音とともに出現し、その結果、「その後正次は一生女と交わることなく終ったという」と布川のナレーションによって説明される。[27]これにより、死んだ夫への思いにとらわれつづけたために、「第二の男と結ばれる機会なしにこの年月を経てきた」[28]戦争寡婦である則武笙子が主人公となる枠物語との相似関係が作られる。この相似性は、鉦の音が聞こえる劇中劇としての「二世の縁」のラストが、警笛が鳴りひびく踏切の赤信号のショットに切り替わる場面転換によっても示されている。

現世に幻影として残りつづける異界の者の存在感によって生きている人間の生／性が阻まれるという主題は「生きている人間は本当は死んでいて、死んでいる人間は本当は生きている」と村上が鈴木の言葉を引いて紹介する『ツィゴイネルワイゼン』に連なる鈴木の映画に繰り返し描かれるテーマである。▽29 過去と現代の交錯は円地の小説と鈴木の映画に共通する構造であるものの、先に引いた「実像と幻影、真実と虚構、過去と現代を一体化させたその映像」という村上の『木乃伊の恋』に対する評価は円地の物語よりも鈴木の作家性に注目したものであったことがわかる。

「二世《にせ》の縁《えにし》」という話が僕は昔から好きで、あれをモチーフにしたものを何か書きたいなと、ずっと昔から思っていたんです▽30」と村上が語るとき、それは鈴木の想像力を経由した「二世の縁」であったと考えるのは想像に難くない。「二世の縁」における豪農の主人と同様に鉦の音に導かれて異界の者であるイデアを呼びさますという実像と幻影の交錯、『木乃伊の恋』における布川の亡霊と同様に生霊となって主人公の前に現れる雨田具彦が結びつける第二次世界大戦期の過去と現代というように、『騎士団長殺し』は村上のやり方で「実像と幻影、真実と虚構、過去と現代を一体化させた」世界観を構築したものである。だが、作品の世界観や雰囲気だけではなく、物語の具体的な主題や視覚的モティーフにおける間テクスト性を検討するためには、鈴木のほかの作品にも目をむける必要がある。

2　死者と生者の関係――大正浪漫三部作

鈴木清順の作品のうち、鈴木が監督を務め、田中陽造脚本、荒戸源次郎製作で作られた『ツィゴイネルワイゼン』、『陽炎座』（一九八一年）、『夢二』（一九九一年）の三作は、一般に「大正浪漫三部作」[31]と呼ばれている。三作を通してストーリーが連続しているわけではなく、前二作はそれぞれ内田百閒（クレジットなし）と泉鏡花の複数の作品を組みあわせて原作としている。『夢二』は、竹久夢二の伝記的事実に取材して田中が一時間のビデオ作品を想定して執筆したオリジナル脚本「ラプソディー」にもとづく。[32]タイトルが変更されたのは、一九九一年五月三一日の本作の公開とほぼ同時期の一九九一年五月二五日に劇場公開された黒澤明監督作『八月の狂詩曲《ラプソディー》』（一九九一年）の影響があったものと考えられる。

『夢二』は三部作の中でも『騎士団長殺し』への影響が顕著に見られる作品である。商業美術で活躍した詩人・画家、竹久夢二の金沢滞在中の不可解な体験と性的放蕩という大まかな内容が『騎士団長殺し』において小田原に暮らしはじめた主人公が体験する超自然現象と人妻との情事に類似しているだけではない。両者の相似関係はそれぞれの冒頭の場面に凝縮されている。

今日、短い午睡《ごすい》から目覚めたとき、〈顔のない男〉が私の前にいた。私の眠っていたソファの向かいにある椅子《いす》に彼は腰掛け、顔を持たない一対の架空の目で、私をまっすぐ見つめていた。

男は背が高く、前に見たときと同じかっこうをしていた。広いつばのついた黒い帽子をかぶって顔のない顔を半分隠し、やはり暗い色合いの丈の長いコートを着ていた。▽33

『騎士団長殺し』のプロローグは「短い午睡《ごすい》から目覚めたとき」という夢うつつの状況の中、主人公と異界の者との対峙（再会）を描いている。「前に見たときと同じかっこう」という記述、そしてまりえのペンギンの人形を「私」に返すことから、本編の出来事が終わったあとの挿話であることがわかる。しかし読者はまだ本編を読んでいないため「顔のない男」の主人公との関係は理解できず、不可解な異界の存在としてとらえるほかない。

これに対し、『夢二』のオープニング・クレジットに続く冒頭のシーンもまた、主役の夢二が見る夢のシーンである。花嫁衣裳を着た女が夢二の屏風絵《立田姫《たつたひめ》》（一九二一年）を模したポーズで木の上に浮かんでおり、夢二は紙風船で遊ぶ人ごみをかきわけて女に近づこうと手を伸ばす。夢二はいつの間にか拳銃を手にして椅子に座っており、黒い山高帽をかぶり、黒いフロックコートに身を包んだ顔の見えない男が「あの女は振り向かぬ。顔が見たいか？　身の程を知らぬやつだ。俺は見た。俺を撃て。顔が見えるかもしれぬ」と夢二に話しかける。▽34 夢二は決闘の作法に従って男を撃とうとするが、女の姿［図2］に気をとられて撃ち損じる。今度は男が夢二を撃つ番となり、銃声が鳴りひびいた瞬間、夢二は額を撃ちぬかれたと思いこむ。

夢の中で夢二が出会う男女はどちらも顔が見えない正体不明の他者である。彼らは夢二が金沢に着いたあとに出会う脇屋夫妻であることがのちに明かされるが、この夢を見ている時点で夢二は彼らとまだ出会っておらず、何のために男と決闘しているかも理解していない。脇屋の結婚式の日に夢二が花嫁衣裳の片袖を奪った（そして夢二はそのことを忘れていた）と物語の後半で説明されるが、それが事実であるか虚構であるかは劇中では曖昧にされている。夢二が描こうとする理想像を女が体現している一方で、山高帽にフロックコートといういでたちをした金髪の男は西洋的な他者であるといえるだろう。脇屋の髪の色は田中のシナリオに明記されておらず、鈴木の演出であると見られる。日本において白髪を黒く染める染毛剤は一九〇七年から登場していたが、金髪に脱色する技術は一九六五年以降に登場したものであり、人工的な染髪だとすればアナクロニスティックである。[35]『騎士団長殺し』における免色渉の白髪はレイモンド・チャンドラーの小説『長いお別れ』（一九五三年）のテリー・レノックスの白髪を踏まえたものと推察できるが、脇屋の脱色された髪も影響を与えているのではないか。

図２『夢二』

免色については『グレート・ギャツビー』（一九二五年）の主人公ギャツビーとの類似性が刊行直後から指摘されているが、[36]脇屋は金沢に二軒屋敷を所有する裕福かつ謎めいた人物である点、友人として主人公の夢二を屋敷に招いてもてなす点などにおいても免色渉に通じる部分が少なくない。また、脇屋が一度殺されたと見なされたのちに「復活」[37]した人物として設定されている点は、『木乃伊の恋』における入定の定助を連想させるのみならず、免色渉が東京拘置所への長期間にわたる収監という社会的な死からよみがえった人物であることと相似関係をなしている。

オープニングに話を戻せば、両作に共通して表現されているのは、商業画家の葛藤と時間性のねじれ、そして未知なる他者の存在である。顔の不可視性というモティーフは肖像画家である「私」にとっても、美人画で人気を博した夢二にとっても自分の力量を超えた芸術的挑戦を意味し、画家としての現状に対する不満を暗示する。また『騎士団長殺し』のプロローグは時系列上の位置づけがにわかには把握しにくく、『夢二』のオープニングは夢二がまだ出会っていない（と夢二が思っている）人物と夢の中で出会うという時間的に説明のつかない内容である。どちらも寝ざめと夢という現実と非現実のあわいでの出来事であることから、物語のほかの部分の時間性から切り離された異界として提示されていると考えることができる。どちらのオープニングにおいても、主人公が異界の他者との接触を通してみずからの芸術的問題にむきあうという内容が示唆されている。

異界の他者の存在を表現するために竹久夢二の作品が用いられる例はほかの場面にも散見される。彦乃の遣いで金沢に来たお葉（夢二の愛人の一人であった佐々木カネヨに相当）が「夢二の女に作り変えるには大変だ」[38]と夢二に言われたあと、台所で女たちに体を洗われ、ぬか漬けの樽に漬けられるシーンでは、夢二作の赤毛の外国人の人形がお葉の様子を見おろすように屋根の梁に腰かけているのが映しだされる［図3］。《立田姫》を模した女と夢二の人形は映画のラストシーンにも再登場する。冒頭と同じ木の上の女のショットから実物の屏風絵の《立田姫》にディゾルヴで切り替わったあと、カメラが後退して《立田姫》のほうをむいて椅子に座った人形が現れる［図4］。これらのシーンにおいて夢二の人形は観察者として位置づけられている。登場人物が人形の存在に気づいていない様子である点や人形の大きさは、『騎士団長殺し』において「とにかく何でもいちおう見てしまうもの」[39]とされるイデアを彷彿とさせる。

図 3, 4　『夢二』

死者と生者の関係においても、鈴木の映画と『騎士団長殺し』には共通点が見られる。上島春彦が指摘するように、『ツィゴイネルワイゼン』と『陽炎座』では登場人物が「交換可能な互い」という分身的存在として描かれる[40]。『ツィゴイネルワイゼン』では、中砂は旅先で出会った芸者小稲（イネ）と瓜二つの女、園と結婚する。しかし、園が女児を産んだ直後に中砂からスペイン風邪をうつされて死ぬと、中砂はイネと再婚して園の代わりをさせる。ここでは大谷直子が一人二役で演じる園がイネの身代わりとして中砂の妻になるだけでなく、園が死ぬとイネが死者である園の身代わりとなって妻と母親の役割をになうという二重の交換が行われている。どちらか一方がオリジナルでもう片方がコピーというわけではなく、死者と生者の両方が交換可能な人物として位置づけられている。

これに対し、『陽炎座』ではドイツ人のイレーネ（イネ）と品子という、外形上はまったく異なる女性二人が分身として扱われる。二人とも作家の松崎のパトロンをしている玉脇の妻であるが、先妻のイネは作品の冒頭で危篤となり、登場時点ではすでに死んでいる。後妻の品子は玉脇にとってはイネの身代わりだといえるが、イネは幽霊であるにもかかわらず品子に代わって彼女の不倫相手となった松崎に手紙を出して金沢に誘い、松崎と床を共にする。イネと品子は妻と愛人の役割を相互にとりかえて男を交換するのである。村上も引いた鈴木の言葉「生きている人間は本当は死んでいて、死んでる人が本当は生きてるんだ[41]」のとおり、死者と生者の交換はこれらの作品の物語の核となっている。

『騎士団長殺し』では、「表情の動きが、とりわけ目の動きや輝きが与える印象が、不思議なくらいそっくりだった[42]」という述懐から「私」が妻のユズを死んだ妹のコミの分身として見ていたことが示唆される。分身あるいは身代わりとして見られることは、「すだちじゃなくて、ゆず。似ているけど違う[43]」といった何気ない言葉からユズの意志に反するものだったと推察できる。このようなコミとユズの二重性は鈴木の映画における交換可能な分身と共通する部分であるが、村上は物語の後半で分身の主題を発展させ、同時存在としての分身という独自の主題を提示する。それが顕著に表れているのは、異界であるメタファー通路の先にある洞窟の横穴で「私」を助けるドンナ・アンナとコミの二重性である。「私」は二人の声を明確に違うものとして聞きとっていたにもかかわらず、後日メタファー通路の中での冒険を振り返ったときに、「ドンナ・アンナとコミはひとつのものだったのかもしれない。彼女はドンナ・アンナであり、それと同時にコミでもあったのかもしれない[44]」という気づきにいたる。そして、二人の女性が別個の人格であると同時に同一の存在であるという仮説を「私」はさらに展開させる。「私」はまりえとの会話の中で「ひょっとしたら（もちろんこれは推測に過ぎないわけだけど）、ドンナ・アンナは雨田具彦さんが若くしてウィーンに留学していたときの恋人だったかもしれない[45]」と語り、内心では「あるいはドンナ・アンナはスズメバチに刺されて亡《な》くなった、秋川まりえの母親であるかもしれない。彼女がまりえの身を護《まも》ろうとしていたのかもしれない。ドンナ・アンナは同時にいろんなものを表象しているのかもしれない[46]」と考える。

「かもしれない」という不確実な推測の語尾の反復が示しているのは、作品冒頭の顔のない男との再会を描いたプロローグと同じく、異界および死者に対する不可知性である。しかし同じ語尾の執拗な反復によって、時代も死の状況も異なる個別の死者たちが個別な存在であると同時に同一の分身であるという「私」の認識がここではかえって強調されている。『ツィゴイネルワイゼン』や『陽炎座』における分身のように互いが互いの身代わりとなって生死のさかいがわからなくなる状態が『騎士団長殺し』における危険な「二重メタファー」[47]に体現されているとすれば、分身同士が同一の同時存在である事実を受け入れること、あるいは妻であるユズに死者の面影を見出していたことを自覚しつつ、同時に生者であるユズ本人を個別な存在として受け入れることが、主人公である「私」に救済をもたらすことに結びついたといえる。いうなれば、村上は鈴木の映画に見られた交換可能な分身としての死者と生者という主題を流用しながらも、同時存在の分身という独自に発展させたかたちで用いている。「納屋を焼く」(一九八三年)など特に初期作品において、村上は同時存在の主題を繰り返し描いてきた。[48]つまり、単なる映画からの影響にとどまらず、交換可能な分身という主題が含意する問題を浮き彫りにし、オリジナルな主題で応答するという批評的な態度がここには見受けられる。村上はかつて映画批評家として鈴木の作品と対峙した経験を小説家としてみずからの創作に還元しているのだといえるだろう。

3　表象されない災禍——震災後文学としての『騎士団長殺し』

だがそもそも、なぜ村上は三〇年以上経った二〇一〇年代の作品において鈴木清順の映画との間テクスト性を構築する必要があったのか?　いくら一九八〇年当時の村上が前進しつづける同時代の作家として鈴木をとらえていたとはいえ、異なる世代に属する両者のあいだにどのような共通項が見出しうるというのか?　これらの問いに答えるうえで、まずは鈴木の作品に一貫して見られる死者の存在に注目したい。『ツィゴイネルワイゼン』で描かれる死者について、村上は「『ツィゴイネルワイゼン』は深い哀しみに充ちた映画である。人の業の底知れぬ闇を切々と感じさせる映画である。あるいはこれは逝ってしまった多くの人人への、また時代への「点鬼簿」であるのかもしれない」と評している。[49]たしかに劇中では、中砂の前妻の園、青地豊二郎の義妹である妙子、そして中砂という三人の主要人物の死が描かれるほか、中砂と心中を図った女の水死体が登場し、イネの自殺した弟が会話の中で言及される。しかし、「逝ってしまった多くの人人」という集合的な表現を用い、さらに「時代」を代表させる存在と位置づけていることから、村上の評言はこれらの登場人物の死以上のものを指している可能性が浮かびあがる。また、大正時代(一九一二～一九二六年)に生まれた人間は一九八〇年の時点でまだ五四歳から六八歳であり、村上が「時代への「点鬼簿」」と称するほど大正時代は遠い過去のものではなかった。このことから、村上が『ツィゴイネルワイゼン』から感じとった「深い哀しみ」は、映画の物語の枠外の文脈を念頭においたものであるという仮説が立てられる。

　鈴木の世代の人間にとって、死をめぐる共有体験としては関東大震災と第二次世界大戦がすぐに挙げられる。鈴木は一九二三年五月に生まれ、生後一〇〇日目に東京の日本橋で関東大震災に被災して生家を失っている。[50]当時の記憶はないものの、「私は地震に敏感である。どんなに熟睡していても、ちょっとの地震で飛び起き、おやじやおふくろにそうしろ、と云われた覚えもないが、すぐさま戸を開ける」[51]と、震災がみずからに与えた影響を自覚している。東日本大震災直後に行われたインタビューにおいても「幼児体験なんだろう。地震が一番怖いよ」と関東大震災での被災経験に結びつけて恐怖心を語っている。[52] その後、二〇歳で学徒動員された鈴木は、一九四四年に南方にむかう海上で攻撃されて七三名の同期生のうち半数以上が死ぬのを目撃し、さらにはフィリピンから台湾にむかう輸送船が襲われ、海上を八時間漂流するなどの危険にさらされる。[53] しかし、これらの壮絶な体験が鈴木の映画の中で直接描かれることは少ない。鈴木は慰安婦を主人公にした『春婦傳』（一九六五年）などで例外的に戦争を描いたことはあるものの、「ヒューマン・タッチを嫌い、社会性、政治性に背を向けて、もっぱら非日常的な世界を描き続ける」映画作家として地位を確立していく。[54]

映画作家のこのような背景を踏まえて大正浪漫三部作に目をむけると、全編を通して震災が巧妙に回避されていることがわかる。『ツィゴイネルワイゼン』は物語の開始から二年後にスペイン風邪の流行（一九一八年）がはじまることから、一九一六年から震災の年の一九二三年までの出来事が描かれていると見られる。『陽炎座』では冒頭において「TAISHO 1926 TOKYO」と田中陽造のシナリオにはない英字のテロップが表示され、一九二六年の東京を舞台としていることが明示される。『夢二』は竹久夢二の金沢訪問が一九一七年であるという伝記的事実から、その前後の物語であることが類推される。一九一〇年代の金沢を舞台に物語が展開される『夢二』は別にしても、関東が主要な舞台となっているほかの二作品は震災の近辺の年を描きながら一〇万人以上の死者を出した震災は完全に避けられている。

このような震災表象の忌避が自覚的に行われたものであることを暗示するかのように、『ツィゴイネルワイゼン』には奇妙なアナクロニズムが挿入されている。スペイン風邪で園が死んで間もなく、青地と周子、中砂、そして乳母として中砂の家に入ったイネの四人が妙本寺で豆まきをする。一九一九年の節分とおぼしきこのシーンにおいて、周子は以下のようなセリフを言う（引用は『アートシアター』採録の完成台本による）。

周子　この間、ハイフェッツを聴きにね日比谷の公会堂へ参りましたの。

　中砂の隣で、周子は上気したように弾んだ声で話す。

周子　チゴイネルワイゼンを弾くというので、それは楽しみにして参りましたの。そうしたら……。

　福は内！　と叫んで、

周子　がっかりしてしまいましたわ。ハイフェッツはね、チゴイネルワイゼンを弾かなかったんですの、福は内！　やっぱりサラサーテだけですのね、あの曲を弾けるのは。[▽55]

　このやりとりの最後の部分については、完成台本と撮影台本とで微妙に違っている。撮影台本では周子が「がっかりしてしまいましたわ。当日になって急にプログラムが変更になってしまって……」と言い、中砂に「ハイフェッツは弾かなかったんですか、チゴイネルワイゼン」と問われ、周子が「さあ」ととぼけるやりとりが描かれる。[56] しかしどちらのバージョンの台本もハイフェッツの演奏をめぐる史実に反している点では同じである。実際には、ヤッシャ・ハイフェッツは関東大震災から二か月後の一九二三年一一月に来日して九日から一一日までの三日間にわたって帝国ホテルの宴会場で演奏会を行ったのち、一二日に日比谷公園新音楽堂で義援演奏会を開き、「ショパンの『夜曲』チャイコフスキーの『メロデイ』サラサーテの『チゴイネルワイゼン』等十數曲」を演奏している。[57] 日比谷公会堂はそのあとに建設が進められ、一九二九年一〇月に「関東大震災復興の象徴」として落成した。[58] ハイフェッツは一六歳のころの一九一七年にロシア革命を逃れて一家でアメリカに移住する途上で一度日本でのコンサートを行っているが、「ツィゴイネルワイゼン」の録音で彼が注目を集めるのは一九一九年になってからである。[59] そのため、このシーンで周子は震災直後の来日時の演奏会にアナクロニスティックに言及しているのである。

公会堂や演奏時期をめぐる錯誤もさることながら、ここで注目すべきはハイフェッツの義援演奏会や公会堂といった震災と関連の深い話題を提示しながらも、「チゴイネルワイゼンを弾かなかった」と周子が史実に反する否認を行っている点である。撮影台本での中砂をもてあそぶかのような周子の応答は、このアナクロニズムが田中陽造ないし鈴木の作為にもとづくものである印象を強めている。関東大震災の歴史に接近しつつ直接的な震災への言及を避けつづける映画の姿勢を、周子の否認に象徴的に託している例であると解釈できるのではないか。

災害の表象がきわめて限定的であるという点では、『騎士団長殺し』における東日本大震災の表象も、大正浪漫三部作における関東大震災表象の忌避に通じる部分がある。『騎士団長殺し』は物語の結末部分に二〇一一年の東日本大震災への言及があることから、これまでたびたび「震災後文学」の文脈で論じられ、その意義が問われてきた。プジョー205に乗った「私」による物語序盤の東北旅行を「被災地訪問」と意味づけ、災害による自己同一性の断絶という観点から『騎士団長殺し』におけるプジョー205の「死」と「二世の縁」の定助の入定における共通項を模索した小田隆拓はその一例である。[60] 東日本大震災以降の物語において被災地内部の移動は心理的な喪失と対峙する象徴的な役割をになってきたことから、[61] 震災前が舞台とはいえ、主人公の東北地方をめぐる旅は一種の巡礼として見ることができる。その一方で、山根由美恵は物語の終盤で言及される東日本大震災が主人公の認識に大きな変化を与えることがないことを理由に、同時代の震災後文学と比して『騎士団長殺し』に厳しい評価を与えている。[62] 震災への言及を避けながら喪失や死をとりあげた作品に対して、木村朗子は「物語の死者を震災の現実に重ねて読んだ読者がいたとして、本当に震災の記憶などすっかり薄れた頃、たとえば五〇年後にこの小説がそのように読まれる可能性はあるのかどうか」と問いを提起する。[63] このような問いは『騎士団長殺し』を震災後文学として把握することに疑義を呈するものであるかもしれない。

それでも、木村自身が述べるとおり、「震災を書くことに対する書き手としての逡巡」[64] こそが『騎士団長殺し』がまぎれもなく震災後文学であることの証左でもある。『震災後文学論』（二〇一三年）の続編において木村は、前著における以上のような作家の意識にもとづく評価を改め、文学作品から震災の意味を見出す読みの問題に焦点を移してさえもいる。[65] 大正浪漫三部作と『騎士団長殺し』に共通して見受けられる災害表象への逡巡は、鈴木の場合は関東大震災の記憶に対してトラウマ的に示した「薄気味の悪い」[66] 嫌悪感から来るものであろうし、村上の場合は東日本大震災を経験したほかの作家と同様にあまりにも大きな災害をフィクションで描くことへの倫理的な葛藤が関係していると推察できる。しかし、どちらの作品においても、物語の現在に存在しつづける死者という主題に、表象されない災禍が刻印されている。

木村朗子は震災後文学における死者表象を論じるうえで、ジャック・デリダの憑在論（*hantologie*）を援用する。[67] フランス語の存在論（*ontologie*）と「とりつく」という意味の英語の動詞 haunt からなるこの造語では、冒頭の文字 h はフランス語の特徴に従って無音である。そのため本来の *ontologie* と発音の区別がほとんどつかないにもかかわらず、「たしかに何かがとり憑いている」[68] 感覚を引きおこす。東日本大震災後の文学においては、震災の犠牲になった死者を過去のものにしてしまうのではなく、いつまでも現在に憑在している点が強調されることで、「死者が、過ぎ去った時制にとどまっているのではなく、ずっと私たちの現在にはりついていたのだということ、そのことをあらためて気づかせるような仕方で、物語の現在に死者が取り戻されている」ことを木村は指摘する。[69]

これまでに見てきたとおり、鈴木清順の映画と『騎士団長殺し』ではともに異界というかたちで死者が形象化され、物語の現在に姿を現してきた。鈴木自身は「私が撮ろうとしてきた映画は、終始変わらず「娯楽映画」であり、「芸術作品」ではなかった[70]」といった言葉で作品に政治性や社会的な意味を見出されることを拒んできたが、映画批評家としての村上は単なる娯楽以上のものを感じとっていたように見える。『ツィゴイネルワイゼン』評においても、村上は「今度の映画は生きている人間は本当は死んでいて、死んでいる人間は本当は生きているんだ、という一種の怪談ですね。情念や因縁は何ひとつない、現代のノッペラボーな怪談を、やさしく面白く、極彩色の娯楽映画に仕上げてみるつもりなんです[71]」という鈴木の言葉を引用しつつ、作品はこの作者の意図を超えたものになっていると主張する。「作者が「やさしい」映画を作ろうと努力すればするほど、また物語を単純化しようとすればするほど、映像は鬼気迫るデモニッシュなものにと化していく[72]」という彼の評言は、鬼やダイモーンといった異界の存在を指し示す形容辞を用いることで、鈴木の映画においてストーリーを超えた部分で死者の存在が表現されていたことを暗示している。後年、村上が『騎士団長殺し』において鈴木の映画からの色濃い影響を示す物語世界を作ったのは、この「鬼気迫るデモニッシュな」要素を再現するためではなかっただろうか。それは、東日本大震災以降の文脈において、村上の死者に対する思いとして把握されるべきものであろう。

本章では、村上が映画をみずからの創作の源泉としたことを隠蔽しつつ、数十年の時を経てかつて見た映画からインスピレーションを得て長編小説にとりこんでいることを示した。『騎士団長殺し』において「二世の縁」は、深夜に聞こえてくる鈴の音に導かれた主人公が免色の助力を得て雑木林の地下にある石室をあばき、異界の者であるイデアを解放するという異界との接触の物語として取り入れられている。入定の定助が凡庸な生者に戻ってしまう上田の「二世の縁」（および円地による現代語訳）とは異なり、定助が異界の他者であることが終始強調される鈴木の『木乃伊の恋』との親和性を見出すとともに、『夢二』と『騎士団長殺し』の冒頭シーンの比較からも主人公と異界との接触という共通項をあきらかにした。しかし、村上は『ツィゴイネルワイゼン』や『陽炎座』に見られる生者と死者の交換という主題を流用しながらも、同時存在の分身という村上作品に繰り返し見られる主題に発展させている。このことから『騎士団長殺し』における生者と死者との関係が鈴木の影響を受けつつも、村上自身の作家性を通して独自に換骨奪胎されたものであることがうかがえる。

以上のような影響関係を模索する試みは仮説に仮説を重ねた論証にならざるをえない。それでもこれらの文学／映画テクストの細部に注目した分析が意義をもつのは、そのような作業を通して『騎士団長殺し』が憑在しつづける死者をめぐる物語であることを解明できるためである。「生はこちら側にあり、死は向う側にある。僕はこちら側にいて、向う側にはいない。しかしキズキの死んだ夜を境にして、僕にはもうそんな風に単純に死を（そして生を）捉えることはできなくなってしまった」[73]という『ノルウェイの森』（一九八七年）の一節に代表されるように、生の一部として存在する死は村上文学の核心的なモティーフの一つである。本章では震災後文学という同時代の文脈に位置づけることで『騎士団長殺し』と鈴木の映画とのさらなる親和性を考察するとともに、本作における死者の憑在の意味づけを図った。両者のテクストをつぶさに見比べることで、表象を超えて見えてくるものがあるだろう。

▽1　明里千章『村上春樹の映画記号学』若草書房、二〇〇八年、五〇―五四頁。
▽2　吉本由美『するめ映画館』文藝春秋、二〇一〇年。
▽3　ジョルジョ・アミトラーノ「本の中のスクリーン――村上春樹作品における映画に関する言及の考察」石田仁志／アントナン・ベシュレール編『文化表象としての村上春樹　世界のハルキの読み方』青弓社、二〇二〇年、二四一頁。
▽4　明里『村上春樹の映画記号学』五〇頁。
▽5　同、五五頁。
▽6　同、五七頁。
▽7　村上春樹／川本三郎『映画をめぐる冒険』講談社、一九八五年、七頁。
▽8　四方田犬彦「村上春樹と映画」柴田元幸／沼野充義／藤井省三／四方田犬彦編『世界は村上春樹をどう読むか』文藝春秋（文春文庫）、二〇〇九年、一七六頁。
▽9　明里千章「映画から見た『1Q84』」ジェイ・ルービンほか著『1Q84スタディーズ　BOOK 1』若草書房、二〇〇九年、一一〇頁。
▽10　村上春樹「「やさしい」映画を作ろうとするほど映像はデモニッシュになる。『ツィゴイネルワイゼン』」

『太陽』一八巻七号（通巻二〇七号）、一九八〇年、一二〇頁。村上春樹「中産階級的光輝に充ちた映画青年の颯爽たる「哲学」が脈打つ。『ヒポクラテスたち』」『太陽』一八巻一二号（通巻二一二号）、一九八〇年、一八四頁。村上春樹「防衛庁の隣で、階級闘争的なにっかつポルノを観る。『OL縄奴隷』『ウディ・アレン／セックスのすべて』」『太陽』一九巻四号（通巻二一七号）、一九八一年、一七四頁。

▽11 村上「「やさしい」映画」一二〇頁。

▽12 上島春彦『鈴木清順論――影なき声、声なき影』作品社、二〇二〇年、七頁。

▽13 村上「「やさしい」映画」一二〇頁。傍線は引用者。

▽14 村上春樹『騎士団長殺し』第一部下、新潮社（新潮文庫）、二〇一九年、一三五―一三六頁。傍線は引用者。

▽15 村上春樹『騎士団長殺し』第一部上、新潮社（新潮文庫）、二〇一九年、一三〇頁。

▽16 村上春樹「切腹からメルトダウンまで」ジェイ・ルービン編『ペンギン・ブックスが選んだ日本の名短篇29』新潮社、二〇一九年、一二三頁。

▽17 木全公彦『異能の日本映画史　日本映画を読み直す』彩流社、二〇一九年、一二〇頁。

▽18 円地文子「二世の縁　拾遺」ジェイ・ルービン編『ペンギン・ブックスが選んだ日本の名短篇29』新潮社、二〇一九年、一七五頁。

▽19 田中陽造『田中陽造著作集　人外魔境篇』文遊社、二〇一七年、三三九頁。

▽20 内田康「村上春樹と鈴木清順 ―〈逸脱としてのテクスト〉拾遺―」第八回村上春樹とアダプテーション研究会、二〇二一年七月一七日発表。

▽21 村上春樹『村上春樹　雑文集』新潮社、二〇一一年、六三頁。

▽22 円地「二世の縁　拾遺」一八〇頁。

▽23 同、一八三頁。

▽24 田中『田中陽造著作集』三四七頁。

▽25 村上春樹『1Q84　BOOK 3』新潮社、二〇一〇年、五六六頁。

▽26 内田康「移動する〈幽霊〉―村上春樹文学と上田秋成―」中村三春監修、曾秋桂編『村上春樹における移動』淡江大學出版中心、二〇二〇年、二〇一頁。

▽27 田中『田中陽造著作集』三五六頁。

▽28 円地「二世の縁　拾遺」一七六頁。

▽29 村上「「やさしい」映画」二一〇頁。村上による鈴木の言葉の引用では、本章第三節で引用する原文に見られる「死んでる」「生きてるんだ」(『アートシアター4　ツィゴイネルワイゼン』一九八〇年、四頁)という言い抜き言葉の表記が修正されている。

▽30 川上未映子／村上春樹『みみずくは黄昏に飛びたつ』新潮社、二〇一七年、七五頁。

▽31 上島『鈴木清順論』一〇頁。

▽32 桂千穂「田中陽造　死ぬまで書き続けなきゃだめだね」『シナリオ』四七巻七号(通巻五一六号)、一九九一年、一二頁。

▽33 村上『騎士団長殺し』第一部上、九頁。

▽34 このセリフは田中陽造のシナリオには見られない。夢二がフロックコートの男と銃で決闘する夢のシーンが冒頭におかれているのは脚本も映画も同様であるが、内容は大きく改変されている。顔の不可視性のモティーフや着物姿の女の登場は鈴木の独自の演出によるものと考えられる。

▽35 花王株式会社「カラーリング　髪と頭皮のお手入れの歴史」二〇二一年三月一四日閲覧〈https://www.kao.com/jp/haircare/history/14-3/〉。

▽36 大森望／豊崎由美『村上春樹「騎士団長殺し」メッタ斬り！』河出書房新社、二〇一七年、三一頁。

▽37 田中陽造「夢二」『シナリオ』四七巻七号（通巻五一六号）、一九九一年、三四頁。
▽38 同、二五頁。
▽39 村上『騎士団長殺し』第一部下、一四二頁。
▽40 上島『鈴木清順論』三七頁。
▽41 『アートシアター4　ツィゴイネルワイゼン』一九八〇年、四頁。
▽42 村上『騎士団長殺し』第一部上、五五頁。
▽43 同、六〇頁。
▽44 村上春樹『騎士団長殺し』第二部下、新潮社（新潮文庫）、二〇一九年、二〇五―二〇六頁。傍点は原文どおり。
▽45 同、二四五頁。
▽46 同、二四六頁。
▽47 同、一〇七頁。
▽48 山根由美恵「二つの「納屋を焼く」―同時存在の世界から「物語」へ―」『広島大学大学院文学研究科論集』六九巻、二〇〇九年、五九―七一頁。
▽49 村上「「やさしい」映画」二一〇頁。
▽50 八幡薫『そんなことはもう忘れたよ　鈴木清順閑話集』スペースシャワーネットワーク、二〇一八年、三八頁。
▽51 鈴木清順「生れたとしが大震災」四方田犬彦編『鈴木清順エッセイ・コレクション』筑摩書房（ちくま文庫）、二〇一〇年、六一頁。
▽52 八幡『そんなことはもう忘れたよ』三九頁。

▽53 同、八五頁。

▽54 本田靖春『戦後の巨星 二十四の物語』講談社、二〇〇六年、一七六頁。

▽55 田中陽造「完成台本 シネマ・プラセット製作 ツィゴイネルワイゼン」多賀祥介編『アートシアター』一四四号、日本アート・シアター・ギルド、一九八〇年、五三頁。

▽56 田中陽造『ツィゴイネルワイゼン』撮影台本、シネマ・プラセット、一九八〇年、七五—七六頁（真喜志きさ子氏所蔵）。

▽57 「聽衆感激して一齊に八氏を取巻く……上り高の内二千七百餘円を市に寄附……昨日日比谷の義捐音樂會」『読売新聞』一九二三年一一月一三日朝刊、五面。

▽58 「（昭和史再訪）日比谷公会堂落成 4年10月19日 関東大震災復興の象徴」『朝日新聞』二〇一一年五月一四日夕刊、四面。

▽59 アーチャー・ウェシュラー・ベレッド『ヤッシャ・ハイフェッツ 世紀のバイオリニスト』木邨和彦訳、旺史社、一九八九年、二三五—二三六頁。

▽60 小田隆拓「「二世」目を生きる「私」—村上春樹「騎士団長殺し」と上田秋成「二世の縁」—」『古典教育デザイン』四号、二〇二〇年、六一頁。

▽61 久保豊「喪失と対峙する——震災以降の喪の映画における移動性」ミツヨ・ワダ・マルシアーノ編『〈ポスト3・11〉メディア言説再考』法政大学出版局、二〇一九年、二四一頁。

▽62 山根由美恵「村上春樹「騎士団長殺し」論—〈メタ・テクスト〉性と震災後文学—」『近代文学試論』五五号、二〇一八年、八二頁。

▽63 木村朗子『震災後文学論——新しい日本文学のために』青土社、二〇一三年、三九頁。

▽64 同、一六頁。

▽65 木村朗子『その後の震災後文学論』青土社、二〇一八年、四〇—四一頁。
▽66 鈴木「生れたとしが大震災」五四頁。
▽67 木村『その後の震災後文学論』一六六—一七四頁。
▽68 同、一六七頁。
▽69 同、一六六頁。
▽70 鈴木清順「ビンラディン氏に会って彼の死生観を聞きたい」「週刊朝日」編集部編、古舘謙二構成/インタビュー『語るには若すぎますが』河出書房新社、二〇〇三年、四九頁。
▽71 村上「「やさしい」映画」二〇一頁。
▽72 同。
▽73 村上春樹『ノルウェイの森』上巻、講談社(講談社文庫)、一九九一年、四九頁。

Ⅱ　インディーズ映画の時代

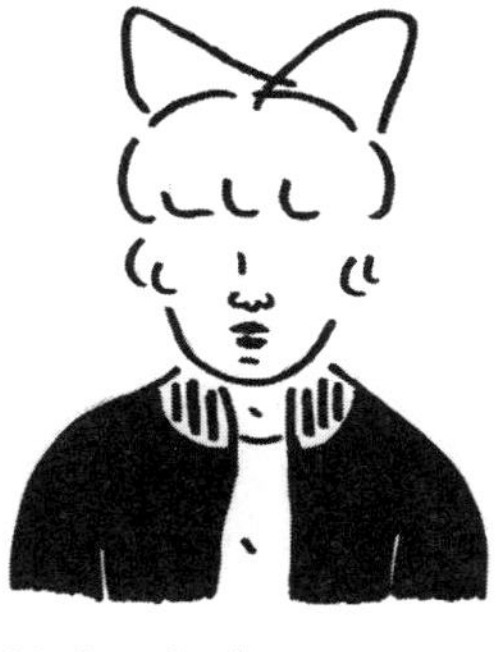
A Girl, she is 100percent

第2章　風の歌を聴け

死のトラウマとノスタルジア

映画『風の歌を聴け』（大森一樹監督、一九八一年）は、村上春樹の小説のはじめてのアダプテーションである。当時、大森をはじめとする自主映画出身の監督は日本映画史の転換点に位置する新しい世代の映画人として認知されていた。一九七〇年代以降、映画館観客の減少と撮影所システムの解体に取ってかわるように自主映画で経験を積んだ新人監督があいついでデビューした。▽1 一九七七年には自主映画祭のぴあフィルムフェスティバルが自主製作映画展という名称ではじまった。同フェスティバルは全国で8ミリ映画の撮影にとりくむ学生や自主映画制作者にとっての主要なプラットフォームとなり、後年には園子温や李相日《サンイル》といった映画監督を輩出している。また、一九七〇年代までは難解な作風のアート・シネマの配給や製作で知られていたATGも一九七九年の佐々木史朗の社長就任にともなって路線を変更し、大森の『ヒポクラテスたち』（一九八〇年）や『風の歌を聴け』、根岸吉太郎の『遠雷』（一九八一年）のような若手監督を積極的に起用した青春映画で知られるようになる。[2] 一九八二年の『朝日ジャーナル』は大森や森田芳光、山川直人らを「ニューウェーブの旗手」として紹介し、[3] 映画界の衰退に逆行するかのような新人監督の台頭を「一見奇妙な現象」[4]と呼んでいる。

長谷正人は一九八〇年代初頭の村上春樹の「さまざまな商業媒体を通してナンセンスなエッセイや短編小説、それに対談集や映画評・作家論などまで発表する饒舌な雑文家」としての側面に注目し、自主映画出身の大森や山川らとともに「既存の文化産業体制の周縁にいて自前の文化を作っているというサブカルチャーの担い手」としてみずからを位置づけていたと示している。[5] たしかに村上の小説は三島由紀夫や川端康成に代表される日本文学とは距離をおいた新しい文学として評価され、大森の映画もまた撮影所システムの映画とは異なる新しい世代に属していた。しかし、村上が「十九世紀のロシア小説やら、英語のペーパーバックやらを読むのに夢中になっていたので、それまで日本の現代小説（いわゆる「純文学」みたいなもの）を系統的に、まともに読んだことがありませんでした」[6] などの発言で既存の日本現代文学からの影響を積極的に否定しようとするのに対し、大森の既存の日本映画に対する態度は必ずしも反発的なものではない。『暗くなるまで待てない！』（一九七五年）や『ヒポクラテスたち』での鈴木清順のカメオ出演、『オレンジロード急行』（一九七八年）での嵐寛寿郎と岡田嘉子の起用とサイレント映画を模した演出など、大森は先行する時代の日本映画に対して敬意を表しつづけてきた。もちろん作家の発言や意図は作品と切り離して考えなければならないが、当時の村上と大森の過去に対する態度の違いを把握することは、原作小説とアダプテーションの関係を理解するうえでの手がかりとなるだろう。

以下では、まず大森にとってのノスタルジアをノスタルジアをめぐる先行研究の議論の中に位置づけたうえで、一九八〇年代の日本という時代の文脈においてノスタルジアがいかなる意義をもっていたかを検討する。ノスタルジアは単なる感傷や懐古趣味として一蹴されがちであるが、ここでは近代化に対する批評的な応答として解釈したい。そして、映画『風の歌を聴け』と原作のテクストに目をむけ、アダプテーションを通してどのようにノスタルジアが物語に盛りこまれているかを映画内の時間に反映される主人公の主観を通して検討するとともに、村上の原作における死の主題が映画においてノスタルジアと拮抗していることを示す。村上の小説と大森の映画における時間に関する方向性の違いは、本作が原作を pre-text（前テクスト／口実）として扱うアダプテーションであり、村上の原作をもとに映画が創造的にノスタルジアを呼びおこしていることをあきらかにするだろう。

1　ノスタルジアと一九八〇年代の日本

四方田犬彦が「[大森が]感傷とノスタルジアから完全に解放されたのは、八〇年代中頃」と論じるとおり、一九八〇年代初頭までの大森の初期作品を特徴づけるものは新しさというよりもノスタルジアである。[7] 大森は「『風の歌を聴け』『１９７3年のピンボール』『羊をめぐる冒険』の3部作は、時代と人物ではなく、日付けと記号で、本物のノスタルジーを教えてくれる小説だ」と評しているが、[8] 映画版『風の歌を聴け』に見られるノスタルジアがどの程度原作に由来するかは検討の余地がある。小説は芦屋を舞台としているものの、街に関する固有名詞や関西弁は作中から排され、物語の舞台は「芦屋という街をベースにしたNOWHERE LAND」[9] として抽象化されている。しかし、大森は村上の初期作品について「時代を「日付け」でピンナップするように、人物を「記号」でピンナップしたみたい」[10] と、写真をピンでとめる「ピンナップ」という比喩を用いて、写真が対象物をかつて存在したものとして記録し、指示参照する特性に見立てている。いわば、村上が故郷の芦屋に対して行った架空の都市としての抽象化を大森は故郷の指示的な表象として読んでいたといえる。

ロラン・バルトがその写真論において「「写真」の場合は、事物がかつてそこにあったということを決して否定できない。そこには、現実のものでありかつ過去のものである、という切り離せない二重の措定がある」と看破したように、[11] 大森は村上の小説のテクストを経由して過去の故郷を想起していたと考えられる。写真の細部が呼びおこす主観的な情動であるプンクトゥムは、撮影者の意図した表現を理解するストゥディウムの読みを逸脱する。架空の都市としての物語を現実の時代のピンナップとして読みとろうとする大森の読解は、村上のフィクションの物語から意図的に排除された現実の過去を取りもどす試みにほかならない。「突き刺す」というプンクトゥムの語義が含意する苦痛は、失われた故郷に対する希求を意味するノスタルジアのギリシア語の語源 *nostos*（家、故郷）と *algia*（痛み）にも見出すことができる。[12]

一方、アネット・クーンの喩えを借りるなら、村上の『風の歌を聴け』は情動をおびた記憶というテクストを呼びおこすための pre-text として位置づけることができる。[13] 本作の場合、アダプテーションにおける原作との対話は単なるメディア間の翻訳を超えて翻案者による「記憶の作業」[14] という側面をになっている。大森は「魂の輪郭をなぞることによって、「そんなものが自分の心のどこにあったんだろうか?」と思わせてくれるような——魂の存在に気づかせてくれる体験」を「本物の「ノスタルジー」」と呼び、「思い出話＝後ろ向き＝懐古趣味＝昔はよかったなぁ＝老化」というイメージをともなう「ダメな「ノスタルジー」」と区別している。[15] クーンはノスタルジアを「過去を取り戻せない完全な瞬間として防腐保存」するものと見なして記憶の作業とは対照的なものとして位置づけているが、[16] 大森が「本物の「ノスタルジー」」と呼ぶ内省と自己理解は決して記憶の作業とあいいれないものではないだろう。

『風の歌を聴け』をはじめ大森の初期作品に見られる情動に満ちたノスタルジアの表現は、大林宣彦の尾道三部作（一九八二～一九八五年）や宮崎駿の『となりのトトロ』（一九八八年）など、地方に焦点をあてて物質的な豊かさの半面で失われつつある生活様式や自然に対するノスタルジアを強く喚起する一九八〇年代の日本映画と通底するものである。これはバブル経済へとむかう高度経済成長の時代に対する応答と見なすことができる。スヴェトラーナ・ボイムが示唆するように、ノスタルジアは近代化と同時発生するものであり、近代社会の加速する生活リズムに対する抵抗という側面を有する。[17] 一九八〇年代の日本映画が情動として描きだした過去への希求には、かつてのより緩慢な生活リズム、さらには開発が進んで失われていく風景や共同体に対する憧憬が見受けられる。

ところが、四方田が指摘するとおり、大森は『風の歌を聴け』を最後に主観的な情動を表現する作風を離れ、吉川晃司や斉藤由貴を起用したアイドル映画や『ゴジラvsビオランテ』（一九八九年）に代表されるジャンル映画を撮る「職業的監督」として活動するようになる。[18] 四方田は大森の初期作品におけるノスタルジアを「六〇年代後半の痛ましい記憶に足を引き摺られる」と学生運動の記憶と関連づけて否定的にとらえ、八〇年代なかばの作風の変化を「国民映画監督」へとむかう成長として評価している。[19] だが、この変化もまた同時代の社会経済的状況との関連で理解することができる。フレドリック・ジェイムソンは一九七〇年代から一九八〇年代のハリウッド映画に見られる過去の映画スタイルを模倣する傾向を「ノスタルジア映画」（nostalgia film）としてとりあげ、後期資本主義経済がもたらしたポストモダン社会の兆候的な特徴の一つとして論評した。[20] しかし、ジェイムソンの論じる「ノスタルジア映画」は情動をともなわないパスティーシュが特徴であり、過去に対する感傷的な希求は希薄である。このことから、ジェイムソン自身単行本の序文の中で「ノスタルジア映画」を本来の情動としてのノスタルジアとは対照的な指向をもつものと訂正している。[21]

『風の歌を聴け』の興行的な失敗に起因するとはいえ、大森の既存のジャンル映画への転換は、経済成長がもたらす社会変化に抵抗して過去を感傷的に追憶するノスタルジアの表現からポストモダン社会の到来を一種の症状として示す「ノスタルジア映画」への転換であったと見なすことができる。アレクサンダー・ザルテンは、任侠映画におけるノスタルジアを戦後日本の社会システムにおける歴史的な断絶に対する応答として位置づける一方で、一九八〇年代末に端を発するVシネマにおけるノスタルジアを歴史的なコンテクストを失った過去のメディア史に対するパスティーシュと見なしている。[22]『風の歌を聴け』をさかいとする大森の作風の変化も同じ文脈の中で把握することが可能である。次節ではアダプテーションのテクストに表れるノスタルジアを時間の主観性という観点からとりあげることにより、大森の初期作品におけるノスタルジアの重要性を示すことにしたい。

2　映画における時間の主観性

小説『風の歌を聴け』は「1970年の8月8日に始まり、18日後、つまり同じ年の8月26日に終る」と作中で明記されている。[23]だが、内田康が指摘するように「原作では70年の物語、映画では72年の物語」とこの設定を映画では二年間ずらしていることを大森が製作ノートの中で示している。[24]劇中のナレーションでも一九六三年八月に撮られた「三番目の女の子」の写真について「彼女は12才［原作では一四歳］で、それが彼女の21年の人生の中で一番美しい瞬間だった」[25]と原作から二年ずらしたかたちで語られる。さらに劇中の主人公の回想によれば、「僕」は「17才」のときに高校のクラスメイトである「最初の女の子」とアポロ11号の月面着陸を報じる一九六九年七月の記事が見える「朝日新聞の上で抱き合」い、大学生として上京後は「71年の11・14の渋谷駅騒乱」を意味する「渋谷駅が最も激しく吹き荒れた夜」に「二人目の相手」と一夜を共にする。[26] これらのことから、一九七二年の春と見られる「春休みにテニスコート脇にあるみすぼらしい雑木林の中で首を吊って死んだ」[27] 三番目の女の子と「僕」は同年齢であることが類推できる。また、「僕」がジェイズ・バーで介抱する「女」の保険証の有効期限が「昭和48年3月31日」となっていることから、彼女が期限切れの保険証をもち歩いているのでなければ一九七三年三月以前であり、一九七二年春以降である一九七二年八月が映画の舞台であると推測がつく。

しかし、一九七二年八月という設定とはあきらかに矛盾する要素が映画には盛りこまれる。その最たるものは劇中で「今年の神戸祭りの騒ぎの事」[28] として言及される一九七六年五月一五日に発生した神戸まつり事件である。「僕」の親友である「鼠」の父親が巻きこまれて死んだとされる暴動が一九七六年の事件を下敷きにしていることは、父親の死について鼠が語るシーンの背景に映しだされる新聞記事が『朝日新聞』一九七六年五月一六日を模したものであることを指摘した山根由美恵の分析からもあきらかである。[29] これを踏まえれば、物語の舞台は一九七六年八月で「僕」の年齢は二四歳ごろであり、留年や休学により大学生活が長引いているものと考えられる。ところが、劇中で「僕」が女の働くレコード店で購入し、鼠に贈る「はしだのりひことシューベルツ」の発売日が実際には一九七六年一一月五日であるという一見アナクロニズムにも思える矛盾を内田は指摘している。[30] これらを踏まえ、内田は劇中で繰り返し登場する高速バスのドリーム号の運行期間に着目し、劇中に見られる時間的矛盾が「「ドリーム号」東京～三ノ宮・神戸便が運行していた、１９７１年4月から１９７７年3月末の時期の神戸への焦点化だったのではないか」と仮説を提示する。[31]

もちろん『風の歌を聴け』の映画化にさいして大森をはじめ制作陣は村上の小説をつぶさに読みこみ、映画制作に反映させている。時間的矛盾についても大森は村上との対談の中で、小説で描かれる物語が作中の宣言とは裏腹に一八日間には収まらないという助監督からの指摘に言及し、村上に「そんなもの調べる方がおかしいんだよ（笑）」[32]と呆れられている。原作小説における時間的矛盾については、鼠が幽霊であり、「僕」と鼠が交流する時間は物語の日数に含まれないとする加藤典洋が提唱した仮説が広く知られており、[33] 小山鉄郎は「この『風の歌を聴け』の中の時間のねじれとゆがみを最初に指摘したのは文芸評論家の加藤典洋である」と断言している。[34] だが、助監督の気づきをもとに大森が一九八一年に村上に対して行った指摘はそれよりもはるかに早い段階のものである。映画における年代のずれは、誤謬というよりも原作における時間のゆがみとは違った目的で意図的に組みこまれたものと考えるのが妥当であろう。

大森は年代のずれという問題に対して、主人公の年齢という側面から以下のような意味づけを行っている。

「風の歌を聴け」の映画化にあたって、まず問題となったのは主人公を何才の人物に設定するかだった。そしてこれはまた最大の問題でもあった。大げさにいえば、主人公のキャスティングによって、この映画の方向が決まったといってもいいだろう。原作では21才となっているのだが、21才の男優さん何人かと会ってみて、とても小説の中で喋っているようなセリフはきついような気がしてきた。

そこから、また原作の再検討となった。もちろん、セリフをキャストに合わせて変えるのも手だが、ひょっとして主人公の僕が21才であるというのは大嘘なのではないかと疑ってみることもありそうだ。だいたい、その気になって読んでいたら、ヒョイとかわされる小説なのだから。[…]

これは29才の僕が、そのまま、21才だった時代にスリップして戻った小説――だから、21才の僕に喋らせたり、ふるまわせたりしているのは、21才の僕の肉体を借りた29才の僕なのだ――という気がしてきた。

かくして、『僕（年令不詳）』という主人公が、現在（80年はじめ）と過去（70年はじめ）を自在に行ききするということで、シナリオはスタートした。[35]

たしかに主役に起用された小林薫は撮影が行われた一九八一年八月[36]時点で二九歳であり、小説で二一歳の大学生である「僕」との年齢差は演出上の意図として理解することができる。だが、ここで注目したいのは「『僕（年令不詳）』という主人公が、現在（80年はじめ）と過去（70年はじめ）を自在に行ききする」という時間的な柔軟性のほうである。内田康は序盤でバスが明け方の三宮にフェード・インするショットが「80年代の「僕」が想像の「ドリーム号」に乗り、仮構された「神戸」［…］の街へ迷い込む、との設定がなされている」ことを示唆するものであることを指摘する。[37]つまり、本作は全編を通して「僕」が主観の中で「現在（80年はじめ）と過去（70年はじめ）を自在に行ききする」回想の物語という構造をもっており、一見アナクロニズムに思われる年代のずれもまたリアリスティックな過去ではなく一九八〇年代を生きる主人公の主観に色づけられた過去であることに由来する特徴である。映画では、原作で街が匿名化されていたのとは対照的に、神戸、芦屋、西宮のランドマークが積極的に映しだされるが、それらの映像は撮影時点の神戸のリアリスティックな記録以上の意味を与えられている。それらは大森が生まれ育った故郷の過去を追憶するための指示的なイメージ、彼自身の言葉を借りれば時代や人物に取ってかわる「日付け」や「記号」にほかならない。主観とアナクロニズムに色づけられた一九七〇年代を描きだす本作には、リアリスティックな時代表象を離れた過去に対する強い感傷が見てとれる。

　時間に関する本作の特徴は、映画の冒頭で自己言及的に示される。東京の夜景と一九八〇年代の「僕」が経営するバーのショットが短く挿入された直後、小説の中に作中作として登場するデレク・ハートフィールドという架空の作家の小説「火星の井戸」の次の一節がエピグラフとして白画面に黒字で表示される[38]［図1］。

君の抜けてきた井戸は時の歪みに沿って掘られているんだ。つまり我々は時の間を彷徨っているわけさ。宇宙の創生から死までをね。
だから我々には生もなければ死もない。
風だ。

デレク・ハートフィールド
「火星の井戸」より

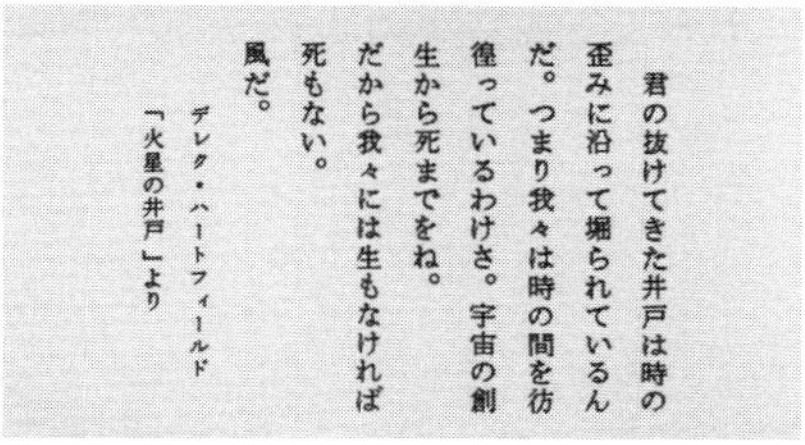
君の抜けてきた井戸は時の
歪みに沿って掘られているん
だ。つまり我々は時の間を彷
徨っているわけさ。宇宙の創
生から死までをね。
だから我々には生もなければ
死もない。
風だ。
デレク・ハートフィールド
「火星の井戸」より

風だ。

図1, 2 『風の歌を聴け』

バーのショットの途中で「僕」のヴォイスオーヴァーがエピグラフの文言の朗読をはじめるが、文言をすべて読みあげるわけではない。「君の抜けてきた井戸は時の歪みに沿って掘られているんだ。つまり我々は時の間を彷徨っているわけさ」と最初の二文を読んだあと、長い間をおいて「風だ」と五文目を読む。それと同時に画面上では字下げなしで改行された「風だ。」の行を残してほかの行が消える［図2］。

映画のタイトルにある「風」の部分を焦点化するための演出であるが、「時の歪み」や「時の間を彷徨っている」といった時間に関する文言がちりばめられた部分も「僕」の声が読みあげることによって強調されていることに注目したい。これまでの議論からもわかるとおり、ここで言及されている「時の歪み」は劇中に盛りこまれた年代のずれやアナクロニズム、「時の間を彷徨っている」という部分は時間を「自在に行ききする」主人公の主観という作中の時間性の特徴についての含意をおびていると解釈することが可能である。

しかし、引用文の中にあるにもかかわらず、ヴォイスオーヴァーによって読みとばされ、画面上からもすぐに消えてしまう部分もまた十分な検討の必要がある。「デレク・ハートフィールド「火星の井戸」より」という架空の引用元、「宇宙の創生から死までをね」および「だから我々には生もなければ死もない」はいずれも「火星」や「宇宙」、「生もなければ死もない」という現実離れした空想科学的要素が含まれている。そもそも映画においてハートフィールドという架空の作家に直接言及されるのはここのみであり、ハートフィールドが「ストーリーは出鱈目であり、テーマは稚拙」[39]な三文小説を濫作した作家とされているという原作における詳細な情報が余剰に感じられた、あるいはSF的要素が大森の構想するノスタルジックな青春映画のトーンにあわないと判断されたのかもしれない。しかし別の観点から見れば、これらの文にはもう一つの共通点が浮かびあがる。引用の本文に属する二つの文にはどちらも「生」と「死」という語が含まれており、ハートフィールドは村上の小説の中で「1938年6月のある晴れた日曜日の朝、右手にヒットラーの肖像画を抱え、左手に傘をさしたままエンパイア・ステート・ビルの屋上から飛び下りた」自殺者として特徴づけられている。[40]つまり、映画の冒頭でエピグラフとして画面に表示される文章は、ヴォイスオーヴァーとほかの文言の消去の両方を通して「風だ。」の部分が一次的に前景化され、ヴォイスオーヴァーのみによって時間に関係する部分に二次的に焦点があてられる。その一方で、小説『風の歌を聴け』のみならず村上文学において主要なテーマのひとつである死に関係する部分が後景化されている。この問題については、節をわけて考えたい。

3 小説における死のトラウマ——メトニミーとメタファー

原作の『風の歌を聴け』において死は核心的な主題である。「今でも暗記するくらいよく憶えてるし、それはホントに正直に書けたと思ってる」[41]と村上が自負する第一章だけでも、ハートフィールドの自殺、「僕」にハートフィールドの本をくれた叔父の病死、上海の郊外で「終戦の二日後に自分の埋めた地雷を踏んだ」[42]別の叔父の死、祖母の死、ジョン・F・ケネディーの暗殺と五つの死が話題にのぼる。だが、このような死についての饒舌な語りとは裏腹に本作においてもっとも中心的な死者である「仏文科の女の子」への言及は回避される。米村みゆきは小説の時系列の分析を通して「小指のない女の子」が「仏文科の女の子」と同年齢かつ数多くの共通点を有していることを示し、物語に登場しない双子の妹こそが死者の存在に相当し、一九七〇年夏の物語の根底には仏文科の女の子の死があることをあきらかにした[43]。このことの証左であるかのように、作中では「体はよく日焼けしていたが、時間が経ったために少しくすんだ色に変わり始め、水着の形にくっきりと焼け残った部分は異様に白く、まるで腐敗しかけているように見えた」と、小指のない女の子の裸体に死体のイメージが重ねられる[44]。本作が刊行された七〇年代後半は日本復帰後の沖縄の観光地化にともない「こんがりと健康的に日焼けした女性」が生に満ちあふれた健康的なイメージとして広く流布していたが[45]、ここでは肌の色のコントラストの描写が死者のイメージを際立たせている。

仏文科の女の子の死は「二人目の相手」のエピソードと関連づけて「翌年の春休み」と回りくどい書き方をされているが[46]、一九六三年八月の時点で一四歳だった彼女が二一歳で死んだのは一九七〇年の春休みである。「僕」が帰省する一九七〇年八月の時点では、彼女の死からまだ五か月も経っていない。石原千秋は「1969年の8月15日から翌年の4月3日までの間に、僕は358回の講義に出席し、54回のセックスを行い、6921本の煙草を吸ったことになる[47]」という記述から仏文科の女の子の自殺の日が最後のセックスの翌日である一九七〇年四月四日であると推定している[48]。仏文科の女の子が死んだ一九七〇年に同じく二一歳だった「僕」は、その年以来書くことについて「8年間［…］ジレンマを抱き続け」、二九歳になった一九七九年の時点でもなお「自己療養へのささやかな試み[49]」が必要なほどの心的外傷を負っている。にもかかわらず、そのトラウマの内容は明示的には告白されない。清水良典が本作について「欠落だらけの小説」であり、「とても注意深く、書くべきことを書かないように書かれている」と評するのも、「僕」をはじめとする登場人物が内心に抱える問題が説明されないためである[50]。しかし、登場人物がいずれも「何がどうツライのかは言わない」人物として特徴づけられているのは村上自身が認めるとおり意図的なものであり[51]、「僕」が言及しようとしないトラウマは、後年『ノルウェイの森』（一九八七年）で直子の自殺として再び描かれることになる恋人を自殺で失う体験に通じるものである。小説のオープニングは死の主題を導入するとともに「僕」が仏文科の女の子の死から受けたトラウマの存在を暗示する役割をになっている。

一九七〇年八月の物語において仏文科の女の子の死から受けたトラウマへの言及は回避されてはいるものの、決して忘れられているわけではない。仏文科の女の子の死への言及に代替するものとして作中に繰り返し現れるのが、ジョン・F・ケネディーの死への言及である。作中では、以下の五つの場面で「ケネディー」が言及される。

①僕がものさしを片手に恐る恐るまわりを眺め始めたのは確かケネディー大統領の死んだ年で、それからもう15年にもなる[52]。

②二人はしばらく黙った。鼠はまた何かをしゃべらなければならないような気がした。
「ねえ、人間は生まれつき不公平に作られてる。」
「誰の言葉？」

「ジョン・F・ケネディー。」[53]

③「ねえ、昨日の夜のことだけど、一体どんな話をしたの？」

車を下りる時になって、彼女は突然そう訊ねた。

「いろいろ、さ。」

「ひとつだけでいいわ。教えて。」

「ケネディーの話。」

「ケネディー？」

「ジョン・F・ケネディー。」[54]

④僕は彼女の写真を一枚だけ持っている。裏に日付けがメモしてあり、それは1963年8月となっている。ケネディー大統領が頭を撃ち抜かれた年だ。[55]

⑤鼠は裸の胸に吊したケネディー・コインのペンダントをしばらくいじくりまわしていた。[56]

この執拗なケネディーの反復について先行研究は多様な解釈を試みてきた。平野芳信は、鼠が即興で作る小説の内容である引用②と酔って記憶のない小指のない女の子が前夜に話した内容と見られる引用③のつながりに着目し、作中で一度として同じ場面に登場しない鼠と小指のない女の子が恋愛関係にあるという大胆な仮説を提示する。▽57 山根由美恵は、鼠と女性がバーで話す鼠の小説の内容と「僕」と小指のない女の子がバーで話すシーンを結びつける「ケネディー」というキーワードが鼠を「僕」の影として位置づけていると見なす。▽58 また、柿崎隆宏は一九六三年が主要登場人物の四人それぞれにとって「ターニングポイント」であり「獲得と喪失が登場人物たちの個人史に合わせて描かれている」と主張したうえで、一九六三年を特権化させる固有名詞のケネディーは「読者に同時代を想起させ、同時に「僕」の「物語」の獲得と登場人物たちを結びつけていく」と説明づける。▽59

本章では、これらのケネディーへの言及が「僕」という主人公の一人称の語りの中で繰り返されていることが重要であると考える。①は29歳の「僕」が少年時代を回想するなかでケネディー暗殺を連想する場面であり、②は鼠の小説の内容の続きを「僕」が三人称で語りなおす、あるいは続きを創作するなかで「ジョン・F・ケネディー」という名前が登場しており、実際に鼠の話にケネディーが出てきたかどうかは曖昧にされている。③は、「一体どんな話をしたの？」という問いにおいて主語が省略されているため、「ケネディーの話」をしたのが小指のない女の子なのか「僕」なのかがわからない。また、平野が指摘するとおり、「僕」が「アトランダムに選んで、会話を終えるために使った」とっさの一言という解釈も可能である。▽60 さらに⑤で鼠が「裸の胸に吊したケネディー・コインのペンダントをしばらくいじくりまわしていた」様子に目をとめて小説の語りの中で言及しているのはほかならぬ「僕」である。語り手である「僕」こそがケネディーという言葉に執着を示しているのである。

　仏文科の女の子の少女時代に言及する引用④に注目すると、ケネディー暗殺事件と仏文科の女の子の写真を同じ年のものとして関連させるメトニミーの関係が見えてくる。メタファーが異なる領域に属する事物の類似性にもとづく比喩であるのに対し、メトニミーは同じ領域に属する事物の隣接性にもとづく比喩である。[61]ある対象に直接言及する代わりに隣接する別の対象を参照点とすることで、その対象を言い表すことができる。メトニミーとしてケネディーをとらえた場合、「僕」の意識にのぼるケネディーは仏文科の女の子を表す参照点として把握することが可能である。フロイト心理学において心的外傷は、単なる過去の出来事の記憶ではなく、抑圧されていた記憶が新たな出来事をきっかけに遡及的に外傷として浮かびあがることを意味する。[62]作中を通して執拗に言及されるケネディーの死は、「僕」が直接言及できない恋人の自殺を隣接関係によって代替的に表しており、「クールな青年」[63]と形容されることの多い「僕」は実際にはケネディーに言及するたびに仏文科の女の子の死という心的外傷を想起していると見ることができる。

　一方、「僕」の一四歳のころの出来事について語られる引用①では、ケネディーがメタファーとしての役割をもつものとして解釈できる。ものさしを手に周囲の事物との距離を確認することで「あらゆるものを放り出」す習慣を身につけた「僕」が「僕を焼いた後には骨ひとつ残りはすまい」と自分の死後を想像する記述が続き、[64]ものさしとケネディーの死は生の有限性という類似性によって関連づけられる。ケネディーを死のメタファーとしてとらえれば、「僕」が耐えがたい自分のトラウマを鼠に転嫁しているという解釈が可能になる。死のトラウマのメタファーであるケネディーのペンダントを胸につけるべきは本来は鼠ではなく「僕」である。だが、鼠を「僕」の影とする山根の論を援用するならば、引用⑤で「ケネディー・コインのペンダント」を身につけ、それをいじりながら生の有限性の象徴である「小高い島のような古墳」を連想する鼠を「僕」の影／身代わりとして見ることができる。[▽65] メトニミーとメタファーのどちらで解釈するにせよ、ケネディーは「僕」にとっての心的外傷と直結している。

　引用④で「頭を撃ち抜かれた」という暴力的な加害性を有するケネディーの死が仏文科の女の子の自殺の代替物として参照される点からは、語り手である「僕」が仏文科の女の子の自殺にみずからの加害性を見出していることがうかがえる。第二一章で「僕」は「三人目のガール・フレンドが死んだ半月後」に読んだというジュール・ミシュレの『魔女』（一八六二年）の一節を引き、「私の正義はあまりにあまねきため、先日捕えられた十六名はひとが手を下すのを待たず、まず自らくびれてしまったほどである」という文にある「私の正義はあまりにあまねきため」という因果関係を示す部分を「なんともいえず良い」と皮肉っぽく評価している。[▽66] たとえ直接手を下すことなく「自らくびれてしまった」状況であっても、魔女狩りの迫害と同様に「僕」の側に何らかの原因があったのではないかという自責が皮肉をこめて表現されている。また「僕」の影である鼠の小説においては、船の難破によって浮き輪で海に浮かぶことになった鼠と女の状況についても、「一人で泳いでいっちまう」[67]ことにした女の判断についても、本来ならば鼠に責任はないように見える。にもかかわらず「苦しくて死ぬかと思った」ほどの経験をするあいだ、女は「私が間違っててあなたが正しいのかもしれないってね。私がこんなに苦しんでいるのに、何故あなたは何もせずに海の上にじっと浮かんでいるんだろうってね」と考え、鼠の死を願う。[68]ここで鼠は「何もせずに海の上にじっと浮かんでいる」ことに対して責任を問われている。女の「間違った」判断による自発的な行動だったとしても、それに対して何もしないことがうらみを買うほどの加害性をおびていたことが示唆される。どちらの例においても、背景にあるのは実際には何もしなかったことが加害に結びついたという認識である。村上の小説においては仏文科の女の子の自殺とそれに対する「僕」の罪悪感がトラウマとして根底に存在しており、メトニミーとメタファーという比喩的なかたちで一九七〇年八月の物語に表出しているといえる。

4　映画における死のトラウマ——視覚技術史のアナロジー

映画においても三番目の女の子（小説における「仏文科の女の子」）の自殺は描かれ、「僕」は彼女に「嘘つき！」と糾弾される。[69]しかし、映画の「僕」が三番目の女の子の死に対して小説と同様のトラウマと自責にさいなまれているかという点については疑問が残る。ここまでの議論で示したとおり、一九六三年の時点で一二歳である三番目の女の子の二一歳での自殺は一九七二年に特定できる。その一方で、メインとなる八月の物語は一九七二年と想定こそされているものの、一九七六年の神戸まつり事件をはじめとするアナクロニズムが盛りこまれることによって一九七〇年代なかばを含んだ幅広い年代として表象されている。このため、主人公が恋人の自殺からほどなく故郷に帰ってきたことが原作よりもわかりにくくなっている。主人公の主観しだいで時間を「自在に行き」できるからこそ、「僕」の語りに執拗に切迫してくるトラウマとしてではなく、実際よりも遠い過去のほろ苦い思い出としてノスタルジックに描くことが可能である。それはちょうど大森の前作『ヒポクラテスたち』で四方田犬彦が「説得力のある動機を欠いている」と批評したみどりの自殺が「まるで過ぎ去った季節に訣別を告げるかのような口調で医学生のその後を語るキャプションとして、静止した写真の連なり」の中で説明されるのと同様である。[70]

映画では、三番目の女の子の物語が映像を通して「197X年8月」[71]の物語とは断絶した過去の出来事として印象づけられる。映画では現在にあたる東京のシークェンスおよび鼠や4本指の女（小説における「小指のない女の子」）が登場する「197X年8月」がカラー映像で表示され、少年時代の回想である精神科の先生のシーンと三番目の女の子が登場するシーンの大半がモノクローム映像で映しだされる。映画やテレビの視覚技術の歴史において白黒の映像がカラー映像よりも古い技術であることから、観客はアナロジーによってモノクロの映像をカラーの映像よりも昔の出来事として理解するように仕向けられている。しかし、本来であれば三番目の女の子の自殺と「僕」の故郷での八月の出来事は半年たらずしか離れていないため、実際よりも遠い過去に見せかける詐術

図3『風の歌を聴け』

であるといってよい。

さらに、三番目の女の子が登場する前の導入となる「僕」が女性遍歴を語るシークェンスでは、モノクロの「スチール写真によるモンタージュ」が用いられることで、いっそう古めかしさが演出されている。日本では一九六五年時点で全体の一割前後にすぎなかったカラー写真は着実にシェアを拡大し、一九七〇年には四割、一九七〇年代のなかばには八割近くにまで達し、「写真といえばカラー写真」という認識が定着した[72]。過去のものと見なされるようになったモノクロのスチール写真を用いて、一九六九年のはじめてのセックス、一九七一年の渋谷駅騒乱、一九六三年の一二歳だったときの写真という、本来はそれぞれ年代の異なる場面を並置して提示することにより、これらのシーンに「過去らしさ」を生みだしているのだ。

鼠の映画のシークェンスではアマチュアの自主映画らしさを強調するために8ミリフィルム映像を用いたり、都会的なアート・シネマの雰囲気を作るために登場人物の心の声を字幕で表現した『アニー・ホール』(ウディ・アレン監督、一九七七年)のシーンを模した手法を取り入れたりする[図3]など、本作では全編を通して映像技術に演出効果の役割が与えられている。今野雄二は「〈僕〉と女たちの愛のメモリーの時制《テンス》を故意に錯乱させる手法」にウディ・アレンの影響を見出している。[73] そんななかで、映像や写真の歴史におけるモノクロからカラーへの切り替わりを踏まえた演出は、恋人の自殺という原作における「僕」のトラウマをあたかも遠い過去のものであるかのように表象している。

原作で「僕」が仏文科の女の子の死に対して抱く罪悪感も、映画においてはきわめて希薄である。ケネディーの暗殺は三番目の女の子の少女時代の写真が出てくる場面でモノクロ写真として挿入されるが、「吉展ちゃん誘拐事件、焼身自殺するサイゴンの僧侶、etc の報道写真がカットバックしてゆき、ヨットを背にした堀江謙一青年の写真が入って」いくなかの一枚として提示されるのみであり、[74] 決して原作のようにメトニミーを通した関連づけが行われるわけではない。あくまで一九六三年当時の世相を表すショートハンドとしての役割にとどまっている。また、「僕」が三番目の女の子とテレビで見る映画は、戦争捕虜に対する強制労働という日本軍の加害の歴史を描いた『戦場にかける橋』（デヴィッド・リーン監督、一九五七年）から『ひとりぼっちの青春』（シドニー・ポラック監督、一九六九年）におきかえられている。二人が見る結末部分では耐久ダンス・マラソンに疲れ果てた女性主人公がダンスのパートナーを務めた男性に頼んで自分を射殺させるが、映画の原題であり、劇中でも引用されている「廃馬は撃つもんじゃないんですか？」（They shoot horses, don't they?）という男性の問いは、男性自身に自責の念を負わせるというよりも、ダンス・マラソンの主催者や恐慌時代のアメリカ社会に批判の矛先をむけるものである。[75]

映像面においても、三番目の女の子の自殺の場面は「僕」の罪悪感を前もって除外するものであ

図4, 5 『風の歌を聴け』

る。モノクロの雑木林の静止画の上でカメラを動かすショットが映しだされたのち、木の根もとに座りこんだ三番目の女の子の手前に木箱の上に立つ人物の両足が見えるショットに切り替わる。シーン中唯一静止画でないこのショットでは、三番目の女の子が手前の人物の足の下の木箱にむけて石を投げる［図4］。石が木箱にあたってその上の人物の体が宙づりになると、カメラにむかって座る三番目の女の子は背後の木に体をもたせかけ、力尽きたように首を落として動かなくなる［図5］。このシーンについて大森は後年「室井〔室井滋が演じる三番目の女の子〕の自殺は室井の分身が石投げて殺す他殺でもあると。つまり幽体離脱してもう一人の女が自分の死に手を貸すというねえ」と演出意図を説明している▽76。だが、このように三番目の女の子が自分自身を殺害するシーンとして自殺を提示することにより、彼女の自殺が本人の主体的な行為であることが強調されている。そのため、恋人である「僕」が彼女の死に対して罪悪感を抱く必然性は映画においてはあまりない。映画の中で他者の死に対する罪悪感は、鼠が神戸まつり事件において父親を死に追いやったと思い悩むシーンがもうけられることで「僕」から鼠に転嫁されている。

映画の中心的な主題は、あくまでノスタルジアである。終盤近く、一九八〇年代の「僕」が自分の経営する東京のバーで鼠のフィルムを見終わった直後、三番目の女の子がはじめてカラー映像で登場し、「僕」と以下のような会話を交わす。

三番目の女　なんだか不思議だね、何もかもが本当に起こったことじゃないみたい。
僕の声　本当に起こったことさ、ただ消えてしまったんだ。
三番目の女　戻ってみたかった？
僕の声　戻りようもないさ。ずっと昔に死んでしまった時間の断片なんだから。
三番目の女　それでも、それは暖かい想いじゃないの？
僕の声　いくらかはね。……古い光のように。
三番目の女　（笑って）古い光？
　明滅するピンボール台。
三番目の女の声　いつまでも、あなたのボーナスライトであることを祈ってるわ。▽77

映写機のむこう側に立ちカメラを直視する三番目の女の子と、声だけの「僕」とのあいだで交わされる会話の内容は、村上の次作『１９７３年のピンボール』（一九八〇年）の終盤にある「僕」と彼が探しもとめていたピンボール台である「３フリッパーのスペースシップ」とのあいだの会話と

「僕」の内的独白に若干の改変を加えたものである。[78]『ノルウェイの森』のヒロインと同じ「直子」という名前の大学時代の恋人が作品冒頭の回想で登場するこの小説では、ピンボール台の発見が失った恋人との再会に見立てられている。

映画では、小説の「僕たちが共有しているものは、ずっと昔に死んでしまった時間の断片にすぎなかった[79]」という時間の断片の価値の少なさを強調する「にすぎなかった」という表現が削られているほか、「戻ってみたかった？」「戻りようもないさ」という対話が追加されることで、「ただ消えてしまった」「ずっと昔に死んでしまった時間の断片」である三番目の女の子の記憶や「197X年8月」の物語全体が戻りたくてももう「戻りようもない」むしろ貴重な時間であることが示唆される。世良利和は「村上が意図的に消去してみせた日本的な心情や大森自身の青春時代への感傷を無頓着につけ加え」ていると映画を否定的に評価しているが、[80]このような「青春時代」へのノスタルジアと、「心情」や「感傷」といった言葉で言い表される主観性の吐露こそが映画と原作の大きな違いである。

本章では時間に注目して映画『風の歌を聴け』のアダプテーションと原作小説の方向性の違いを検討した。小説では「僕」にとっての心的外傷である恋人の自殺が一見排除されているものの、メトニミーおよびメタファーを用いた間接的なかたちで「僕」の一九七〇年八月の物語に侵入してきている様子が描かれる。しかし映画では、主人公の主観的な時間認識によって作中における他者である恋人の自殺を実際よりも遠い過去の出来事のように位置づけるとともに、恋人の死も「ずっと昔に死んでしまった時間の断片」としてノスタルジアの対象に含めることで主人公が自分の内面に目をむけることを可能にする。内心の赤裸々な告白を忌避して表層的には「クールな距離感」[81]を保ちつづける原作の主人公とは対照的ですらある。映画におけるノスタルジアは、先行する日本文学や日本映画に対する村上と大森の態度の違いからもわかるとおり、原作に由来するというよりは大森による原作の解釈から導きだされており、同時に日本映画に見られるノスタルジアと地つづきのものでもある。四方田犬彦は本作を「まったく評判にならなかった」失敗作と見なしてその原因を原作者と監督の資質的な違いに帰しているが、[82]その違いがむしろノスタルジアの有無に関わるものであることを本章の分析はあきらかにした。

本作を皮切りに、一九八〇年代は山川直人の短編映画『パン屋襲撃』（一九八二年）および『100％の女の子』（一九八三年）、野村恵一の長編映画『森の向う側』（一九八八年）が制作される。これらはいずれもポスト撮影所時代の日本の自主映画の文脈で生まれた作品である。同時代の新鋭作家である村上は、既存の製作・配給体制の外側で作品を発表する自主制作映画作家や新人作家にとって同じサブカルチャーに属する同胞であるとともに、新しさを体現する存在だった。[83]大森の『風の歌を聴け』をはじめとする当時の村上文学のアダプテーションは一九八〇年代の映画産業の新しい潮流や、ノスタルジアと時代の関係をはじめとする映画をとりまく社会的状況を理解するうえで重要な示唆を与えてくれる。一九九〇年代の空隙を挟んで、二〇〇〇年代以降にトランスナシヨナルな文脈で村上文学のアダプテーションが増加するとともに国内のみならず国外でも研究が進むようになったが、一九八〇年代の映画化作品は二〇〇〇年代以降の作品に比して注目されることが少ない。今後、国内のサブカルチャーから世界文学という村上文学の変遷の軌跡を理解するうえでも、それぞれのアダプテーションを各時代のコンテクストに位置づけた議論の展開が必要になるだろう。

▽**1** 四方田犬彦『日本映画のラディカルな意志』岩波書店、一九九九年、一四―一五頁。
▽**2** 佐藤忠男「ATG三十年の歩み」佐藤忠男編『ATG映画を読む　60年代に始まった名作のアーカイブ』フィルムアート社、一九九一年、四〇二頁。
▽**3** [酒井武史]「日本映画はよみがえるか　ニューウェーブの旗手20氏に聞く㊦」『朝日ジャーナル』二四巻三二号、一九八二年、九二―九四頁。
▽**4** 酒井武史「日本映画はよみがえるか　ニューウェーブの旗手20氏に聞く㊤」『朝日ジャーナル』二四巻三一号、一九八二年、三二頁。
▽**5** 長谷正人「サブカルチャーとしての村上春樹と自主映画」川﨑佳哉編『村上春樹　映画の旅』フィルムアート社、二〇二二年、九四―九五頁。
▽**6** 村上春樹『職業としての小説家』スイッチ・パブリッシング、二〇一五年、四四頁。

▽7 四方田『日本映画のラディカルな意志』四六八頁。

▽8 大森一樹『星よりひそかに』東宝出版事業室、一九八六年、一二八頁。

▽9 村上春樹「フロント・ページ「風の歌を聴け」の映画化によせて」『キネマ旬報』八一八号、一九八一年、四七頁。

▽10 大森『星よりひそかに』一二六頁。

▽11 ロラン・バルト『明るい部屋——写真についての覚書』花輪光訳、みすず書房、一九九七年、九四頁。

▽12 Svetlana Boym, *The Future of Nostalgia*, Basic Books, 2001, p. xiii.

▽13 アネット・クーン『家庭の秘密　記憶と創造の行為』西山けい子訳、世界思想社、二〇〇七年、一四三―一四四頁。

▽14 同。

▽15 大森『星よりひそかに』一二七―一二八頁。

▽16 クーン『家庭の秘密』一一頁。

▽17 Boym, *The Future of Nostalgia*, pp. xv-xvi.

▽18 四方田『日本映画のラディカルな意志』四六八頁。

▽19 同。

▽20 Fredric Jameson, *Postmodernism, or the Cultural Logic of Late Capitalism*, Duke University Press, 1991, pp. 19-21.

▽21 Ibid., p. xvii.

▽22 Alexander Zahlten, *The End of Japanese Cinema: Industrial Genres, National Times, and Media Ecologies*, Duke University Press, 2017, p. 179.

▽23 村上春樹『風の歌を聴け』講談社（講談社文庫）、一九八二年、一三頁。

▽24 内田康「〝擬態〟としての〈アメリカ〉／〈神戸〉―『風の歌を聴け』とその映画化をめぐって―」曾秋桂編『2023年第12回村上春樹国際シンポジウム　村上春樹文学における「擬態」（Mimicry）会議予稿集』淡江大學村上春樹研究中心、二〇二三年、一一七―一一八頁。

▽25 大森一樹「完成台本『風の歌を聴け』」多賀洋介編『アートシアター』一四七号、一九八一年、四七頁。

▽26 同。

▽27 同、四九頁。

▽28 同、五三頁。

▽29 山根由美恵「映画『風の歌を聴け』論―「鼠」／小指の女／新宿・渋谷―」第二六回村上春樹とアダプテーション研究会、二〇二三年六月一〇日発表。

▽30 内田「〝擬態〟としての〈アメリカ〉／〈神戸〉」一一八頁。

▽31 同。

▽32 村上春樹／大森一樹／村上知彦「HUMAN HOT INTERVIEW SPECIAL「風の歌を聴け」原作者村上春樹vs.監督大森一樹」『Hot Dog Press』三巻一九号、一九八一年、一七頁。

▽33 加藤典洋「夏の十九日間――『風の歌を聴け』の読解」『村上春樹の世界』講談社（講談社文芸文庫）、二〇二〇年、一四〇―一七三頁。

▽34 小山鉄郎『村上春樹を読みつくす』講談社（講談社現代新書）、二〇一〇年、一一一頁。

▽35 大森一樹「風の歌を聴くまで―あるいは原作者への手紙―」『アートシアター』一四七号、一九八一年、八頁。傍点は原文どおり。

▽36 掛尾良夫「撮影現場訪問記　風の歌を聴け」『キネマ旬報』八二四号、一九八一年、一三九頁。

▽37 内田「〝擬態〟としての〈アメリカ〉／〈神戸〉」一一八頁。

▽38 村上『風の歌を聴け』一二二―一二三頁。
▽39 同、九頁。
▽40 同。
▽41 村上春樹／古田留美子「宝島ロングインタヴューI「ムラカミ・ワールドの秘密」」『宝島』一一巻一一号、一九八三年、六一頁。
▽42 村上『風の歌を聴け』一〇頁。
▽43 米村みゆき「編年体による1970年夏の物語―村上春樹『風の歌を聴け』を読む―」『名古屋近代文学研究』一一号、一九九三年、四四頁。
▽44 村上『風の歌を聴け』三二頁。
▽45 多田治『沖縄イメージを旅する　柳田國男から移住ブームまで』中央公論新社（中公新書ラクレ）、二〇〇八年、一四七頁。
▽46 村上『風の歌を聴け』七五頁。
▽47 同、九三頁。
▽48 石原千秋『謎とき村上春樹』光文社（光文社新書）、二〇〇七年、三八―四四頁。
▽49 村上『風の歌を聴け』七―八頁。
▽50 清水良典『村上春樹はくせになる』朝日新聞社（朝日新書）、二〇〇六年、九三―九四頁。
▽51 村上／古田「宝島ロングインタヴュー」六〇頁。
▽52 村上『風の歌を聴け』一〇頁。
▽53 同、二七頁。
▽54 同、四三頁。

▽55 同、九七―九八頁。

▽56 同、一一四頁。

▽57 平野芳信『村上春樹と《最初の夫の死ぬ物語》』二版、翰林書房、二〇一一年、五一―五二頁。

▽58 山根由美恵「村上春樹「風の歌を聴け」論―物語の構成と〈影〉の存在―」『国文学攷』一六三号、一九九九年、二四頁。

▽59 柿崎隆宏「村上春樹『風の歌を聴け』論―過去へと向かう語りをめぐって―」『九大日文』一五号、二〇一〇年、五九―六〇、六八頁。

▽60 平野『村上春樹と《最初の夫の死ぬ物語》』五二頁。

▽61 野村益寛「換喩／メトニミー（metonymy）」辻幸夫編『認知言語学キーワード事典』研究社、二〇〇二年、三五頁。

▽62 立木康介「「事後性」↑「心的外傷」」新宮一成／立木康介編『知の教科書　フロイト＝ラカン』講談社（講談社選書メチエ）、二〇〇五年、七〇―七一頁。

▽63 今井清人「『風の歌を聴け』―ＯＦＦの感覚―」木股知史編『日本文学研究論文集成46　村上春樹』若草書房、一九九八年、八一頁。

▽64 村上『風の歌を聴け』一一頁。

▽65 同、一一四頁。

▽66 同、八二頁。

▽67 同、二五頁。

▽68 同、二六―二七頁。

▽69 大森「完成台本」四八頁。
▽70 四方田犬彦「大森一樹自由自在」『現代詩手帖』二四巻二号、一九八一年、七八頁。
▽71 大森「完成台本」四一頁。
▽72 富士フイルム「アマチュアカラー市場の拡大」二〇二三年一二月一日閲覧〈https://www.fujifilm.co.jp/corporate/aboutus/history/ayumi/index.html〉。
▽73 今野雄二「風の歌を聴け 陽炎のメモリー・メモリー」『キネマ旬報』八二七号、一九八二年、八五頁。
▽74 大森「完成台本」四七頁。
▽75 同、四九頁。
▽76 緒方明「大森一樹、語る 承前『風の歌を聴け』から『テイク・イット・イージー』まで」『映画芸術』七三巻二号、二〇二三年、八七頁。
▽77 大森「完成台本」五九頁。
▽78 村上春樹『1973年のピンボール』講談社（講談社文庫）、一九八三年、一五八―一五九頁。
▽79 同、一五九頁
▽80 世良利和「村上春樹のダンス・ステップに」『防虫ダンス』八号、一九八九年、九三頁。
▽81 四方田犬彦「村上春樹と映画」柴田元幸／沼野充義／藤井省三／四方田犬彦『世界は村上春樹をどう読むか』文藝春秋（文春文庫）、二〇〇九年、一六八頁。
▽82 同。
▽83 長谷「サブカルチャーとしての村上春樹と自主映画」九四頁。

第3章　パン屋(再)襲撃／100%の女の子

繰り返されるアダプテーション

短編小説「4月のある晴れた朝に100パーセントの女の子に出会うことについて」(一九八一年、以下「100パー」)、「パン屋襲撃」(一九八一年)およびその続編にあたる「パン屋再襲撃」(一九八五年)の三作は、村上春樹の小説の中でももっとも頻繁に映像化されてきた。鄒波《すうは》は二〇二〇年の論文において中国語圏で映画製作を学ぶ学生による「100パー」のアダプテーションを二五作、「襲撃」と「再襲撃」両方を含めた「パン屋」のアダプテーションを五作紹介している。▽1 私自身が本章で詳述する調査を行ったところ、「100パー」の映像化作品を五四作、「襲撃」と「再襲撃」の両方を含めた「パン屋」の映像化作品を二二作確認した。鄒波のリストと単純に合計すれば、「100パー」は少なくとも七九作、「パン屋」は少なくとも二七作映像化が行われていると判断できる。

「１００パー」に関して村上は二〇一〇年のインタビューの中で「あれ、なんだか世界的に人気があるみたいです。外国の大学で教材にしているというのを何度も聞いているし、映画科の学生が世界各国でもう七、八本映画にしています。申し込みが多すぎて、今のところ打ち止めにしているくらいです」と述べている。[▽2] それでも、原作提供を停止したという二〇一〇年以降もYouTubeをはじめとするオンラインの映像配信サイトには学生映画やアマチュアによる自主制作と見られる「１００パー」の映像化作品が多数アップロードされている。非商業作品のアダプテーションに対して村上が無料で原作使用の許諾を与えた例も過去にはあり、短編作品を原作とする商業的でない映像化に関しては原作者の許可を得るハードルは本来それほど高いものではない。[▽3] それでも、これらの作品の中に村上側の許諾を得ずに作られたものが少なからず含まれている可能性は否定できない。原作者の許諾の有無に関係なく、アダプテーションを通してこれらの作品を語りなおすことへの意欲の強さが感じられる。

「１００パー」と「パン屋」二部作の映像化作品が抜きんでて多い理由としては、作品の短さ、物語の構成の単純さ、作品の主題の普遍性、そして村上の代表作との関連という四つの要因が考えられる。三作のうち「パン屋襲撃」と「１００パー」はどちらも四〇〇字詰め原稿用紙換算で約一〇枚であり、村上が「ひょひょいのひょい」[▽4] と呼ぶたぐいのごく短い作品である。風丸良彦が「１００パー」の映画化について主張するように、映画の尺が作品を音読する長さとほぼ一致し、「作品世界［を］呆気ないまでに凝縮」させることが可能である。[▽5] これら二作に比べると「パン屋再襲撃」は原稿用紙約三七枚と長めであるが、村上の短編小説の中では決して長い作品とはいえない。短編小説から短編映画へのアダプテーションを行う場合、長編小説を原作とする場合よりもシーンの取捨選択の幅が限られているため、学生やアマチュアにとって比較的制作のハードルが低いものと推測できる。

また、三作とも単に作品自体が短いだけでなく、物語が短い時間で完結する。「100パー」が男性主人公と一〇〇パーセントの女性の路上での一瞬の出会いとそれをめぐる主人公の思索と想像の世界を描く一方、「パン屋襲撃」は空腹からパン屋を襲った若者と相棒がパン屋の主人にワーグナーの音楽を聴くという条件のもとパンを無料で与えられる物語、「パン屋再襲撃」はかつてパン屋を襲ったことのある主人公が新婚の妻と夜中にマクドナルドを襲撃する一夜の出来事の物語である。作中で実際に起こる出来事の時間はいずれもきわめて短い。アーロン・ジェローは、村上が基本的に長編小説のアダプテーションを拒む一方で短編小説の映画化には比較的寛容であることを踏まえ、短編小説特有の時間性が村上が親しんできた映画を見る体験との親和性をもっているのではないかと仮説を立てている。▽6 それが正しいかどうかは別として、作品の時間の短さや一見単純な構成といった要素は、アダプテーションのしやすさに直結している。

内容面での普遍性も、文化や国境を越えてアダプテーションが行われる要因の一つであろう。加藤典洋は「パン屋」二部作が英語の短編映画『パン屋再襲撃』（カルロス・キュアロン監督、二〇一〇年）として翻案されたり、ドイツでカット・メンシックのイラストつき単行本 *Die*

Bäckereiüberfälle（二〇一二年、邦題は『パン屋を襲う』）として刊行されたりしている事実に言及し、「なぜこの二編のメッセージは長命なのか。また国境を越えるのか。その背景に、この二つの短篇がポストモダン社会の到来とそれへの抵抗を、ある意味普遍的に軽妙な「おかしみ」のうちに捉えていることがあると思う」と述べている。▽7 一九八〇年代以降、欧米の先進国を中心にグローバルな規模で起こっている現象であるポストモダン化を背景とし、「普遍的に」理解可能なユーモアでそれを批評している点に加藤は作品のトランスナショナルな価値を見出している。一方、「100パー」に関していえば、「原宿の裏通り」▽8 という特定の場所を舞台としつつも、ボーイ・ミーツ・ガールという異性愛ロマンスの典型的な状況を主題としており、文化的な背景知識がなくても十分理解可能だといえる。

さらに、村上の代表的な長編作品の主題が見られることもこれらの作品の特徴である。「100パー」は村上自身が認めるとおり『1Q84』（二〇〇九〜二〇一〇年）を生みだす原点となった作品であり、運命的に結びつけられた「100パー」の男女の物語を「すごく大きく膨らませた」ものが『1Q84』における天吾と青豆の関係となる。▽9「パン屋再襲撃」は『風の歌を聴け』（一九七九年）から『ノルウェイの森』（一九八七年）にいたる初期作品との連続性が小島基洋によって指摘されている。小島の解釈によれば、「パン屋再襲撃」の中で語られる主人公の「相棒」は村上が繰り返し描いてきた自殺をする恋人にほかならず、深夜にマクドナルドを襲撃する行為はかつての恋人の死のトラウマを妻と協同して解決しようと図ることの隠喩である。▽10 当初長編小説のアダプテーションを希望していた翻案者が代替的な手段として長編とつながりのある短編の翻案の許諾を得る例はこれまでにも見られた。たとえば、漫画版「螢」（二〇一九年）は作者の森泉岳士自身が『ノルウェイの森』（一九八七年）を念頭においていたことを認めている。[11] また、イスラエルで「ねじまき鳥と火曜日の女たち」（一九八六年）が二度にわたって短編映画化されているのも、おそらくは『ねじまき鳥クロニクル』（一九九四～一九九五年）の人気によるものだろう。[12]「パン屋」や「１００パー」の映像化を行った翻案者全員が長編のアダプテーションを目ざしていたわけではないだろうが、これらの作品が短いながらも運命的な男女の絆や喪失のトラウマといった村上文学の代表的なテーマを凝縮した小説である事実が、翻案者が原作を選ぶうえで少なからず影響をおよぼした可能性は否定できない。

本章では、一九八〇年代の自主映画から現代のグローバリゼーションというコンテクストの変遷に目をむけたうえで、今日インターネット上にあふれ返る「１００パー」と「パン屋」の映像化作品を動画共有サイトのユーザー生成コンテンツとして検討してみたい。YouTube や Vimeo といったインターネット上の動画共有サイトの台頭により、かつては自主映画の上映会などに鑑賞の機会が限定されていた学生やアマチュアの手による自主制作の映像を容易に検索し、視聴できるようになった。しかし受容面での利便性にとどまらず、制作の段階においてもインターネットという媒体は影響を与えている。多くのアマチュア映像制作者にとって作品発表の主要な場である動画共有サイトは、個人の表現に自由を与える場であると同時に表現を一定の型にあてはめ、制限を加える側面を併せもつ。個人の表現者とウェブメディアのあいだに見られる交渉は、一九八〇年代の日本という本来のコンテクストを離れた「100パー」および「パン屋」アダプテーションの新しいコンテクストとして理解されるだろう。

1 一九八〇年代のコンテクスト——山川直人による『パン屋襲撃』と『100%の女の子』

「100パー」および「パン屋」アダプテーションの嚆矢は、山川直人による16ミリフィルムの短編映画『パン屋襲撃』(一九八二年)と『100%の女の子』(一九八三年)である。これらは、低予算のATG映画である大森一樹の『風の歌を聴け』(一九八一年)とともに当時の日本における自主映画ブームというサブカルチャーの文脈から生まれた作品である。「パン屋襲撃」の映画化にさいして山川は、ATG社長の佐々木史朗や、『ヒポクラテスたち』(大森一樹監督、一九八〇年)の制作助手であり、『パン屋襲撃』でも制作を務める森重晃、映画『風の歌を聴け』に出演した室井滋らに相談をしていた。▽13 また、国分寺から千駄ヶ谷に移転していたピーター・キャットで妹の友人がアルバイトをしていた縁で、山川は村上の店に以前から顔を出していた。▽14 長谷正人が示すとおり、自主映画界隈の人的ネットワークの中から生まれた大森や山川による初期の映画化作品は「喫茶店を経営しながらアマチュア的に小説を書いていた作家とアマチュア的な自主映画作家の仲間感覚のなかで、わいわいと製作が企画された」印象が強い。▽15

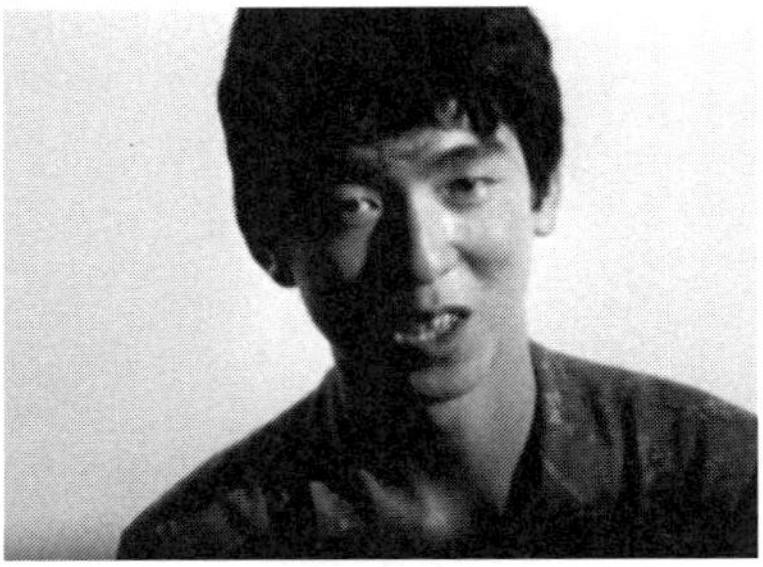

図1, 2 『パン屋襲撃』（付録3-1）

大森の『風の歌を聴け』と同様、これら二作品には自主映画制作の自由さに由来する形式面での実験性が顕著に見られる。どちらも村上の小説の文章をヴォイスオーヴァーや会話においてかなり忠実に再現しているが、『パン屋襲撃』ではウディ・アレン監督作『アニー・ホール』（一九七七年）の冒頭のように主人公がカメラにむかって直接語りかける手法［図1］や、「ゲバ字」[16]と呼ばれる学生運動のアジビラなどに見られた特徴的な字体を用いた中間字幕による六〇年代の学生運動のパロディー［図2］、ヴォイスオーヴァーの内容にあわせてレオナルド・ダ・ヴィンチの《最後の晩餐》や東映やくざ映画『仁義なき戦い　代理戦争』（深作欣二監督、一九七三年）のポスターをインサートするコラージュ的な技法などが展開される。『100%の女の子』においても、現実の出来事をカラー、主人公の想像上の出来事を白黒のフィルムで区別し、主人公の主観を際立たせるために白黒のフィルムの一部にセロハン紙を貼りつけて着色する試みが行われている。[17]

四方田犬彦はこれらの作品を「ポップで軽快で、表層的な遊戯性に満ちた短篇映画」[18]と軽さや浅さを強調した表現で評している。だが、山川のアダプテーションに見られる表現は一見バラバラの断片的な章を積み重ねるコラージュの技法や奇抜な比喩表現、アメリカの映画や音楽を中心とする大衆文化の引用といった村上の初期文学の特徴と共通する部分が多い。一九八〇年代初頭から「映画を作る側には何も言わないで作品を渡すかわり、出来た映画に関しては、何のコメントもしないという姿勢を貫いて」きた原作者の村上が『パン屋襲撃』に対して「面白かった」という感想を述べ、[19]『100%の女の子』についても「この映画も僕は好きだ」[20]と率直的な賛辞を送っているのも、これらの映画が体現する新しさが当時の村上文学の新しさでもあったためである。

　山川による村上作品のアダプテーションの新しさは、大森の映画の場合と同様に撮影所時代の日本映画に対する自主映画という映画史の中で把握することが可能だが、先行する映画史に対する態度は大森とは若干異なる。山川と批評家の曳地信明は『パン屋襲撃』をめぐる対談の中で「今の実験映画は新しくない。……実験映画でも本当に新しいものはおもしろいですからね。基本的に新しさと面白さは繋がるし、同じようなものだと思うんです」と語り、新しいことに面白さという価値を見出す。[21]そのうえで、作品の実験性について「もっと功撃《［ママ］》的なものです。それには我々より一つ上の世代をなくさないと。古典性の回帰なんてもんじゃないですよ」と訴える。[22]『風の歌を聴け』をはじめとする大森の初期作品においてノスタルジアが顕著に表れるのとは対照的に、山川が実験的な映像表現において重視していたのは先行する世代の日本映画への反逆であった。それは村上春樹が当時日本文学に対して示した態度にも通じる部分があったといえよう。

山川と村上の作品に見られる反逆性は、日本の歴史的なコンテクストに照らして理解することも可能である。加藤典洋は村上の「パン屋」二部作を一九六〇年代の学生運動の時代の熱気が退潮していく一方で、高度経済成長期からの産業形態の変化とともに経済的な安定と消費社会の到来にいたる一九七〇年代から一九八〇年代にかけての日本社会のアレゴリーとして読解する。二人の若者が企てたパンの強奪という「社会への反逆」は、ワーグナーの音楽を聴く「モニター行為」の対価としてパンを得るという「新しい労働の形態」にすり替えられることで「立派な産業活動の一環」にとりこまれる。[23]そのような「パン屋襲撃」の出来事ののち、社会の従順な成員になった主人公は「学生運動、若者の反乱の時代」という過去において「果されなかったこと」を回復するために、妻の先導のもとマクドナルドを襲うというのが「パン屋再襲撃」の主意である。[24]加藤は、山川の映画が原作の寓意をくみとったアダプテーションとなっているとし、作中に登場する揚げパンやクロワッサンがもつ社会階層の象徴性を画面の三分割によって可視化させる演出が行われていることを示す。[25]山川は村上とは八歳ほど年齢差があるものの、村上と同じサブカルチャーに属し、一九七〇年代の社会的な変容を目にしてきた若者世代として同様の問題意識を共有していたと考えられる。

山川の二作品は後年、村上の映像化作品をとりあげた雑誌の特集記事の中で「時代の先端を切り取っているが、それ故に途方もないスピードで風化していった」と否定的に紹介されている。[26]それは、これらの作品における山川の映像表現が一九八〇年代初頭の日本の自主映画という時代のコンテクストの中でこそ意味をもちうるものだったことを示唆している。「映画化作品としてうまくいったかどうかという観点から評価されるような作品ではないように思う。そうではなくそれらは、あの時代のサブカルチャーがもたらした感覚の変容とその中で村上春樹が果たした役割という視点から評価すべき」と語る長谷の論調にも同様の評価が見てとれる。[27] ところが、山川の映画が歳月を経て古びた印象を与えるようになったのとは対照的に、村上の原作は本来のコンテクストを離れ、異なる言語や文化でアダプテーションが何度も繰り返されることになる。これまでに全世界で行われた「100パー」および「パン屋」のアダプテーションをすべて網羅することは困難をきわめるが、本章では次節で述べる方法により可能な限り多くの映像化作品の確認と分析を試みた。

2　ユーザー生成コンテンツとしてのアダプテーション

中国語圏の映画学科等の学生によって翻案された「100パー」と「パン屋」に着目した鄒波の研究は、両作の国際的なアダプテーションを射程に入れた本章の重要な先行研究である。鄒波はデイヴィッド・ダムロッシュの世界文学論を援用し、中国語圏の学生映画におけるアダプテーションを世界文学としての村上作品の異文化圏における受容の一形態として把握する。アダプテーションにおける言語や舞台、物語の改変に「翻案者の主体性」を見出し、文章から文章という同じメディア間の翻訳よりもアダプテーションのほうが翻案者の主体的な介入や文化の影響がより大きいと鄒波は主張する。[28]

興味深いのは、鄒波が「youku（优酷）」「bilibili（哔哩哔哩）」「iQIYI（爱奇艺）」という中国の動画共有サイト三種類を調査対象とし、これらにアップロードされたアダプテーション作品をとりあげている点である。インターネット上の動画共有サイトは学生やアマチュアにとって自分たちの制作した映像をもっとも容易に公開できるプラットフォームの一つである。このことについて鄒波は「インターネットの技術の発展とともに、それらの作品はより広範囲にわたり、かつより短時間で視聴者が受容できるようになっている」と評価する一方で、文化を越境した作品の受容が「カオス的な様相」を呈していると結論づけている。[29]

本章では、動画共有サイトを単に「カオス的な様相」として見るのではなく、プラットフォームを提供するシステムとユーザーの交渉の場であると仮定する。動画共有サイト上で公開されるアダプテーションをユーザー生成コンテンツとしてとらえた場合、「翻案者の主体性」はシステムの側にあらかじめ制限される側面もあるのではないか。この問いは、レフ・マノヴィッチがソーシャル・メディアで公開されるアニメ・ミュージック・ビデオを例に提示した、二一世紀に入って格段に普及したユーザー生成コンテンツという現象がどの程度家電産業や商業メディアによって動かされているかという問いを文学のアダプテーションという観点から検証するものである。[30]

マノヴィッチはミシェル・ド・セルトーが提唱した、組織や権力構造の側が用いる「戦略」（strategies）と、近代を生きる市民の側が日常生活において用いる「戦術」（tactics）という区別をデジタル時代のメディアに応用する。[31] ユーザー生成コンテンツを作るさい、ユーザーは無からすべてを生みだすのではなく、プロが作ったテンプレートをもとに作成することが多い。アニメ・ミュージック・ビデオの場合は、大半が音楽も映像も既存の商業メディアにユーザーが独自の編集を加えたものである。ここではテンプレートの提供が「戦略」にあたり、ユーザーが独自にカスタマイズする編集の自由度が「戦術」に相当する。商業メディアはユーザーの「戦術」を見越してカスタマイズを前提としたテンプレートや環境を提供するという「戦略」を展開する。そしてユーザー生成コンテンツの増加により、動画共有サイトは広告収入の拡大や利用者データの取得という利益を得る。つまり、ユーザーの「戦術」を「戦略」に積極的にとりこんできたというのがマノヴィッチの主張である。▽32

アダプテーションにおいては、翻案のもととなる物語こそが翻案者にとっての典型的なテンプレートである。映像制作者はそのテンプレートをもとに、物語の舞台や時代、言語、人物の国籍や性別、属性を改変したり、原作の物語やセリフの省略、独自の展開の追加を行ったりする。原作に加えられるこれらの変更は、予算や撮影期間をはじめとする制作上の都合、映像制作者が属する文化圏への物語の再文脈化、映像制作者自身の解釈や主張の表現などさまざまな理由によってなされる。だが、いずれも映像制作者が想定するターゲット層の観客にむけて自分の映像を届けるための「戦術」として把握できる。一方、動画共有サイトをはじめ商業メディア側の「戦略」は、ユーザーにより多くの映像を作成、公開させ、ユーザー間のコミュニケーションをより多く創出することを目的とする。ユーザーがサイト上でより長時間過ごして自作のコンテンツを注ぎこむことで、動画共有サイトは広告収入や他社への利用データの販売を通して収益をあげることができる。[33] また、ここでいう商業メディアには動画共有サイトやサイト上に広告を出す企業のみならず、原作者の村上および出版社も含まれる。アダプテーションの制作を許諾ないし黙認し、オンライン上での公開を継続させるという「戦略」により、原作小説のより広い周知という宣伝効果が期待できるためだ。

オンラインで公開されている「100パー」および「パン屋」のアダプテーションをなるべく多く確認するために、日本語のほか英語をはじめとする九か国語において三作品がどのようなタイトルで翻訳されているかを調べた（付録1）。選択した九か国語の外国語には、ローマ字アルファベットを使用する西欧語が多いが、あくまで恣意的なものである。繁体字／簡体字中国語に関しては、鄒波の調査との重複を避けるために除外した。付録1-1が示すとおり、「100パー」では日本語においても初出および単行本『カンガルー日和』（一九八三年）収録の版と一九九一年の『村上春樹全作品』収録版とでは冒頭の数字の表記に異同があり、「パン屋襲撃」は三種類、「パン屋再襲撃」は二種類の異なるタイトルをもつバージョンが存在する。翻訳においては、付録1-2の英語版「100パー」の場合のように、異なる翻訳者による翻訳が出版されることにより、タイトルに異同が生じることがある。

付録1で各作品の異同と外国語タイトルを確認したうえで、続いて「4月のある晴れた朝（四月のある晴れた朝）」「100パーセントの女の子（100％の女の子）」「パン屋襲撃」「パン屋再襲撃」といった比較的固有性の高い文字列の組みあわせを選びだし、各言語のタイトルでこれらの文字列に相当する部分をグーグルの検索エンジンおよび動画共有サイトのYouTubeとVimeoで検索した。その結果によって見つかった映像化作品の一覧が付録2および付録3である。なお、これらには実際の検索結果のほかに、映像はオンライン上で公開されていないもののグーグル検索の結果で情報を確認できたもの、さらに検索語句の文字列を含んでいないもののYouTubeやVimeoの関連映像として表示されたものも少数含まれる。監督など制作の中心となった人物名が確認できる場合は明記しているが、そうでないものは「監督名不明」としてある。映画祭などでの上映実績が確認できるものは公開年を示し、不明の作品はYouTubeないしVimeoでの公開日の順に並べた。ＵＲＬは二〇二三年一二月時点で有効のものである。

　以上のような方法で映像化作品の検索を試みたが、もちろんこれは網羅的な方法とはいえない。私自身の外国語能力の限界もあって見逃している翻訳タイトルは存在するだろう。たとえば、スペイン語の「１００パー」の翻訳には付録1-3で挙げた原題の直訳 **"Sobre el encuentro con una chica cien por cien perfecta en una soleada mañana del mes de abril"** 以外に **"Por falta de palabras"**（直訳「言葉がないため」）というタイトルで出版されていると見られる。これは小説の終わりの部分の「ことばもなくすれ違い」[▽34]（スペイン語では sin un palabra）[▽35] から採用されたタイトルであろう。中南米と思われる複数のスペイン語映像化作品が *Por falta de palabras* というタイトルで公開されているほか（付録2-17、2-28）、オンライン上でもこのタイトルで「１００パー」に言及しているサイトが多いが、訳者や出版社、出版地などの書誌情報は私自身のスペイン語能力の不足により確認できなかった。

ほかの言語でも同様の見逃しがある可能性は十分にある。また、映像化作品の検索結果についても、アルゴリズム等の問題によりサイト上のすべての映像化作品が結果として表示されていない可能性も考えられる。そのため、次節以降は可能な範囲内で映像化作品の確認と傾向の分析を行ったパイロット研究として読んでもらいたい。

3 戦術としての英語

言語の面で分類すると、「100パー」は五四作のうち三三作、「パン屋」二二作のうち一〇作が英語作品である。これにはアメリカやイギリスなど英語を第一言語として話す人口が多くを占める国だけでなく、シンガポールやフィリピンのように公用語（第二言語）として英語が採用されている国、そして中国や日本など英語が外国語である国で作られた作品も含まれる。デイヴィッド・クリスタルは、英語を第一言語として話す人口と公用語などで国民が第二言語として学ぶ国の人口について七億五〇〇〇万人、外国語として英語を学ぶ国や地域の人口をほぼ同数の七億五〇〇〇万人と概算し、世界で英語をある程度使える人口はおよそ一五億人だと推定している。▽36 英語でのアダプテーションは字幕翻訳などの手間を省いて効率的に多くの視聴者に訴求するための戦術として効果的だといえる。

「100パー」の英訳については、村上作品の主要な英訳者の一人であるジェイ・ルービンによる“On Seeing the 100% Perfect Girl One Beautiful April Morning”というタイトルの一九九二年の英訳、そしてそれに先立つ一九九一年に日本文学のアンソロジーに収録された“On Meeting My 100 Percent Woman One Fine April Morning”という二種類の英訳版があるが（付録1-2）、今回確認した英語版アダプテーションのすべてがルービンの訳を反映したものである。一九九七年の短編映画*100%*（付録2-2）のようにタイトルが異なる場合でも、会話やヴォイスオーヴァーの内容でルービンの訳文が踏まえられている。これに対し、英語圏では「パン屋再襲撃」の訳はあるものの、「パン屋襲撃」は二〇二三年時点でまだ公式には英訳が出版されていない。そのためか、「パン屋」の英語版アダプテーションはすべて「再襲撃」を翻案した作品である。このことから、アダプテーションの前提条件としてその言語での翻訳が出版されていることが重要であることがうかがえる。

ただし、英語の映像化作品の多さには検索を行った私の言語的な限界および検索方法における英語圏の文化へのバイアスが反映されていることも認めないといけない。YouTubeもVimeoもアメリカで生まれた動画共有サイトであり、同じくアメリカ生まれの検索エンジンであるグーグルもよりアクセス数の多い英語圏の検索結果を優先的に表示する可能性が高い。日本におけるニコニコ動画などに相当する各地域の独自の動画共有サイトは、グーグル検索に表示されなかったぶんはとりこぼしてしまっている。また、Vimeoは英語、フランス語、ドイツ語、日本語、韓国語、ポルトガル語、スペイン語の七言語、YouTubeはさらに多い二九言語でサービスを提供しているが、これらの言語以外の言語の話者はYouTubeやVimeoをプラットフォームとして利用せずに別の場所で作

図3　*Bakery Attack*（付録3-21）

品を公開している可能性もある。

　しかし、英語圏以外でもYouTubeやVimeoをよく利用する視聴者を想定した戦術として翻案者が英語を使用する例が見られる。たとえば、二〇一七年に公開された「パン屋襲撃」のアダプテーションである*Bakery Attack*（付録3-21）はインドのプネーにあるインド映画テレビ研究所の学生が作ったと見られる作品であるが、全編ヒンディー語であるにもかかわらず英語のタイトルが表示される［図3］。ヒンディー語の作品を想定していなかった私がこの作品の存在を知って視聴できたのは、英語のタイトルがあったからこそである。英語字幕を作成する資金や技術がなくても、タイトルや説明に英語を用いる、あるいは英語のキーワードをハッシュタグをつけて説明に入れるだけで、より多くの人間を潜在的な視聴者層に含めることが可能になる。

　このようなかたちでの英語の使用は、*A Girl, She Is 100 Percent*という英語タイトルが冒頭で表示され、エンド・クレジットもすべて英語で表示された山川直人の『１００％の女の子』のときから見ることができた。山川が国際映画祭への出品を視野に入れていたことは、作品公開の翌年にあたる一九八四年からエディンバラやロンドンの映画祭に本作を出品していることからもわかる。だが、当時の英語の使用は山川が単に国外の観客を想定していたことだけを意味するわけではない。むしろ、村上の小説においてアメリカ文学の影響が指摘され、先行する日本文学とは異質の作家として文壇に登場したという、国内における村上文学の位置づけが関わっている。英語を用いた外国映画風の演出は、当時の日本の観客が村上の文学に対して抱くイメージに合致するものだった。このような村上が「アメリカ的な作家」であるというもっぱら日本国内で流通しているイメージについては、村上文学の海外での受容に焦点をあてた『世界は村上春樹をどう読むか』(二〇〇六年)の中で沼野充義が指摘している。[37] 日本という異文化圏の物語としてではなく、読者にとって身近な世界の出来事として受け入れられる物語という文化的に一見ニュートラルな特徴は、村上作品が多様な地域で映像制作のテンプレートとなるうえで適していたといえる。

だが、映像化作品のリストに目をむけると、文化的な普遍性とは異なる様相も見えてくる。作品の中には海外の大学の映像制作関連の学科や映画学校での課題であることが明記されているものが少なくないが、それらの作品のいくつかは中華圏や韓国をはじめアジア系の監督によって作られている。韓国出身のジョン・ウギー・パクによってニューヨークのスクール・オヴ・ヴィジュアル・アーツの課題として撮られた二〇〇四年の *100% Perfect Girl*(付録2-5)や、カリフォルニア大学デーヴィス校の学生による作品 *Seeing the 100% Perfect Girl*(付録2-20)、カリフォルニア大学アーヴァイン校の台湾出身の学生が二〇一二年に制作した *On Seeing the 100% Perfect Girl One Beautiful April Morning*(付録2-23)などがそれにあたる。これらの場合、留学生であるアジア系学生が村上の小説をアダプテーションの原作として用いる動機には、自分と同じアジア文化圏に属する文学作品としての親しみがあったと推測することが可能である。つまり、翻訳がグローバルに流通し、英語圏においても知られている普遍的な物語であると同時に、アジアで生まれた作品であるという地域的なアイデンティティーが原作の選択において重視されたと考えられる。

また、作品を公開するプラットフォームおよび言語の選択自体が表現上の意識的な戦術であることがわかる場合もある。「100パー」が主題とする男女の運命的な出会いは異性愛ロマンスの極北といっても過言ではないが、原作の男性主人公の100パーセントの女性との出会いを女性同士の恋愛の物語に改変したアダプテーションは二本あった。そのうち、二〇二二年に公開されたアビー・チュウ監督の *On Seeing the 100% Perfect Girl One Beautiful April Morning*（付録2-54）は上海で撮影されており、登場人物も全員中国人である。本来であれば英語である必然性に欠ける状況設定であるにもかかわらず、作中のダイアローグでは一貫してジェイ・ルービンの英訳にもとづく英語が話される。また、中国国内ではVPN（仮想プライベートネットワーク）を経由しない限り見られないYouTubeで作品を公開している点についても、そもそも国内の観客を想定していない、あるいは国内の動画共有サイトで作品が検閲の対象となり削除されることへの懸念があったと推測できる。最初から中国国外の視聴者を想定して作られた作品であることがうかがえる。単により幅広い視聴者層を獲得する目的だけでなく、国内では表現しにくい内容を国外にむけて発信するために英語が用いられている例であろう。

4　アダプテーションにおける解釈の幅

鄒波のようにアダプテーションにおける「翻案者の主体性」に着目する場合、アダプテーションを先行作品の受容の一形態として位置づけ、原作からの改変を翻案者による解釈としてとらえることが前提となる。実際、リンダ・ハッチオンはアダプテーションに「特定の芸術作品への広範で意図的な公表された再訪」という広い定義を与えつつも、[38]「形ある物体あるいはプロダクト」「製作のプロセス」「受容のプロセス」という三つの側面から以下の特徴を挙げている。[39]

・ひとつ、もしくは複数の認識可能な別作品の承認された置換（An acknowledged transposition of a recognizable other work or works）

・私的使用／回収という創造的かつ解釈的行為（A creative *and* interpretive act of appropriation/salvaging）

・翻案元作品との広範な間テクスト的繋がり（An extended intertextual engagement with the adapted work）

以上のうち、制作と受容のプロセスに関する第二、第三の特徴が解釈の問題を示している。制作に関する第二の特徴は、「創造的かつ解釈的」に原作を別のコンテクストへすくいあげる行為である。「私的使用／回収」という和訳では誤解を招くが、アダプテーションが商業的かプライヴェートな利用目的かという点は関係ない。一方、第三の特徴では原作と間テクスト的な関係を生みだす行為としてアダプテーションが把握されている。重ね書きされたテクストの下に本来のテクストがうっすら読みとれるパリンプセストの比喩をハッチオンが用いるのは、翻案作品を通して原作が意識される関係性が念頭におかれているためである。▽40

もちろん、「100パー」と「パン屋」のアダプテーションもそれぞれの翻案者が村上の原作を読み、その解釈を映像として表現した作品として見ることができる。二〇一四年に公開されている韓国語作品《빵가게 습격 재해석》（付録3-15、直訳「パン屋襲撃再解釈」）は文字どおり、原作の主題を韓国のコンテクストの中で「再解釈」する例である。空腹の男性が、台の上にラジオとパンとカードがおかれているのを見つける。ドクロと交差した骨のイラストが描かれたカードを裏返すと、「注意！　この文を読んでいる同志へ。パンを食べる必要があるなら、五〇〇〇ウォン出すかラジオを聴いてください」と書いてある。ラジオをつけるとワーグナーの音楽に混じって二〇一四年新年の祝賀行事に出席する金正恩《キムジョンウン》を称えるプロパガンダ放送が聞こえてくる。「パン屋襲撃」でパン屋の主人が若者たちに提案する、ワーグナーを聴いてパンをもらうという取り引きを踏まえつつ、ヒトラー・ユーゲントの比喩やワーグナーと関連づけられたナチス・ドイツを金正恩の独裁政権下にある北朝鮮におきかえている。ラジオを聴きながらパンを食べた人物は蝶に変身し、標本箱に収

められる［図4］。金を払ってパンを買うかラジオを聴くかというカードの提案は、資本主義経済の基本である売買取り引きを行うか、共産主義国家である北朝鮮のプロパガンダに耳を貸すかという二者択一を象徴するものであり、後者を選んだ結果、主人公は文字どおり自由を奪われる。この作品では原作の物語が韓国と北朝鮮の政治的なコンテクストに再文脈化されるとともに、襲撃行為が体現する学生運動の時代の若者の反逆精神がワーグナーを聴く報酬としてパンを得るという消費社会下の産業活動にとりこまれるという原作の寓意が逆転させられ、ラジオを聴く行為と共産主義が関連づけられている。このように寓意の再文脈化まで行っている作品は付録2、3の中では少数派であるが、物語の舞台や登場人物の国籍、話される言語を翻案者の側にあわせて改変する程度の再文脈化であれば、大半の作品で見受けられる。

図4　《빵가게 습격 재해석》（付録3-15）

　文化的な再文脈化という意味での解釈とは別に、原作がもつ曖昧性を解釈する受容（読解）プロセスとしてアダプテーションが行われている例もある。本章でとりあげる村上の三作のうち、「パン屋再襲撃」は登場人物の性別に関して決定的な曖昧性を有する作品として知られている。石倉美智子が示すとおり、「パン屋再襲撃」で語られる過去の襲撃の話の中で、「相棒」の性別について「僕」は言葉を濁す。だからこそ、「「妻」のみならず読者もまた、「相棒」が女性だったの

図5　*The Second Bakery Attack*（付録3-16）

図6　*Gorzko!*（付録3-17）

ではないかと推測することは、十分あり得ること」と石倉は指摘する。[41] 映像化作品においても、タイ語作品 *The Second Bakery Attack* คำสาปร้านเบเกอรี่（付録3-16、タイ語直訳「パン屋の呪い」）とポーランド語作品 *Gorzko!*（付録3-17、タイトルの直訳「苦い！」は、ポーランドの結婚式で新婚夫婦にキスをするようながすかけ声）の二作が明示的に過去の「相棒」を女性として描いている［図5、6］。また、英語作品の *The Second Bakery Attack*（付録3-18）での「相棒」は会話の中で言及されるのみであるものの、女性として解釈可能である。

小島基洋は人称代名詞が多用される英訳では村上のテクストがもつこの曖昧性がそこなわれると示唆しているが、[42] この作品では "So, this friend of yours, what's he doing now?"[43]（それで、そのあなたの相棒は今どうしているの?）など英訳で「相棒」に男性人称代名詞が用いられる箇所を省略している。さらに、ダイアローグの内容は原作どおりに展開するものの、ルービンの訳文を離れたオリジナルの表現を多く採用し、ルービン訳では "Well, I'm your best friend now, aren't I?"[44]（だって今では私があなたの相棒なんだもの）となる箇所を "I'm your wife. I'm your partner in crime, your best friend"（私はあなたの妻よ。共犯者で親友なの）と畳みかける強調表現を用いることで、「相棒」が「僕」のかつての女性の恋人であると察したうえで妻が発言していることが視聴者に伝わるようになっている。原作の字句を離れたオリジナルのダイアローグは、回想シーンで視覚的に「相棒」を登場させて解釈を限定することなく、翻案者の解釈を視聴者に示唆する戦術である。

　一方、アダプテーションの中には翻訳者による解釈が限定的な作品も含まれる。二〇一一年三月に公開された *On Seeing the 100% Perfect Girl Part 1*（付録2-19）は、コンピュータで作成されたアニメーションの人物が英訳の文章の一部を読みあげるという内容で、ビデオ形式のオーディオブックや朗読動画にきわめて近いものになっている［図7］。付録2、3のリストからは除外しているものの、YouTubeには小説の文章を読みあげる音声に静止画ないし文章の字幕を組みあわせた動画が膨大に投稿されている。村上の原作あるいは翻訳の文章をそのままヴォイスオーヴァーとして使うのは、山川のときから見られた村上作品のアダプテーションの特徴でもあるが、オーディオブックのような動画もアダプテーションに含めるとすれば、リストはもっと長大なものになるはずである。ハッチオンはアダプテーションを連続体としてとらえ、アダプテ

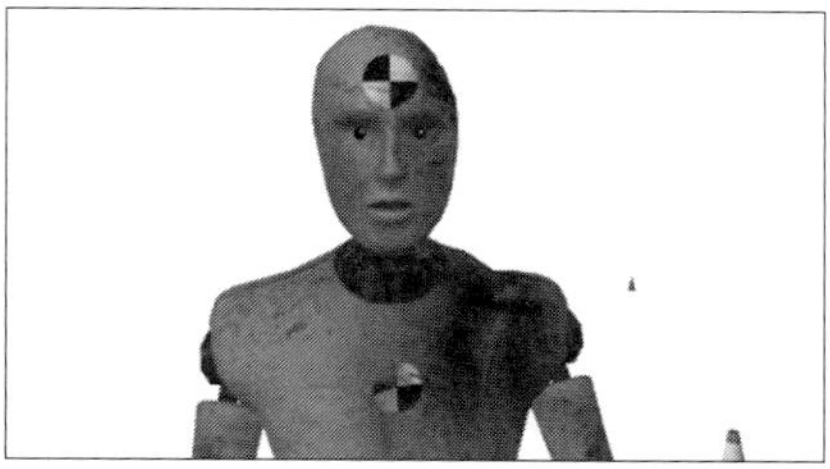

図7　*On Seeing the 100% Perfect Girl Part1*（付録2-19）

ーションのプロトタイプとして「文学を翻案した映画」[45]の例を挙げる一方で、演技や視覚的な要素が解釈として加わる戯曲とその公演の関係や、リズム、テンポなどの音声的要素が解釈と見なされるラジオ劇などもアダプテーションに含めて俎上に載せている。[46]朗読動画は、文芸作品の翻訳や管弦楽曲のピアノ演奏曲への編曲の例と同様に「先行作品に忠実であることが、たとえ実質的には不可能であっても、理論的な理想とされる状態」であると考えられ、アダプテーションの周縁例として説明することができる。

私のリストは鄒波に倣って「翻訳者の主体性」を意識している部分があるため、恣意的な判断が介入してしまうことは否めない。たとえば、英訳の文章の朗読にアニメーションのついたミア・ドンによる二〇一二年の動画 *Upon Seeing the 100% Perfect Girl*（付録2-24）をリストに含めているものの、韓国語訳の文章の朗読に映像がともなう韓国の책그림（Draw the Book）というアカウントに投稿された動画《당신의 사랑은 몇 퍼센트인가요?》（あなたの愛は何パーセントですか?）を外している。[47]前者が手描きのコンピュータ・アニメーション、後者がコンピュータ・アニメーションとストック画像の組みあわせという違いはあれ、どちらも映像が文章の内容を具体化し、イラストレーションを与える目的で使用されている点では同じである。私が前者をリストに含め、後者を外した根拠は、前者では原作にある「たいして綺麗な女の子ではない。素敵な服を着ているわけでもない」[48]といった今日の観点からルッキズムにもとづく評価ととられかねない部分がカットされている点である。翻案者による省略に批評的な解釈が見出されると判断したのだ。しかし、映像が付加さ

れるだけでも理論的には翻案者による解釈の反映であるととることができるため、あまり説得力のある線引きとはいえない。もちろん、動画共有サイトをはじめ商業メディア側にとってはどこまでがアダプテーションでどこからがそうでないかという点は重要ではない。一一年間で二一九八回視聴されたミア・ドンの動画よりも、Draw the Book による動画のほうが七年間で五万一〇〇〇回視聴されているうえに他ユーザーからのコメントというユーザー間のコミュニケーションを創発している点で動画共有サイトにとっては利するところが大きい。

本章ではアダプテーションを作成して公開する翻案者＝動画共有サイトのユーザーによるさまざまな戦術を検討したが、最後に商業メディア側の戦略としての黙認について考えておきたい。本章の冒頭でもふれたとおり、村上が「１００パー」に関して原作提供を停止していることを示した二〇一〇年以降も YouTube や Vimeo には同作品の映像作品が数多くアップロードされつづけている。リスト上の作品すべてが原作者の許諾を得ているとは考えにくいが、少なくとも村上側は無許可のアダプテーションや朗読動画に対してとりさげなどの要求を行っているようには見えない。また、原作のほかにも YouTube ではビデオ内で使用される音楽が第三者のものであるかどうかを自動検出している。音楽に第三者の著作物が使用されていると検出された場合、権利侵害の申し立てがないものに関しては音楽のクレジットが自動的に付与される。このクレジットは権利者の明記であると同時に、YouTube の音楽チャンネルに視聴者を誘導してサイト上のさらなるエンゲージメントをうながす戦略としての側面をもっている。一方、権利侵害と見なされる場合には音声の削除や動画の消去などの厳しい措置がとられる。

アダプテーション作品の中でも、二〇一二年に公開されたザ・ビートルズの「ノルウェーの森」(一九六五年)など、使用権に関して敏感な楽曲が使用されている例は複数見られる。それらの作品が二〇二三年一二月の時点において自動検出で付与されるクレジットもないままなのは、権利者の許諾を得て使用しているか、たまたま見つかっていない黙認状態であると考えられる。たまたま見つかっていないだけの作品や検出されてはいるものの権利者からの侵害の申立てがないものについては、いつ音声の消去や動画の公開停止などの処分を受けるかを知るよしはなく、処分の内容についても商業メディアや動画共有サイト側しだいということになる。

On Seeing the 100% Perfect Girl One Beautiful April Morning(付録2-23)で使用される

ジョルジョ・アガンベンが政治的権力について論じるように、主権者は法の統治からの例外状態におかれ、生物学的な生を生きているだけの状態にされた「剝き出しの生」を生みだすことによって権力を維持しており、その生が「保存され保護されるのはあくまでも主権者の(あるいは法律の)生殺与奪の権利に服するようになるかぎりにおいてのこと」である。[49] 実際に動画の公開やアカウント停止処分が行使されるかどうかにかかわらず、黙認状態におかれた動画は商業メディアに生殺与奪の権利を譲りわたした「剝き出しの生」と同様の状態におかれているといえよう。表現の手段としてアダプテーションを自由に行っているように思われる一方で、商業メディアの権力のもとにみずからすすんで支配された状態なのである。そして、原作者である村上の小説はユーザー生成コンテンツにとって文化を越えて使用可能なテンプレートの役割をになうこと、そしてコンテンツ生成に対する黙認状態を維持することの二点により、商業メディアの戦略の一翼として機能している。村上は一九七〇年代末にメインストリームの文化から外れたサブカルチャーの領域から登場したが、世界文学として認識され各地でアダプテーションが作られるようになるとメインストリームの商業メディアとして機能するようになったと結論づけられる。

▽1　鄒波「中国の学生映画に移動した村上春樹文学――『100%の女の子』と『パン屋を襲う』の翻案を中心に――」曾秋桂編『村上春樹における移動』淡江大學出版中心、二〇二〇年、三三九―三五八頁。
▽2　村上春樹／［松家仁之］「村上春樹ロングインタビュー」『考える人』三三号、二〇一〇年、三三頁。
▽3　藤城孝輔「*Dansa med dvärgar*（小人たちと踊る）―女性を主人公に「踊る小人」を翻案したスウェーデン映画―」『村上春樹とアダプテーション研究』一号、二〇二三年、六三頁。
▽4　村上春樹『村上春樹全作品1990～2000①短篇集Ⅰ』講談社、二〇〇二年、三〇〇―三〇一頁。
▽5　風丸良彦『村上春樹短篇再読』みすず書房、二〇〇七年、一四六頁。
▽6　アーロン・ジェロー「短篇という時間性――村上春樹と映画」石田仁志／アントナン・ベシュレール編『文化表象としての村上春樹　世界のハルキの読み方』青弓社、二〇二〇年、二三六―二三七頁。

▽7 加藤典洋『村上春樹は、むずかしい』岩波書店（岩波新書）、二〇一五年、八七頁。

▽8 村上春樹『カンガルー日和』講談社（講談社文庫）、一九八六年、一九頁。

▽9 村上／［松家］「村上春樹ロングインタビュー」三二頁。

▽10 小島基洋「一九八五年の「相棒」とは誰だったのか――短編「パン屋再襲撃」の翻訳をめぐって」小島基洋／山﨑眞紀子／髙橋龍夫／横道誠編『我々の星のハルキ・ムラカミ文学――惑星的思考と日本的思考』彩流社、二〇二二年、九四―九五頁。

▽11 山根由美恵「原作からの〈逸脱〉―森泉岳土「螢」（漫画）における〈削除〉の戦略―」『国文学攷』二五〇号、二〇二一年、三〇―三一頁。

▽12『火曜日の女たち』*Hanashim shel yom slishi*（オデッド・ビヌン／ミハイル・ブレジス監督、二〇〇四年）と『ネコの消失について』*Upon the Vanishing of the Cat*（エヴィヤタール・アヴィダン監督、二〇二一年ごろ）がある。

▽13 山川直人「製作ノート」稲田志野／松本淳編『DVD＋BOOKLET「パン屋襲撃」』シネマンブレイン、二〇〇一年、［三―四頁］。

▽14 同。

▽15 長谷正人「サブカルチャーとしての村上春樹と自主映画」川﨑佳哉編『村上春樹　映画の旅』フィルムアート社、二〇二二年、九五頁。

▽16 稲田志野／松本淳編『DVD＋BOOKLET「パン屋襲撃」』シネマンブレイン、二〇〇一年、［三一頁］。

▽17 山川直人／室井滋「山川直人インタビュー 2001年3月20日」稲田志野／松本淳編『DVD＋BOOKLET「100％の女の子」』シネマンブレイン、二〇〇一年、［五―六頁］。

▽18 四方田犬彦「村上春樹と映画」柴田元幸／沼野充義／藤井省三／四方田犬彦編『世界は村上春樹をどう読

むか』文藝春秋（文春文庫）、二〇〇九年、一六九頁。

▽19 「映画『パン屋襲撃』を見て原作者の、村上春樹氏は、「面白かった」と言った。」法政大学学生連盟事業委員会・出版広報センター／THEATER ZERO編『パン屋襲撃 GAKKAN SPECIAL EDITION』法政大学学生連盟事業委員会・出版広報センター／THEATER ZERO、［一九八三年］、一頁。

▽20 村上春樹「「自作を語る」補足する物語群」『村上春樹全作品1979～1989⑤短篇集Ⅱ』講談社、一九九一年、VI頁。

▽21 山川直人／曳地信明「イマージュの生成そして／あるいは移動する軌跡、一本の線」法政大学学生連盟事業委員会・出版広報センター／THEATER ZERO編『パン屋襲撃 GAKKAN SPECIAL EDITION』法政大学学生連盟事業委員会・出版広報センター／THEATER ZERO、［一九八三年］、一六頁。

▽22 同。

▽23 加藤典洋『村上春樹の短編を英語で読む 1979～2011』講談社、二〇一一年、一三八―一三九頁。

▽24 同、二五六頁。

▽25 同、二四一―二四二頁。

▽26 菅原豪「映像化された村上世界」『SWITCH』二八巻一二号、二〇一〇年、五六頁。

▽27 長谷「サブカルチャーとしての村上春樹と自主映画」九二頁。

▽28 鄒「中国の学生映画に移動した村上春樹文学」三三〇頁。

▽29 同、三四九―三五〇頁。

▽30 Lev Manovich, "The Practice of Everyday (Media) Life: From Mass Consumption to Mass Cultural Production?" *Critical Inquiry*, no. 35, 2009, p. 321.

▽31 レフ・マノヴィッチ『ニューメディアの言語 デジタル時代のアート、デザイン、映画』堀潤之訳、筑摩

書房（ちくま学芸文庫）、二〇一三年、五五二頁。

▽32 Manovich, "The Practice of Everyday (Media) Life," pp. 325-326.

▽33 Ibid., p. 325.

▽34 村上『カンガルー日和』二六頁。

▽35 Eleonora Salinas Lazcano and Leda Rendón Trocherie, *La lectura y el vuelo*, accessed April 4, 2024, https://lalecturayelvuelo.wordpress.com/wp-content/uploads/2014/01/por-falta-de-palabras-murakami.pdf. に掲載されたPDF教材のスペイン語訳にもとづく。ただし同サイト上では訳者名や書誌情報は明記されていない。

▽36 David Crystal, *English as a Global Language*, 2nd edition, Cambridge University Press, 2003, pp. 68-69.

▽37 柴田元幸／沼野充義／藤井省三／四方田犬彦「なぜ世界は村上春樹を読むのか」柴田元幸／沼野充義／藤井省三／四方田犬彦編『世界は村上春樹をどう読むか』文藝春秋（文春文庫）、二〇〇九年、六―七頁。

▽38 リンダ・ハッチオン『アダプテーションの理論』片渕悦久／鴨川啓信／武田雅史訳、晃洋書房、二〇一二年、二一〇頁。

▽39 同、一〇―一一頁。傍点は原文どおり。

▽40 同、一一頁。

▽41 石倉美智子「夫婦の運命I―『パン屋再襲撃』論―」栗坪良樹／柘植光彦編『村上春樹スタディーズ02』若草書房、一九九九年、二〇五頁。

▽42 小島「一九八五年の『相棒』とは誰だったのか」七七―七八頁。

▽43 Haruki Murakami, *The Elephant Vanishes*, translated by Jay Rubin, Alfred A. Knopf, 1993, p. 41.

▽44 Ibid., p. 42.

▽45 ハッチオン『アダプテーションの理論』四頁。

▽46　同、五二頁。

▽47　책그림《당신의 사랑은 몇 퍼센트인가요?（feat. １００퍼센트의 여자아이）—심리—책그림》YouTube、二〇一六年八月七日〈https://www.youtube.com/watch?v=TjLwu5TOVO8〉。

▽48　村上『カンガルー日和』一九頁。

▽49　ジョルジョ・アガンベン『ホモ・サケル　主権権力と剝き出しの生』高桑和巳訳、以文社、二〇〇七年、三四八頁。

【付録１】原作および翻訳のタイトル

１　日本語

「４月のある晴れた朝に１００パーセントの女の子に出会うことについて」一九八一年。『カンガルー日和』講談社（講談社文庫）、一九八六年、一七—二六頁。

「四月のある晴れた朝に１００パーセントの女の子に出会うことについて」『村上春樹全作品１９７９〜１９８９⑤短篇集Ⅱ』講談社、一九九一年、二三—三〇頁。

「パン屋襲撃」『早稲田文学』六五号、一九八一年、四〇—四三頁。

「パン」『夢で会いましょう』冬樹社、一九八一年、一五五—一六一頁。

『パン屋を襲う』新潮社、二〇一三年。

「パン屋再襲撃」『パン屋再襲撃』文藝春秋（文春文庫）、一九八九年、九—三五頁。

「再びパン屋を襲う」『パン屋を襲う』二五—七四頁。

2 英語

"On Meeting My 100 Percent Woman One Fine April Morning," translated by Kevin Flanagan and Tamotsu Omi, *New Japanese Voices: The Best Contemporary Fiction from Japan*, edited by Helen Mitsios, The Atlantic Monthly Press, 1991, pp. 23-28.

"On Seeing the 100 Perfect Girl One Beautiful April Morning," translated by Jay Rubin, *The Elephant Vanishes*, Alfred A. Knopf, 1993, pp. 67-72.

"The Second Bakery Attack," translated by Jay Rubin, *The Elephant Vanishes*, Alfred A. Knopf, 1993, pp. 35-50.

3 スペイン語

"Sobre el encuentro con una chica cien por cien perfecta en una soleada mañana del mes de abril," translated by Cordobés González and Yoko Ogihara, *El elefante desaparece*, Tusquets Editores, 2016, pp. 75-81.

"Nuevo ataque a la panadería," *El elefante desaparece*, pp. 41-56.

Asalto a la panadarías, translated by Lourdes Porta, 2015.

4 ドイツ語

„Wie ich eines schönen Morgens im April das 100%ige Mädchen sah," translated by Nora Bierich, *Wie ich eines schönen Morgens im April das 100%ige Mädchen sah*, BTB Taschenbuch, 2008 [1996], pp. 9-13.

„Der Bäckereiüberfall," translated by Nora Bierich, *Der Elefant verschwindet*, BTB Taschenbuch, 2009 [1995], pp. 45-49.

„Der zweite Bäckereiüberfall," *Der Elefant verschwindet*, pp. 50-66.

Die Bäckereiüberfälle, translated by Damian Larens, 2012.

5 フランス語

«À propos de ma rencontre avec la fille cent pour cent parfaite par un beau matin d'avril», translated by Corinne Atlan,

L'éléphant s'évapore, Belfond, 2008, pp. 87-92.

«La seconde attaque de boulangerie», translated by Corinne Atlan, *L'éléphant s'évapore*, Belfond, 2008, pp. 47-67.

Les attaques de la boulangerie, translated by Hélène Morita and Corinne Atlan, Belfond, 2012.

6　ロシア語

‹О встрече со стопроцентной девушкой погожим апрельским утром›, translated by Sergei Logachev, «Хороший день для кенгуру», Eksmo, 2006, pp. 13-20.

‹Повторное нападение на булочную›, translated by E. Ryabova, «Исчезновение слона», Eskmo, 2009, pp. 5-26.

7　ポルトガル語

"Ao ver a rapariga cem por cento perfeita numa bela manhã de abril," translated by Maria João Lourenço, *O elefante evapora-se*, Casa das Letras, 2010.

"Sobre a garota cem por cento perfeita que encontrei em uma manhã ensolarada de abril," translated by Lica Hashimoto, *O elefante desaparece*, Alfaguara, 2018.

"O segundo assalto à padaria," translated by Maria João Lourenço, *O elefante evapora-se*, Casa das Letras, 2010.

Os assaltos à padaria, translated by Maria João Lourenço, Casa das Letras, 2015.

8　イタリア語

"Vedendo una ragazza perfetta al 100%, in una bella mattina di Aprile," translated by Antonietta Pastore, *L'elefante scomparso e altri racconti*, Baldini & Castoldi, 2001.

"Il secondo assalto a una panetteria," *L'elefante scomparso e altri racconti*.

Gli assalti alle panetterie, translated by Antonietta Pastore. Einaudi, 2016.

9 オランダ語

„Hoe ik op een zonnige ochtend in april mijn 100 procent perfecte meisje tegenkwam,“ translated by Luk Van Haute, *Kangoeroecorrespondentie*, Atlas Contact, 2012.

„De tweede broodjesroof,“ *translated by Jacques N. Westerhoven*, *De olifant verdwijnt*, Atlas Contact, 2008, pp. 49-71.

De broodjesroofverhalen, translated by Jaques N. Westerhoven, Atlas Contact, 2012.

10 韓国語

〈4월의 어느 맑은 아침에 100퍼센트의 여자를 만나는 것에 대하여〉《4월의 어느 맑은 아침에 100퍼센트의 여자를 만나는 것에 대하여》임홍빈訳、문학사상、二〇〇九年、一九―二八頁。

《빵가게 재습격》권남희訳、창해、二〇〇〇年。

《빵가게를 습격하다》김난주訳、문학사상、二〇一三年。

【付録2】「4月のある晴れた朝に100パーセントの女の子に出会うことについて」映像化作品リスト（公開日順）

1 『100%の女の子』（山川直人、一九八三年、一一分、日本語）

英語タイトルは *A Girl, She Is 100 Percent*。タイトルおよびエンド・クレジットは英語で表示される。現実のシーンはカラー、物語内物語は着色された白黒フィルムで表示される。シネマンブレインより日本版DVD発売（二〇〇一年）

2 *100%*（Jed Gilchrist、一九九七年、八分四六秒、英語）

VHSをデジタル化してアップロードしたと見られる学生映画。ヴォイスオーヴァーは会話の一部として提示されており、軽妙な会話劇として構成されている。https://www.youtube.com/watch?v=q9gLOLgv60c

3　*Das 100%ige Mädchen*（Steph Ketelhurt、二〇〇二年、三分、ドイツ語）
出会いのシーンはなく、翌日の会話で説明されるのみ。ヴッパータールで撮影。デジタル撮影技術のセミナーワークショップで制作。https://vimeo.com/8812337

4　*On a Winter's Day*（Steven J. Quinn、二〇〇三年、八分四一秒、英語）
スターリング大学の学内映画祭 AirTV で受賞。マッセルバラ（スコットランド）で撮影。https://www.youtube.com/watch?v=yTE-4U-cN9s&t=18s

5　*100% Perfect Girl*（Jon Ougie Pak、二〇〇四年、四分四〇秒、英語）
ニューヨークのスクール・オヴ・ヴュジュアル・アーツの学生が制作。全編白黒。二〇〇六年のトライベッカ映画祭に公式出品。https://www.youtube.com/watch?v=PqoHeEqgaFQ&t

6　*The 100% Perfect Girl*（Gregory Bourdeau、二〇〇五年、一四分三六秒、英語）
秋のポートランドが舞台。ソノマ国際映画祭に出品。https://vimeo.com/26350858

7　*On Seeing the 100% Perfect Girl One Beautiful April Morning*（Tom Flint、二〇〇六年、三〇分四三秒、英語／日本語）

8　*On Seeing the 100% Perfect Girl*（Hiroyuki Oda［小田浩之］、二〇〇六年、二五分三五秒、日本語／英語）
7と8は、共同監督により制作された、異なるバージョン。二作を統合したバージョンも存在する。物語内物語はセピア色で英語。第五回 Con-Can ムービーフェスティバルに出品。

9　*On Seeing the 100% Perfect Girl One Beautiful April Morning*（dontvu、二〇〇七年六月六日、二分二八秒、ダイアローグなし）
アジア系の男性が自転車に乗って道路を走る映像にジーン・セバーグの写真が短く挿入される。音楽は、イエンス・レークマンの「I Saw Her in the Anti-War Demonstration」（二〇〇五年）。https://www.youtube.com/watch?v= 2GT3DHNQY34

10 *On Seeing the 100% Perfect Girl*（Dan Dredger、二〇〇八年三月二〇日、三分三九秒、英語）
インタビュー形式。スクリーンの投影を活用。物語内物語はなし。https://www.youtube.com/watch?v=IgkRsis3yGY

11 *100% Perfect Girl*（Jonathan Jacob、二〇〇八年四月二七日、八分五八秒、英語）
ニューヨークのスクール・オヴ・ヴィジュアル・アーツの初年度最終課題として制作。女性が主人公。https://www.youtube.com/watch?v=CI-cm7wgpAI

12 《遇見１００%女孩（Meet 100% Perfect Girl）》（陳綺婷／何靜怡／紀欣欣、二〇〇八年九月三〇日、四分一〇秒、広東語）
ストーリーテリングの授業の課題として作られた学生映画。物語内物語の部分はアニメーションで表現されている。https://www.youtube.com/watch?v=eN8UsLVSf2k

13 《１００퍼센트의 여자아이를 만나는 일에 관하여》（オ・セボム、二〇〇八年、八分五秒、韓国語）
主人公の画家になる夢への言及など青春映画として物語をふくらませている。物語内物語はなし。男友だちとの会話が中心となる。第九回全州国際映画祭に出品。https://vimeo.com/48939266

14 *100% Perfect Girl*（Aaron Rotenberg、二〇〇九年四月一四日、四分一六秒、英語）
コロンビア大学バーナード・カレッジの学生が学内映画祭のために制作。https://www.youtube.com/watch?v=Bd0rryubYdo

15 *On Seeing the 100% Perfect Girl One Beautiful April Morning*（Tracy Ma、二〇一〇年三月一一日、一分七秒、英語）

作品の導入部分のヴォイスオーヴァーと英訳短編集『象の消滅』（一九九三年）のCM。ヨーク大学とシェリダン・カレッジのデザイン専攻合同プログラムにおける課題。https://vimeo.com/10098189

16 *Haruki Murakami 100% Perfect Girl*（[Becky Fuller]、二〇一〇年四月七日、三分五六秒、英語）大学生のグループ制作。イギリスで撮影。主人公が女性を荒々しく連れ去り、監禁する。ホラー映画風の演出。https://www.youtube.com/watch?v=60B2r9qAMjc

17 *Por falta de palabras*（Sam García Jiménez / J.M. Castelán、二〇一〇年六月二二日、九分五五秒、スペイン語）スライドショー形式で静止画が表示される。二名の監督のうちSam García Jiménez はメキシコ、ベラクルス州のエウロ・イスパノアメリカナ大学出身。https://www.youtube.com/watch?v=0jUSeWBRvgg

18 *On Seeing the 100% Perfect Girl One Beautiful Sept. Morning*（Helen Jian、二〇一〇年一二月二一日、六分四四秒、英語）ボストン大学卒業制作。監督は中国系。ジェイ・ルービンの訳文をパラフレーズしてヴォイスオーヴァーに使用。主人公が女性を尾行する。https://vimeo.com/18073707

19 *On Seeing the 100% Perfect Girl Part 1*（監督名不明、二〇一一年三月二七日、二分七秒、英語）コンピュータ・アニメーションの人物が英訳の文章を読みあげ、ときおり効果音が挿入される。投稿者はパート2以降をアップロードしていない。https://www.youtube.com/watch?v=cZ0RStTWrgQ

20 *Seeing the 100% Perfect Girl*（Vincent Trinh、二〇一一年七月二五日、一二分九秒、英語）原作の四月を七月に改変するとともに、原作の性的な言及を回避している。カリフォルニア大学デーヴィス校の学生による制作。https://www.youtube.com/watch?v=MmpEN3SXzBk

21 *On Seeing the 100% Perfect Girl One Beautiful April Morning*（[David Leem]、二〇一二年三月六日、九分一六秒、英語）

無言で並んで座る男性二名のうしろ姿にジェイ・ルービンの英訳文がテロップで表示される。物語の途中でビデオが終わる。https://vimeo.com/3805948

22 *The 100% Perfect Girl*（監督名不明、二〇一二年五月一三日、一一分四秒、英語）
物語内物語のシーンを夜間撮影。カリフォルニアで撮影されたと推測される。https://www.youtube.com/watch?v=NvPG1w0GWX4

23 *On Seeing the 100% Perfect Girl One Beautiful April Morning*（Shoko Chou、二〇一二年七月二〇日、八分九秒、英語）
ザ・ビートルズ「ノルウェーの森」（一九六五年）を使用。カリフォルニア大学アーヴァイン校の制作クラスの課題。監督は台湾出身。https://www.youtube.com/watch?v=YkdedKCdyUY

24 *Upon Seeing the 100% Perfect Girl*（Mia Deng、二〇一二年七月三一日、五分、英語）
アニメーション作品。男性のヴォイスオーヴァーにあわせて線で表現された場面が表示される。https://vimeo.com/46678661

25 *Das 100%ige Mädchen*（Joris Noordermeer、二〇一二年一〇月一三日、一〇分二秒、ドイツ語）
エンド・クレジットは英語。英語字幕はジェイ・ルービンの訳文にもとづく。https://vimeo.com/51345615

26 *On Seeing the 100% Perfect Girl One Beautiful April Morning*（Y10、二〇一三年七月二日、三分四三秒、英語）
制服を着た男子生徒たちによって演じられるスキットを撮影した作品。教室のほかの生徒の笑い声が合間に聞こえる。https://www.youtube.com/watch?v=GjdxcX4rKMc

27 *100% Perfect Girl: Sometimes Wait Is Not Worth It.*（Roshan Suryaprakash Kinger、二〇一四年一月九日、六分三一秒、英語）
インド、ナビムンバイで撮影。二〇一一年に撮影、二〇一四年に編集。https://www.youtube.com/watch?v=

4LG62SECjpc

28 *Chica 100 Perfecta*（Brenda de la Rosa García / Fernando Carmona Mendoza、二〇一四年一月一七日、二分三一秒、スペイン語）

全編中間字幕を表示してサイレント映画を模した演出が行われる。https://www.youtube.com/watch?v=3hBVEGm9LTw

29 *On Seeing the 100% Perfect Girl One Beautiful April Morning*（[Gianreli Vega]、二〇一四年七月九日、八分一秒、英語）

高校二年生が英語文学の授業の最終課題として制作。原作どおりに「原宿」とヴォイスオーヴァーが説明。https://www.youtube.com/watch?v=QKFUFROCvko

30 *Perfect Girl?*（[Kai Niihara]、二〇一四年一一月一五日、一分二五秒、ダイアローグなし）

主人公は、100%だと思った相手の女性の顔にあざを見つけて、30%に評価を落とす。趣味の悪いパロディー作品。同じ内容が二度繰り返される。https://vimeo.com/111916115

31 *Perfect Girl*（Jacelle Bonus、二〇一四年一一月三〇日、六分一一秒、英語）

フィリピン大学ディリマン校マス・コミュニケーション学部放送コミュニケーション学科のヴィデオグラフィーの授業の課題作品。https://www.youtube.com/watch?v=p7D2AIYJSDU

32 *On Seeing the 100% Perfect Girl One Beautiful April Morning*（監督名不明、二〇一四年一二月三日、二分一秒、ダイアローグなし）

米国ワシントンDCのユニオン駅で撮影されたと見られる。音楽に乗せて東アジア系男性の顔の見えない女性との出会いが描かれる。https://www.youtube.com/watch?v=AGBffB3OOqo

33 *On Seeing the 100% Perfect Girl*（Laura Holliday、二〇一四年一二月一二日、一分二四秒、英語）

前半のシーンの一つを映像化。出会いのシーンはなし。https://vimeo.com/114320907

34 *The 100% Perfect Girl*（[April Alfonso]、二〇一四年、三分、英語）
中間（グループ）課題と説明あり。アニメーション。物語内物語の部分はロボットのアニメーションで表現される。https://vimeo.com/230545341

35 *Segundo*（Julieta Amador、二〇一五年二月二日、二分五九秒、ダイアローグなし）
カタルーニャ映画・音響映像学校にて制作。冒頭で「自由な翻案」（adaptación libre）と注記される。一度は原作どおりにただすれ違うが、男性が女性を引きとめる。セリフは一切なし。https://vimeo.com/118471621

36 『4月のある晴れた朝に１００パーセントの女の子に出会うことについて』（木俣恵太、二〇一五年七月二一日、二二分五秒、日本語）
ヴォイスオーヴァーなし。物語内物語の会話はオリジナル。https://www.youtube.com/watch?v=1fQZN-8sKg8

37 『普通すぎる女の子』（監督名不明、二〇一五年九月二九日、三分四五秒、日本語）
女性は「渡邊とおる」宛の手紙をもつ。『ノルウェイの森』の主人公の「ワタナベトオル」への言及と見られる。音楽は、都はるみ「フレンド東京」ほか使用。物語内物語はなし。https://vimeo.com/140828084

38 *The 100% Perfect Girl*（Johan Stavsjö、二〇一五年、一四分、英語）
ペース大学で制作された作品。学内で開催された学生映画祭で最優秀長編劇映画賞と監督賞を受賞している。

39 *Comment par un beau matin d'avril*（Alexandre De Bellefeuille、二〇一五年、九分、フランス語）
ケベックの作品。ケベック映画祭に出品された。

40 *A 100% Perfect Girl*（Zoe Dong、二〇一六年四月二八日、六分五一秒、英語）
レズビアン女性が主人公。スミス・カレッジ（オハイオ州）、映像制作入門の授業における最終課題。https://vimeo.com/164631119

41 *The Perfect Man*（Vicki Van Chau、二〇一六年九月二八日、三分四五秒、英語）
カナダ・アーツカウンシルの出資による、ハーランド映像制作メンターシップの課題作品。村上の短編から着想を得た（inspired）とある。女性目線で完璧な男性と道ですれ違った体験が描かれる。https://vimeo.com/184646349

42 *Sobre encontrarse a la chica 100% perfecta una bella mañana de abril*（Ernesto Galicia / Martín Flores、二〇一六年一一月二〇日、五分四〇秒、スペイン語）
メキシコのベラクルスで撮影されたと見られる。https://www.youtube.com/watch?app=desktop&v=g0KOPnDRkZg

43 *Mi chica 100% en una mañana de Abril*（Ding Yan Yun、二〇一七年五月一五日、三分三一秒、スペイン語）
監督は劇中の女性の役も演じている。坂本龍一の「Tokyo Story」（一九九四年）が使用される。https://vimeo.com/217592856

44 *Zweifel*（Jochen Haussecker、二〇一七年一一月二一日、四分三四秒、ドイツ語）
人形劇。タイトルは「疑念」を意味する。https://vimeo.com/243890491

45 *On Seeing the 100% Perfect Girl One Beautiful April Morning*（[Jordan Lee]、二〇一八年三月二九日、一分五九秒、英語）
主人公を演じる中国系の少年Jordanが中心となり、学校の課題として制作したと見られる作品。「１００％の女の子は１００％の完璧なエンディングを保証しない」（A 100% perfect girl doesn't guarantee a 100% perfect ending.）という教訓めいたメッセージが最後に表示される。https://www.youtube.com/watch?v=AXh0R2Xk2jQ

46 *Sobre encontrarse a la chica 100% perfecta una bella mañana de abril*（Linda Esmeralda Uribe Barrón、二〇一八年一一月二九日、八分四七秒、スペイン語）
全編白黒。学生によって制作されたと見られる。https://www.youtube.com/watch?v=y68RwiRu744

47 *On Seeing 100% Perfect Girl*（JT Production、二〇一九年五月二四日、三分五〇秒、英語）
バーミンガム・メトロポリタン大学ジェイムズ・ワット・カレッジの学生によって英国バーミンガムの市街地で撮影されたと見られる作品。https://www.youtube.com/watch?v=J1Oc2ITxR9g

48 *Por falta de palabras*（Giovanny Sepúlveda、二〇一九年一二月一〇日、八分三七秒、スペイン語）
メキシコの作品。主人公の友人を幻影として描く、クラスメイトの女性に無理やりキスをして非難を浴びるなど、オリジナルの展開が盛りこまれている。https://www.youtube.com/watch?v=YslPUWM4ZSw

49 *MV 'On Seeing the 100% Perfect Girl One Beautiful April Morning'*（監督名不明、二〇二一年二月二六日、四分三〇秒、英語）
タイで制作されたと見られる。主人公が夢の中で１００％の女の子と結ばれるシーンでは、タイの歌手ダヌポン・ケオカーンが歌う懐メロ「生きたまま死ぬ」*Tay thang pen*（一九八六年）が挿入される。https://www.youtube.com/watch?v=FDGYTyS3pyY

50 «СТОПРОЦЕНТНАЯ ДЕВУШКА»（Azat Khakimov / Alexander Kostylev、二〇二一年三月一四日、九分三七秒、ロシア語）
一場面で物語が完結する。Khakimov 監督はカザフスタンをベースに活動している。https://www.youtube.com/watch?v=YTQGa2Swx48

51 *After Haruki Murakami's Short Story On Seeing the 100% Perfect Girl One Beautiful April Morning*（Shoki Lin、二〇二一年七月一三日、九分二二秒、英語）
バイオリンとピアノ演奏にヴォイスオーヴァーつきのアニメーションがともなう。シンガポール国立アーツカウンシルよりデジタル公演作品として助成を受けている。https://www.youtube.com/watch?v=awXRIJdQIJY

52 *On Seeing the 100% Perfect Girl One Beautiful April Morning*（John Caudill、二〇二一年一〇月一日、二分六秒、

英語）
ノースカロライナ大学で制作されている。コロナ禍の社会的状況を反映して、登場人物たちはマスク着用。全編白黒。物語内物語はなし。https://www.youtube.com/watch?v=Y7HsxsHevRc

53 *The 100% Perfect Girl*（Ada Hu、二〇二一年一〇月二三日、一三分九秒、英語）
上海市で撮影。エンド・クレジット後にザ・ビートルズの「ノルウェーの森」をサウンドトラックにした「パン屋再襲撃」の予告あり。https://www.youtube.com/watch?v=jWKG9txzEKA

54 *On Seeing the 100% Perfect Girl One Beautiful April Morning*（Abby Zhu、二〇二二年一一月二二日、一〇分一四秒、英語）
上海市で撮影。レズビアン女性の物語に改変されている。デートのシーンでは韓国ドラマ『トッケビ～君がくれた愛しい日々～』（二〇一六年）でも使用されたエディ・キムの「きれいだから」이쁘다니까（二〇一六年）が使用されている。https://vimeo.com/769773516

【付録3】「パン屋襲撃」「パン屋再襲撃」映像化作品リスト（公開日順）

1 『パン屋襲撃』（山川直人、一九八二年、一六分、日本語）
ヴォイスオーヴァーおよびセリフの大半は原作どおりに展開する。場面外のショットや中間字幕の挿入により、ヴォイスオーヴァーや物語の内容を詳しく説明している。*Attack on a Bakery* の題でメルボルン国際映画祭（ベストフィルム賞ほか受賞）など海外の映画祭に出品。シネマンブレインより日本版ＤＶＤ発売（二〇〇一年）

2 *The Second Bakery Attack*（Wolf Baschung、一九九八年、一四分、英語）

サンダンス映画祭、ドーヴィル映画祭、ロンドン映画祭などに出品。監督は現在映像を所持していないが、ジョージア大学図書館がＶＨＳを所蔵していると見られる。

3 *Der Eisbär*（Til Schweiger、一九九八年、八七分、ドイツ語）

三組の主人公を中心に構成される長編群像劇の一部が「パン屋再襲撃」にもとづいている。ファストフード店を襲う主人公は新婚夫婦から友人同士の男性二名におきかえられている。日本未公開。Constantin Video よりドイツ版ＤＶＤ発売（一九九九年）

4 *The Second Bakery Attack*（Sohrab Noshirvani、二〇〇八年五月一四日、八分一五秒、英語）

襲撃のシーンの直前、マクドナルドに到着する時点までを描いた作品。顔は出ないものの、回想シーンに夫の相棒が登場する。https://www.youtube.com/watch?v=5JtHtE3Y-7U

5 *The Bakery Overture - Trailer*（監督名不明、二〇〇九年一月八日、四八秒、英語）

自主映画 *The Second Bakery Attack* の予告編。詳細および本編の有無は不明。https://www.youtube.com/watch?v=9yMILsJTZec

6 *Der Bäckereiüberfall*（Matthias Quaas / Giancarlo Pugliese、二〇〇九年八月一五日、一分二秒、ドイツ語／英語）

ＢＯＤ映像コンテスト（BOD Videowettbewerb）応募作とあるが詳細は不明。全編白黒。中間字幕を用いたサイレント映画風の演出。作中に登場するワーグナーの「トリスタンとイゾルデ」を使用。英語版もあり。https://www.youtube.com/watch?v=qctYe97uQLo（ドイツ語版）、https://www.youtube.com/watch?v=LISZEoy0caw（英語版）

7 *The Second Bakery Attack*［Official Trailer HD］（監督名不明、二〇一〇年三月一一日、二分二〇秒、英語）

投稿日から半年先の二〇一〇年一一月四日に Arielle Ramirez 監督の *The Second Bakery Attack* が公開されるとする自主制作の予告編だが、実際に映画本編が完成したかは不明。https://www.youtube.com/watch?v=Py-1rpjOv8s

8 『パン屋再襲撃』（カルロス・キュアロン、二〇一〇年、一〇分一四秒、英語）監督の兄のアルフォンソ・キュアロンが製作総指揮を務める。ショートショートフィルムフェスティバル＆アジアの主催により、東京都写真美術館で世界初公開された。https://vimeo.com/759362803

9 『アコースティック』（ユ・サンホン、二〇一〇年、八八分、韓国語）三話構成の長編映画の第二話「パン屋襲撃事件」が「パン屋襲撃」にもとづく。CNBLUEのメンバーを主人公にKポップで成功を目ざす二人が音楽好きのパン屋と取り引きする。ポニーキャニオンより日本版ＤＶＤ発売（二〇一二年）。詳しくは第8章を参照のこと。

10 *The Second Bakery Attack*（Ian、二〇一一年五月二六日、三分一六秒、英語）「学生による改作」（A student reworking）と説明される。マクドナルドの看板から、撮影地はスウェーデンと見られる。https://vimeo.com/24256740

11 *The Second Bakery Attack*（Gema Suárez、二〇一二年一一月二三日、八分二〇秒、英語）ラス・パルマス・デ・グラン・カナリア大学の学生が制作。夫婦の代わりに大学のクラスメイトの二人が主人公となり、男性の役も含めて全員女性によって演じられる。https://www.youtube.com/watch?v=bSS-HRtMMFg

12 *Snack Attack*（監督名不明、二〇一二年一一月二八日、二分三八秒、ダイアローグなし）「パン屋再襲撃」の映像化。韓国系の女性とアフリカ系男性がマクドナルドを襲う。https://vimeo.com/54484683

13 *The Third Bakery Attack*（Brienne Jones、二〇一三年二月一二日、一分五七秒、ダイアローグなし）撮影地はアメリカか？　登場人物が英訳の「パン屋再襲撃」を読んでマクドナルドを襲うという内容。https://vimeo.com/search?q=bakery%20attack

14 *Another Bakery Attack (Dan Louis Scoot Zach)*（監督名不明、二〇一四年五月三〇日、四分二二秒、英語）「パン屋再襲撃」の新婚夫婦を男性の友人同士におきかえた学生映画。一部のシーンは携帯電話の縦長の画面

で撮影されている。https://www.youtube.com/watch?v=pt7PG31QK-U

15 《빵가게 습격 재해석》（Chae-yeon Ma、二〇一四年一〇月一九日、一分五〇秒、ダイアローグなし）「パン屋襲撃」にもとづく。冒頭の文言から、二〇一四年一月に視覚コンテンツ・デザインの授業の中で作られた課題作品であると考えられる。「パン屋襲撃再解釈」と題し、ラジオから流れるワーグナーの音楽に北朝鮮のプロパガンダ放送の音声が重ねられる。https://vimeo.com/109368233

16 *The Second Bakery Attack คำสาปร้านเบเกอรี่*（Hakuna Film Production、二〇一四年一二月二一日、九分四七秒、タイ語）ブラパ大学人文社会科学部映画テレビ学の最終課題。ザ・ビートルズ、ビリー・ジョエル、ビー・ジーズー、エディット・ピアノなど洋楽が多数挿入される。本作においても、襲撃する店は原作どおりマクドナルドである。かつての相棒は女性が演じている。https://www.youtube.com/watch?v=8thzRd6yZI

17 *Gorzko!*（Michal Wawrzecki、二〇一四年、一八分四六秒、ポーランド語）カトヴィツェにあるシレジア大学クシシトフ・キェシロフスキ映画学校の制作。「パン屋再襲撃」が原作。主人公のかつての相棒は女性の恋人と明示され、主人公たちがパン屋に聴かされる音楽はワーグナーではなくプッチーニの『トゥーランドット』（一九二六年）である。https://www.youtube.com/watch?v=3bcUdJZH4SA

18 *The Second Bakery Attack*（Zhenzhong Zhu、二〇一六年七月四日、一七分三八秒、英語）ニューヨークフィルムアカデミーの学生映画。夫のかつての相棒が女性だったと解釈できる会話になっている。https://www.youtube.com/watch?v=kjdDpTwhR48

19 *The Second Bakery Attack*（監督名不明、二〇一六年九月一三日、一分四六秒、英語）二度目の襲撃から八か月後。三度目の襲撃を夢見る男性主人公は夢の中で第一回目の襲撃時のパン屋との取り引きを思いだし、車内で自分のこめかみを撃つ。https://www.youtube.com/watch?v=BHo3ME7kKG8

20 *Ponowny napad na piekarnie*（Dominika Struzik、二〇一七年五月二日、三分、ポーランド語）「パン屋再襲撃」を原作とするアニメーション作品。音声は効果音と音楽のみで、ダイアログの内容は画面上に文字で表示される。「相棒」は男性。https://vimeo.com/215638788

21 *Bakery Attack*（[Abhinav Ankit Kashyap]、二〇一七年一二月二六日、一一分三秒、ヒンディー語）インド映画テレビ研究所の学生映画。「パン屋襲撃」の内容が描かれる。https://www.youtube.com/watch?v=w6Pa6KIXZDk

22 *The Second Bakery Attack* (Official Trailer)（監督名不明、二〇一八年四月九日、一分八秒、英語）Betsally Falcone 監督による自主映画 *The Second Bakery Attack* の予告編。本編が制作されたかは不明。原作にある海底火山のメタファーを示唆するショットが挿入される。https://www.youtube.com/watch?v=mpWBfknxM54

第4章　森の向う側

クロスメディアを紐帯する感覚表現

『森の向う側』（野村恵一監督、一九八八年）は村上春樹の短編小説「土の中の彼女の小さな犬」（一九八二年）を原作とする映画である。しかし、これまでの村上作品のアダプテーションの中でもとりわけ等閑視されてきた一本であるといえる。映画の公開前には『キネマ旬報』や読売新聞系列メディアにいくつか記事が掲載されたものの、[1]映画評など作品に対する同時代の反響はきわめて少ない。後年にも言及される機会はまれであり、網羅的な村上のファンサイト「村上春樹研究所」において映像化作品の一覧から本作が漏れているだけでなく、[2]二〇二二年一〇月から翌年一月にかけて早稲田大学演劇博物館で開催された村上と映画に関する企画展「村上春樹　映画の旅」の図録にも本作への言及は見あたらない。[3]アカデミックな先行研究も山根由美恵が二〇二三年にとりあげた程度である。[4]四方田犬彦も村上の映画化作品を論じた評論の中で本作に関してだけは内容にふれず、この映画化ののちに村上が自作の映画化の申し出を拒みつづけている事実に言及するにとどめている。

「個人映画の規模のフィルムに原作を提供し、年少の映画監督の自己満足を手助けしたところでしかたがないという判断[5]」こそが本作以降の村上の映画化の拒絶の理由であると四方田は推察する。しかし、実際には監督の野村惠一は一九四六年生まれであり[6]、一九四九年生まれの村上よりも三歳年長である。野村は一九六八年から七一年まで大映京都撮影所に所属して助監督として経験を積み、大映倒産後はテレビドラマの助監督や企業広報映画、カラオケビデオの制作を続けていた[7]。たしかに『森の向う側』は当時野村みずからが妻と営んでいた野村企画による自主制作であったものの、『風の歌を聴け』（一九八一年）を監督した大森一樹や『パン屋襲撃』（一九八二年）および『100％の女の子』（一九八三年）の山川直人のように撮影所システムの衰退後にぴあフィルムフェスティバルなどの日本の自主映画ブームの文脈でデビューした映画監督たちと同列に扱うことには疑問が残る。

このように村上のファンや批評家のあいだでさえ本作が知られず、言及される場合も不正確な紹介がしばしばなされてきたことには、いくつかの要因が考えられる。たとえば、本作の最初の劇場公開が中野武蔵野ホール（一九八八年二月二〇日～三月四日）や梅田日活地下劇場（同年四月二日～一五日）での二週間程度の短期間上映にとどまっていた点、本作のＶＨＳが長らく廃盤となっており視聴できる機会が限られている点などである[8]。さらに、原作となった短編小説「土の中の彼女の小さな犬」が村上の作品の中でもマイナーな一作である点も無関係であるとはいえまい。この作品は雑誌『すばる』一九八二年一一月号に掲載された翌年に単行本『中国行きのスロウ・ボート』（一九八三年）に収録されこそしたものの、村上自身は「この作品がどうも気に入らなくて、あまり思い出したくなかった」[9]と否定的に評価している。映画化にさいしては野村企画に許諾を与えているが、作品の普及に関して積極的であったとは考えにくい。また、「土の中の彼女の小さな犬」は村上の短編の中でも英語圏で公式の翻訳が出版されていない数少ない作品の一つであり、国外での認知は映画版と同様にきわめて低い。

以上のような『森の向う側』および原作小説の知名度の低さとは対照的に、作家としての村上は本作公開の前年九月に発売された『ノルウェイの森』（一九八七年）の記録的なヒットによって一躍日本国内における人気作家としての地位にのぼっていた。『ノルウェイの森』は一九八九年二月時点までだけでも上下巻あわせて三七〇万部を売りあげ、続いて一九八八年一〇月に刊行された『ダンス・ダンス・ダンス』も発売四か月で一〇〇万部を超えるミリオンセラーとなった。[10]村上作品を愛読する若者が「ノルウェイ族」[11]と称された一方、村上は「'80年代の漱石」[12]などの賛辞でもちあげられ、芸能人同様に学生時代の過去までが報じられるメディアの寵児となった。また、小説のタイトルに採用されたザ・ビートルズの「ノルウェーの森」（一九六五年）の人気も再燃し、インストゥルメンタル版、オルゴール版、ヨーロピアン・ジャズや西海岸のフュージョンなどへの編曲を行ったCDがあいついで発売された。[13]村上春樹とジャズの関連により、若者や女性のあいだでジャズも注目を集めるようになった。[14] このような『ノルウェイの森』に端を発する村上および関連商品のメディア横断的な人気は「村上春樹現象」[15]と呼ばれ、単なる出版業界の枠を超えた社会的事件として扱われた。

山根由美恵が野村企画の山田哲夫に対して行った取材によれば、一九八六年夏までの時点で村上から原作提供の許諾を得たうえで同年夏から秋にかけて脚本が完成、その後一九八七年春から秋にかけて八丈島をはじめとするロケ地で撮影が行われたという。[16] したがって、『ノルウェイの森』以降の村上春樹現象の内容面に対する直接的な影響は考えにくい。しかし、原作の物語に加えられたさまざまな改変に目をむけると、「土の中の彼女の小さな犬」を超えた村上の別作品への言及や村上文学に繰り返し表れる主題の前景化が強く見受けられる。山根は、本作に村上の複数の作品の要素が取り入れられていることを指摘したうえで「《複数原作》にすることで苦悩を持つ登場人物を増やし、苦悩に深みをもたせている」[17]と評価している。

本章では、特に死をめぐる主題こそが山根の言う「深み」に相当するものであることを示したい。メディアを超えた間テクスト性によって村上文学と紐帯することにより、『森の向う側』は死をめぐる主題を原作よりも前面に押しだした作品となった。また、死の主題の前景化は『ノルウェイの森』においても顕著に行われていることから、図らずも本作は村上春樹現象の文脈におけるメディア戦略として機能している。以下では、死をめぐる主題に関する本作と村上文学の親和性に注目して、村上春樹現象の中での本作の意義を検討する。さらに、原作にもともと存在した視覚、聴覚、嗅覚などの感覚表現の役割の改変の分析を通して、本作がどのように死の主題を前景化しているのかをあきらかにする。本作は「とりたてて特別な出来事が起こるわけでもない静かな物語がほぼそのままの形でトレースされた作品」[18]のようにしばしば原作との類似性が言及されてきたが、本章では差異に注目することで原作小説以外の村上のテクストとの主題的な結びつきを強めようとする映画独自の試みをあきらかにできると考える。

1　間テクスト性が補強する死の主題

『ノルウェイの森』の発売当時、同時代の評者の耳目を引いた主題の一つは死の問題であった。[19]たとえば、「生と死の間を彷徨し、その中で愛とやさしさと独自の倫理観を確認していく」[20]物語という秋山さと子の評言には『ノルウェイの森』が恋愛や青春といった主題のみならず生と死の物語として受容されていたことがよく表れている。「死という言葉は随所に記されていても、そこには人間が生き、そして死ぬことのリアルな感覚は全くといっていいほどない」[21]と死の描写に批判的な書評もあったものの、死が作中に頻繁に登場する中心的な主題と見なされていたことは間違いない。

梁蘊嫺が指摘するとおり、同作が後年トラン・アン・ユンによって映画化されたさいには、死の主題は後退し、純愛物語としての側面が際立つようになる。[22]しかし、村上にとって、死は作品の核となるテーマだった。デビュー作の『風の歌を聴け』（一九七九年）においても「僕」の大学時代の恋人であった仏文科の学生の首つり自殺が描かれていたほか、『ノルウェイの森』のヒロインの名前である「直子」は長編第二作『1973年のピンボール』（一九八〇年）にすでに登場している。このことから『ノルウェイの森』においてキズキ、直子、ハツミの自殺や緑の父親の病死というかたちで描かれる死の主題は、村上春樹の初期作品に一貫して示唆されてきたものであることがわかる。

作品の社会現象化を受けて行われたインタビューで、村上は死の話題に言及し、「僕の長いものは、よく人が死にますね。僕にとって小説を書くというのは生命のコアに近づいていくことだし、どうしてもそこにいっちゃうんですよね。〔…〕僕の小説という装置の中に内蔵されているものだから、それは仕方ないことなんです[23]」と語っている。『文藝春秋』に掲載されたこのインタビューにおいて特筆すべきは、村上が頻繁に描く死の主題が村上の個人的な体験に触発されたものであることを聞きだしている点である。意識の中心に死が存在するのかと水をむけられ、村上は「友達も何人か死んだしね。僕らの世代ってよく死んでるんですよ。もう何人死んだか、いちいち数えてないけど。けっこう死んでるね。〔…〕死に対する感情移入というのはないですけどね。でもやはりそれなりに、生き残ったものの思いというのはそこにはあるね[24]」と語り、身近な人間の死が自作の背景にあることを認めている。村上は作品を自伝的なものとして読まれることを否定することが多いが、みずからが体験した「生き残ったものの思い」には、キズキや直子に先立たれるワタナベと重なる部分を見出すことができる。

『森の向う側』をデビュー作として監督した野村惠一もまた、みずからが体験した身近な人間の死に言及している。「高校の頃、映画好きの3人組がいた。ぼくと北山修ともう一人。彼は受験を前に自殺した。「彼のために映画を作ろう」ぼくと北山は約束した。〔…〕遠い日の約束はぼくの映画の原点である」[25]と述懐するとおり、野村は同級生の自殺を映画制作の重要な背景としてとらえている。また、引用中で野村の同級生として言及される主演のきたやまおさむも、「もし俺が映画監督になったら、おまえ出演してくれ。思春期に死んだ同級生の供養や」[26]と野村が語っていたことを自伝の中で証言している。同級生に先立たれた野村らの個人的な思いは、「時は過ぎると君は云った。でも、過ぎ去るのは僕達の方かもしれない。永遠に変わらないこの時の中を……。」という、村上の原作にも大映出身の中村努の手による台本[27]にも存在しない劇中のエピグラフから読みとることができる。後述するとおり、映画はほかの村上関連作品の要素を借りて友人の失踪を物語に盛りこみ、主人公の友人（およびラストシーンでは主人公自身）が姿を消す森のイメージを死の暗喩として用いている。エピグラフの文中にある「僕達」は「君」を含んだものとするか否かで解釈が変わるが、「永遠に変わらないこの時」の中を過ぎ去る「僕達」（「僕」と「君」を含む）は死の世界に入っていく映画の主人公とその友人を指すと同時に、「君」から時間的に離れていく「僕達」というかたちで「生き残ったもの」としての野村ときたやまが表現されていると理解することができる。

原作である「土の中の彼女の小さな犬」でも、主人公の「僕」が出会う「女」の飼い犬の死や「僕」が子どものころに目撃した水死体のかたちで死が描かれている。だが、必ずしも『ノルウェイの森』などに描かれているような「生き残ったものの思い」が中心的な主題となっているわけではない。むしろ、「女」の手にしみこんだ匂いの描写を通して前景化されるのは、飼い犬の死骸を掘りおこした「女」が死の穢れにふれてしまったことのトラウマである。潜在的なかたちでは、助詞「の」の反復によって「土の中」にいるのが「彼女」なのか「小さな犬」なのかを一見わかりにくくしたタイトルや、死骸の匂いが「女」自身の死の不可避性を連想させたことを示唆する「骨にまで匂いが浸みこんでいるの」[28]という記述に主題としての死を見出すことができるかもしれない。しかし山根由美恵は、犬の死はあくまで物語を動かす装置にすぎず、「「トラウマ反応」を引き起こすほどの深刻さはない」[29]と結論づけている。『ノルウェイの森』で描かれる死の喪失感に比べれば、「女」が言語化し、出会って間もない主人公に対して語ることができる犬の死臭をめぐる記憶は同程度の深刻さをもっているとはいいにくい。

このように原作において必ずしも焦点化されているわけではない死の主題を補強するかのように、映画では村上に関連する他作品由来の要素との間テクスト性を通して死を際立たせている。劇中では原作小説と同様に主人公の名前は直接出てこないものの、台本上や『キネマ旬報』誌上の略筋では『風の歌を聴け』をはじめとする鼠三部作に登場するジェイズ・バーのマスター、ジェイを連想させるかのように「J」と名づけられている。[30]また、海外から絵葉書を送ってくるものの行方がわからなくなる友人である「彼」は「ビールばかり飲んでいました」[31]と主人公が説明しており、『風の歌を聴け』および『1973年のピンボール』に主人公の親友として登場し、『羊をめぐる冒険』

（一九八二年）で北海道から写真を送ってきたのち、羊を体に宿したまま自殺する「鼠」を思わせる。[32]さらに、主人公がホテルで読んでいる本として『長いお別れ』（一九五三年）のハヤカワ・ミステリ版が『高い窓』（一九四二年）とともに登場するのも、村上がチャンドラーの愛読者であり、チャンドラー関連の文章を複数発表していた[33]という事実のみならず、姿を隠していた友人がフィリップ・マーロウのもとを去っていく『長いお別れ』の結末を踏まえたものであるだろう。

以上のような細部にいたるまでの間テクスト性は監督の野村を含めた映画の作り手たちが村上作品を幅広く読みこんでいたことを示すものであり、野村の村上ファンとしての位置づけを示す証左となりうる。しかしそれだけにはとどまらず、死や友人との離別といった初期村上文学における主要な主題を原作よりも明瞭なかたちで物語に加味していると解釈することも可能である。それが特に顕著に見られるのが、『羊をめぐる冒険』の冒頭で死を知らされる「誰とでも寝る女の子」[34]を連想させる人物として、「誰とでも寝る女」[35]が主人公の回想シーンに登場する点である。映画では「誰とでも寝る女」が主人公と友人が共通して関係をもった女性であったことが示唆されたのち、主人公は友人から「あいつは死んだよ」[36]と彼女の死を知らされる。原作での「僕」のガール・フレンドは旅行前にケンカをして同行をとりやめ、東京に残っている設定になっている。映画でJのかつての恋人の死に言及されるのは、『風の歌を聴け』や『１９７３年のピンボール』に描かれる死の主題をになう登場人物である仏文科の学生や「直子」といった死にゆく女性のイメージの流用とも受けとれる。

学生時代の親友の自殺という個人的な体験を制作動機にもつ野村は、自作の映画と村上の諸作品との紐帯を前景化することにより、死をめぐる主題を浮かびあがらせる。映画における友人の失踪やJ自身の屈託は「土の中の彼女の小さな犬」にとどまらず、村上の初期三部作との関連を強くほのめかすものである。とりわけ、村上作品における死の主題はデビュー作のころから垣間見えていたが、リアリズム文学の形式で主要人物の約半数の死が描かれる『ノルウェイの森』はその集大成であった。こうして、映画は図らずも『ノルウェイの森』ヒット以降の「村上春樹現象」に便乗するかたちとなった。

2　感覚表現の役割の変化

以上で見たような村上に関連する他作品との紐帯を強調する間テクスト性と同様に、五感に代表される劇中における感覚表現もまた死の主題を演出する役割を与えられている。原作の「土の中の彼女の小さな犬」は手にしみついた匂いという嗅覚を物語の軸にすえた作品である。そのため、真銅正宏は本作の「具体的な匂いでありながら、それを超えた別物のよう」な嗅覚表現に論及している。[37] これに対し、『森の向う側』は映画の視聴覚メディアとしての特性を活かし、聴覚や触覚を強調した感覚表現や不可視性のモティーフを村上の短編小説よりもさらに明示的に展開している。不可視性という概念を考えるうえでは、社会学者アンドレア・ムビ・ブリゲンティの可視性

（visibility）をめぐる議論が示唆に富んでいる。[38] ブリゲンティは象徴性をはらんだ視覚の延長概念として可視性を位置づける。認識の主体にとって視覚がとらえるあらゆる事物（the visual）は必ずしも意味づけや認識が可能なものとは限らない。しかし可視のもの（the visible）として把握されるとき、対象はコード化や象徴化を経た既存の認識の枠組みで把握される。聴覚や触覚によって間接的に形象を与えられる不可視の存在は、見る主体である登場人物が容易に把握できない領域を指し示す。村上の小説および野村の映画では、言語化が困難なトラウマや死者の世界といった領域に不可視性の表現を見出すことができるだろう。

映像を通したこれらの表現と死の主題との連関を示すために、本節では原作の小説と映画における感覚表現の役割の違いに注目したい。村上の小説では聴覚や触覚を用いたコミュニケーションが「僕」が「女」やガール・フレンドとむきあう術として描かれていたのに対し、映画では主人公の失踪した友人が属する死者の世界が不可視の異界であることを表すために感覚表現が用いられる。このような相違は、両作における感覚表現の比較によって見えてくる。

2―1 「土の中の彼女の小さな犬」――視覚から聴覚・触覚へ

「土の中の彼女の小さな犬」では、「僕」が嗅覚や聴覚といった視覚以外の感覚を通して「女」のトラウマを受けとめる体験を経たのちに、「僕」自身が保留したままにしていた自分のガール・フレンドとの対話を再び試みるという展開が見られる。その展開において視覚以外の感覚の焦点化と対比させるように描かれているのが、視覚の頼りなさである。物語の冒頭から雨が降りつづき、視点人物である「僕」の視覚がさえぎられる。冒頭シーンにおける以下の描写では、雨や眼鏡の破損によって「僕」が視覚に不安をおぼえていることが示される。

> 窓からは海が見えた。いつもなら海岸線の数百メートル先に小さな緑の島が見えるはずだったが、今朝はその輪郭すらみつけることができなかった。雨が灰色の空と暗い海の境を完全に消しさっていた。雨の中で何もかもがぼんやりとにじんでいた。しかし何もかもがにじんで見えるのは僕が眼鏡を失くしてしまったせいかもしれない。僕は目を閉じて瞼の上から眼球をおさえた。[▽39]

これに対し、「僕」がホテルで出会う「女」は視覚以外の感覚表現で特徴づけられる。「僕」が「女」と会うシーンでは「彼女が歩くとコツコツという気持の良い音がした[▽40]」、「彼女は朝と同じようにコツコツという小気味の良い靴音を響かせながら書架から書架へと歩いた。［…］靴音が僕の前で止まると、品の良いオーデコロンの匂いがした[▽41]」といったぐあいに聴覚表現である「靴音」や嗅覚表現である「オーデコロンの匂い」に言及される。また、職業が「プロでやってる[▽42]」ピアニストであることも、「女」と音を象徴的に結びつけている。

「近くで見ると、彼女は最初の印象より三、四歳は老けて見えた。いつも眼鏡をかけている人間が眼鏡を失くしてしまうと、大抵の女は実際より若く見える。僕は本のページを閉じて指の腹で目をこすった」[43]という記述に見られるとおり、「僕」は視覚によって「女」を把握することに困難を感じる。このような困難は年齢などの外見的特徴の把握のみにとどまらず、「正確に言えば、僕は彼女を眺めていたのではなく、彼女のちょっと手前の空間を眺めていた。眼鏡を失くしたおかげで、長いあいだ一ヵ所に焦点をあわせておくことができないのだ」[44]とあるように「僕」は「女」に対するまなざしを維持することさえできなくなっている。「僕」は眼鏡をなくして視覚に十分に頼れなくなったことにより、聴覚や嗅覚といった視覚以外の感覚を通して相手を感じとることを余儀なくされるのである。

「僕」が「女」のトラウマを知覚し、癒しを与える過程においても視覚以外の感覚が重視される。「僕」はマッチ棒を使った「ゲーム」[45]を通して、「女」について把握しようとする。「女」は「僕」の能力について「何か見えてきた?」[46]、「あなたにはどんなことが……つまり、どの程度のことが見えるの?」[47]と視覚の比喩を用いて繰り返し訊ねる。しかし、「言語に関する基礎的な知識と微妙なイントネーションの違いを聞きわけることのできる耳さえ持っていれば、これくらいのことはわかる。そしてそのような人間観察に関していうなら、僕だってプロと言えなくもない」[48]や「僕は何も見えません。正確に言えば感じるだけです。暗闇でものを蹴とばしてるのと同じなんです」[49]などの「僕」の言葉は、この「人間観察」が実際には視覚のみに頼るものではなく、「耳」による聴覚や「ものを蹴とばす」触覚といった視覚以外の感覚によって特徴づけられるべきものであることを示している。さらに、「雨はいつの間にか小降りになっていた。降っているのかいないのか目をこらさなければわからないくらいの雨だ」[50]「遠くで車のタイヤが砂利を噛む音がした」[51]「タクシーが視界から消えてしまうと、それを待っていたように一斉に鳥が鳴き始めた」[52]などの情景描写にも視覚以外の感覚表現が見受けられる。砂利の音や鳥の鳴き声という音に焦点をあてることで「僕」が耳をすましていることを表すと同時に、「目をこらさなければわからない」「視界から消えてしまう」という視覚の限界が暗示されているのである。

「女」のトラウマと「僕」とガール・フレンドの不和はともに、知覚することはできないがその場に存在するものとして形象される。「女」は「いつも右手を眺める」[53]仕草を「僕」に指摘され、目には見えないにもかかわらず手の匂いというかたちで残りつづけるトラウマを語ることになる。また、「まともな人間なら沈黙の重さに耐え切れなくなるくらい長く彼女は黙っていた」[54]、「我慢比べのような沈黙がいつまでもつづいた」[55]といった「女」の沈黙をめぐる描写は、彼女が言いだしがたいトラウマを隠しもっていることを示唆している。一方、電話に応答しようとしない東京のガール・フレンドに電話をかけようと試みるたびに「僕」には「沈黙は空気の柱のように感じられ」[56]、ガール・フレンドとの不和が柱の比喩を通して部屋に威圧的に存在するものとして描かれる。

「ゲーム」を通して「女」のトラウマの核心にふれた「僕」は、最終夜のプールでの会話の中で「女」の過去の話を傾聴し、手の匂いをかいで「石鹸の匂いだけです」[57]と告げることにより彼女のトラウマを癒やす。飼い犬をめぐる「女」の過去を「僕」が傾聴する場面は「分析療法の模範的な症例研究」[58]ないし「「彼女」の心の病の深層の襞に「僕」が分け入っていくカウンセリング」[59]と言い表されるとおり、「僕」が「女」に施す精神分析的治癒として解釈されてきた。このカウンセリングにおいて特筆すべきは、話を聞く聴覚のコミュニケーションおよび「手の匂い」[60]をかぐ嗅覚のコミュニケーションを通した対話として描かれている点である。「ゲーム」の場面における聴覚表現を用いた描写と同様、「静かな夜だった。波の音の他には何も聞こえなかった。湿っぽい匂いのする南西の風が吹いていた」[61]、「雨をたっぷり吸いこんだ緑の樹々が、その香りをあたりに漂わせていた」[62]と、この場面でも聴覚ならびに嗅覚の描写が行われている。「女」の語りでは犬の死の回想の中で「死ぬ時もずっと私の目を見てたのよ。死んでからも……見てたわ」[63]と死んだ犬の何も知覚しない凝視が言及され、彼女は「目に見えない犬をそっと抱くような具合に」[64]膝の上においた手を折り曲げる。視覚を失った眼球や見えないものにふれようとする行為の描写は、「女」のトラウマが「外に向けて目を開いていく時期」[65]と彼女自身が視覚の拡大として特徴づける成長の過程の中で意識の外側に抑圧してきたものであることを意味している。

また、犬の死骸の入った木箱をあける場面で「何度も何度も何度も何度も――二十回くらい鳴ったの」[66]と強調される電話のベルの音は、鈴村和成が指摘するとおり、作中で電話の主があかされず、ストーリー上の因果関係が示されない「主体と宛先を失った〈さまよえる電話〉」[67]にほかならない。「女」の語りにおいて意味に還元されることのないこの音もまた、彼女が現在にいたるまで意味づけることができずにいる死のトラウマが聴覚的に表象されたものと解釈できる。このような視覚以外の部分でしか知覚されないトラウマとむきあうために、「女」は「彼女はぼんやりとした目で僕を見ていた。［…］それから何秒か目を閉じ、瞼を指でこすった」[68]とあるように目を閉じて視覚を遮断し、「僕」に手の匂いをかがせる。二人の対話は、まさに視覚を離れ、触覚や嗅覚、聴覚に頼ったコミュニケーションとして描かれている。

本作の末尾では、「女」との視覚以外のコミュニケーションを経た「僕」がガール・フレンドとの不和にむきあう力を得たことが示唆される。ガール・フレンドは依然として電話に出ようとしないにもかかわらず、「彼女がその電話の前にいることを、僕は今ははっきりと感じることができた」[69]と、知覚できないはずの彼女の存在を感じられるようになった「僕」の変化が示されている。「僕」がそれまで視覚に大きく依存し、ほかの感覚を用いた対話を十分に行ってこなかったことがうかがえる。このことは物語の序盤で「僕」は「まずガール・フレンドと喧嘩をした。次に雨が降りはじめた。そして最後に眼鏡のレンズを割ってしまった」[70]というガール・フレンドとのいざこざにはじまる一連の出来事が、雨や眼鏡の破損で視覚がそこなわれる体験として認識されていることからも推察できる。いわば、ホテルでの「女」との対話を通して、「僕」は視覚以外の感覚を発揮したコミュニケーションの術を学び、その術こそが「僕」とガール・フレンドの関係修復に必要なものだったと示されているのである。

2―2 『森の向う側』――不可視性と死者の世界

原作と同様、映画の冒頭においても不可視性を示す描写によって視覚が否定される。画面は暗く、音声のみの会話の途中で出演者名のテロップが表示されるほかは何も見えない。異国風の音楽と酒場の喧騒がかすかに聞こえるなか、友人である「彼」が主人公のJに「深さ四百メートルの巨きな穴があいている」[71]とされる森について話している。ライターの火が一瞬点灯してバーのテーブルの上におかれたビールとウィスキーのグラスが映しだされるが〔図1〕、火が消えると同時に再び暗転する。続いて、木々が生い茂る森の中の映像に場面が切り替わり、タイトルのテロップが出ると同時にフランツ・リストの超絶技巧練習曲「マゼッパ」が流れる〔図2〕。森の映像にはジグソーパズルを思わせる筋が浮かびあがり、「森は無数の断片となって一瞬のうちに崩れ落ちる」[72]〔図3〕。画面が暗くなると第一節で引いたエピグラフが表示され、原作者をはじめスタッフのクレジットが現れる。クレジットが終わると音楽に雨音が重なり、雨が激しく打ちつけるホテルのプールの水面が映しだされる〔図4〕。

バーのシーン、森のシーン、プールのシーンという一見脈略のない三つのシーンが映画独自のエピグラフとクレジットを挟んで連続しているオープニングであるが、これら三つのシーンは不可視性という点において共通している。冒頭のバーのシーンでは、会話をするJと「彼」の姿はライターの点灯時に手もとが一瞬見える以外は闇に包まれている。森のシーンでは木々にさえぎられて先を見通すことができないだけでなく、ジグソーパズルの崩壊によって視覚イメージそのものが崩れて闇に消え去る。そして、原作のオープニングと一致するホテルのシーンでは、雨粒でプールの水面が乱されて水中が見通しにくくなっている。冒頭のシーンのほかはいっさい姿を見せることのない「彼」は森を探しに行くと言って消息を絶っていることから、本作において森は死と関連づけられている。つまり、タイトルにある「森の向う側」は見えることのない死者の世界を意味している。

原作と同じく雨が降りつづけるホテルに滞在しているJは、友人を「さがしてい」[▽73]ると滞在の目的を説明する。いうなれば、Jはホテルに持参したチャンドラーの小説の主人公同様、失踪した「彼」を捜す探偵役を演じているのである。Jの滞在中、ホテルには外国からの封書が届くが、雨

図 1-4　『森の向う側』

のせいで宛先の文字がにじんで判読できなくなっている。そのため、ホテルの受付が受けとりを拒否し、手がかりとなるはずの手紙がJのもとに届けられることはない。友人の捜索としてJが行うのは、部屋のベッドの上でマチュピチュとおぼしき「彼」からの絵はがきを見ながら、森のジグソーパズルを組みたてることくらいである。実際に人捜しをしている様子はまったくないものの、読めない手紙の宛名や窓に打ちつける雨に象徴される不可視の状況下でイメージを組みたて、見ることを希求する主体であることが示されている。

このように実在しない相手を見ようとする意志は、J以外の映画オリジナルの登場人物にも見受けられる。Jと同じくホテルに宿泊している老夫婦は娘を三七歳の若さで亡くしており、娘が新婚旅行で泊まったこのホテルに泊まりに来ている。老夫婦の夫は雨のなか傘をさして海のむこうを眺めに行ったあと、「伸子に逢ったよ」[74]と死んだ娘との出会いについて妻に話す。あとのシーンで、原作における「女」に相当する「彼女」が「わた［し］ね、小さい時に海見てて、何か［…］海の向うからやってくる人と［…］どこかに行っちゃうんじゃないかなあって、思ったことがあるのよ」[75]と老夫婦に語るように、本作において海は死者と接触する異界として位置づけられている。また、同じくホテルの滞在客である少年は古い肖像画の女性を凝視する。少年について多くは説明されていないものの、不在の女性に対する思慕が示唆されており、主人公が殺人現場の肖像画に描かれた女性に魅了される映画『ローラ殺人事件』（オットー・プレミンジャー監督、一九四四年）を彷彿とさせる。「ここは時間が止っているのね」[76]と「彼女」がホテルのボーイにむかってもらすセリフにも示唆されるとおり、この海辺のホテルは死者の世界に近い空間として特徴づけられており、ここに集まった客の多くは死者あるいは表象の中にしか実在しない人物を見ることを求めてやって来ているという特徴を共有している。さらに、「ほとんど人影はありません」[77]とされる海岸に近い古いリゾートホテルの舞台設定や、黒澤明の初期作品の常連だった藤田進と小津安二郎の映画に数多く出演した三宅邦子という日本映画史の「第二の絶頂期」[78]とされる一九五〇年代に活躍した俳優を老夫婦役に起用したキャスティングを通した古さの演出も、物語の舞台であるホテルが「時間が止っている」空間であることを際立たせている。

「土の中の彼女の小さな犬」において「僕」が眼鏡を壊してなくしていたのとは対照的に、映画のJは「彼女」とマッチ棒の「ゲーム」をするシーンにおいても眼鏡をかけ、一貫して見る主体であることが強調される［図5］。「ゲーム」の最中、カメラはJのななめ背後から場面を撮影してJが見ているものを映しだし［図6］、彼が「あなたはずっと広い庭のある家に住んでいたでしょう」[79]とトラウマに近づいた発言をする瞬間にはJの視線を通して狼狽した「彼女」の表情をとらえる［図7］。ときにイマジナリー・ラインを侵犯して不自然な印象を与えることもいとわず、映画は観客にJと視線を共有させる。これにより、Jが視線のにない手であることが強調される。

原作では視覚以外の感覚を用いた対話によるトラウマの癒しに焦点がおかれるのに対し、映画では見る主体として特徴づけられた主人公が死者や「彼女」の過去のトラウマに近づいていこうとする物語が不可視の世界と見る欲求の対比を通して描かれる。そのため、視覚イメージの崩壊や不可

図 5-7　『森の向う側』

視性は死者のみならず「彼女」のトラウマとも関連づけられる。Jが「どうしてあなたはいつも右手を眺めるんですか」▽80とトラウマに由来する「彼女」の癖を指摘した直後には「一瞬にして崩壊するビル」▽81のショットがスローモーションで挿入される［図8］。冒頭のジグソーパズルとなって崩れ落ちる森のショットから劇中で繰り返し提示されるモティーフである視覚イメージの崩壊は、ここでは「彼女」の見えざるトラウマを象徴している。

　飼い犬をめぐるトラウマについて「彼女」が語る内容は原作とほぼ同じであるものの、小説では父親が掘った庭の穴が映画では兄が掘ったことに改変されている。「彼女」は「森をさがしにでかける。［…］もしも妹が訪ねたら、君から僕のことをそう伝えてくれ[82]」と書かれた「彼」の絵はがきがJからもらった推理小説に挟まっているのを見つけて以来、Jが捜している友人が自分の兄ではないかという疑念を抱いている。そのため「彼女」は「ビールが好きだった[83]」、「兄が穴を掘ってくれたの[84]」といった自分の兄に関する情報をJに与える。「彼」が入った森の中にあるとされる「四百メートル」の穴と「七十センチくらい[85]」の庭の墓穴には程度に大きな違いがあるが、過去や死者の領域へと続く穴と具体的な数字への執着という点では共通している。

Jが森に入って行って姿を消す映画のラストシーンは、「彼」の妹との会話から何らかの手がかりを得たJが「彼」を追いもとめて不可視の死者の世界に分け入っていくシーンとして解釈することができる。犬の死をめぐる女性の語りを聞き、彼女のトラウマを癒す行為を経てみずからの人間関係とむきあうという点では原作と共通しているが、原作での「僕」とガール・フレンドの関係は映画においては失踪した親友という死者とそれを追う主人公の関係におきかえられている。原作では死のトラウマに魅入られた「女」をトラウマから解放する経験から「僕」がガール・フレンドとのコミュニケーションを試みる力を得る過程が描かれていたのに対し、映画においてJが「女」に癒しを与える経緯は、彼女の兄として設定されていると見られる友人をJが死者の世界を象徴する森へ

図8　『森の向う側』

と救出におもむく前哨として位置づけられる。感覚表現を中心に見られる映画による物語の改変は、このような死をめぐる主題を導入する役割を果たしている。

二つの作品における感覚表現の役割の違いは、映画『森の向う側』が短編小説「土の中の彼女の小さな犬」を「生き残ったもの」の物語として書きかえていることを意味している。一般に映画において感覚表現は観客の情緒的な反応を引きだす手段として多様に用いられるが、本章では特に死の主題との関わりに注目した。「土の中の彼女の小さな犬」では、視覚を離れた聴覚や嗅覚を主とするコミュニケーションが異性の他者とむきあうための手段として用いられたのに対し、映画では視覚を否定する不可視性の表現が死者の存在を示唆し、主人公の見ることへの欲求が死者に対する生者の思いを表現するために用いられている。このように死者に拘泥しつづける主人公を描くことにより、映画は「土の中の彼女の小さな犬」にとどまらず、村上の出世作となった同時代の『ノルウェイの森』をはじめとする初期の村上作品群とメディアを越境した紐帯を結ぶことになった。アダプテーションが単なる言語メディアから映像メディアへの変換を超えて、主題の書きかえを通して初期村上文学の本質により深く接近していった例である。

第1節で見た村上関連作との間テクスト性の構築とならび、第2節で比較分析を行った映画による感覚表現の読みかえもこのアダプテーションを「村上春樹現象」の文脈で読むことの意義を示すものである。もっとも、本作は『ノルウェイの森』のヒットの影に隠れて公開当時も後年にも決して注目を集めたわけではないことから、本作による「村上春樹現象」への便乗の成果の如何にはいささか疑問が残る。だが、自身が「生き残ったもの」としての個人的経験をもつ野村恵一にとっては、監督デビュー作としてどうしても撮る必要のあるアダプテーションであった。村上の初期作品に見られる死をめぐる主題との紐帯を築いた映画として評価されるべき映画である。

▽1 「森の向う側」『キネマ旬報』九七八号、一九八八年、四二頁。「森の向う側」『キネマ旬報』九八五号、一九八八年、一八三頁。「野村恵一監督の第一作「森の向う側」20日から公開」『読売新聞』一九八八年二月一九日夕刊、一一面。「ガンの宣告を機に〝16歳の約束〟を果たし自主製作　映画監督・野村恵一」『週刊読売』四七巻八号、一九八八年。

▽2 村上春樹研究所制作委員会「村上春樹研究所」二〇一五年〈https://www.haruki-m.com/works/movie.html〉。

▽3 川﨑佳哉編『村上春樹　映画の旅』フィルムアート社、二〇二二年。

▽4 山根由美恵「重なり合うドラマ／響き合う「森」—映画「森の向う側」（野村恵一）論—」『層——映像と表現』一五号、二〇二三年、一三二—一五二頁。

▽5 四方田犬彦「村上春樹と映画」柴田元幸／沼野充義／藤井省三／四方田犬彦編『世界は村上春樹をどう読むか』文藝春秋（文春文庫）、二〇〇九年、一六九頁。

▽6 北川れい子「INTERVIEW 映画というのは大衆に向けたものだと思うんです　劇場第3作「ザ・ハリウッ

ド」を監督　野村惠一」『キネマ旬報』一二七一号、一九九八年、七四頁。

▽7　「京都への思い、生き生きと　上映中の「ザ・ハリウッド」」『朝日新聞』大阪版、一九九八年一一月二五日夕刊、二面。

▽8　もっとも、必ずしも興行が不振だったわけではなく、本作があげた利益により野村は一九九一年までに四〇〇〇万円の製作費のうち借り入れた二〇〇〇万円を返済している。「映画への夢、独立プロ監督がんばる　製作の現状を聞く」『朝日新聞』大阪版、一九九一年七月二三日夕刊、五面。

▽9　村上春樹「「自作を語る」短篇小説への試み」『村上春樹全作品1979～1989③短篇集Ⅰ』講談社、一九九〇年、Ⅸ頁。

▽10　「村上春樹現象・廃墟劇…最近の流行に見る「空白感」漂う現代　郷愁に向かう心の回廊」『朝日新聞』一九八九年二月二五日夕刊、一三面。

▽11　森実与子「メディア批評 女性誌も巻き込んだ88年の〝文化〟現象　村上春樹の話題性」『知識』八六号、「一九八九年」、二二六頁。

▽12　「村上春樹は'80年代の漱石」だ「ノルウェイの森」270万部の読まれ方」『週刊文春』一九八八年九月八日号、一四八頁。

▽13　「ビートルズ人気と商魂（風・声）」『朝日新聞』一九八八年一一月二六日夕刊、八面。

▽14　寺島靖国「〝ノルウェーの森〟シンドロームがおよぼしたもの～村上春樹とJAZZ～」『スイングジャーナル』四三巻七号（通巻五五七号）、一九八九年、七九頁。

▽15　石田健夫「〝村上春樹現象〟を生んだ「ノルウェイの森」の〝作品研究〟」『噂の真相』一九八八年一一月号、三三頁。

▽16　山根由美恵による山田哲夫氏（野村企画）に対するメールインタビュー、二〇二二年五月一九日。

▽17 山根由美恵「映画「森の向う側」論―重なり合うドラマ／響き合う「森」―」第一二回村上春樹とアダプテーション研究会資料、二〇二一年、一四頁。

▽18 菅原豪「映像化された村上世界」『SWITCH』二八巻一二号、二〇一〇年、五六頁。

▽19 秋山さと子「『ノルウェイの森』の危険な読み方」『知識』八四号、一九八八年。石田、三三頁。「村上春樹『ノルウェイの森』をめぐって　村上春樹さんの最新作を読んで考えてみました。若い男女が遭遇する愛、生と死、セックスの問題」『コスモポリタン』一九八八年一月号などが死の主題について論じている。

▽20 秋山「『ノルウェイの森』の危険な読み方」九八頁。

▽21 富岡幸一郎「人生クライマックスの変貌　暢気な自閉症の蔓延――村上春樹『ノルウェイの森』」『新潮45』一九八八年、一〇月号、一四六頁。傍点は原文どおり。

▽22 梁蘊嫻「トラン・アン・ユン『ノルウェイの森』と村上春樹の比較研究―映画と文学のはざま―」梁蘊嫻編『東アジアにおけるトランスナショナルな文化の伝播・交流――メディアを中心に』国立台湾大学出版中心、二〇一六年、三七―四五頁。

▽23「村上春樹大インタビュー「ノルウェイの森」の秘密　超ベストセラーを生んだ創作活動とプライベート・ライフ」『文藝春秋』六七巻五号、一九八九年、一八六頁。

▽24 同、一八七頁。

▽25 野村恵一「遠い日の約束」二〇〇七年、シネ・ヌーヴォ「没後10年野村恵一監督特集」チラシ、二〇二二年、頁番号なし。

▽26 きたやまおさむ『コブのない駱駝――きたやまおさむ「心」の軌跡』岩波書店、二〇一六年、六一頁。

▽27 中村努『森の向う側』シナリオ、［一九八六年］（東映太秦映画村・映画図書室所蔵）。

▽28 村上春樹『中国行きのスロウ・ボート』中央公論社（中公文庫）、一九八六年、二〇一頁。

▽29 山根由美恵「「トラウマ」は語れるのか─村上春樹「土の中の彼女の小さな犬」にみる「心理学化する社会」─」『Problématique』七号、二〇〇六年、五六頁。

▽30 中村『森の向う側』シナリオ、頁番号なし。「森の向う側」『キネマ旬報』九八五号、一九八八年、一八三頁。

▽31 中村『森の向う側』シナリオ、三三頁。

▽32 台本では友人が「彼」であるものの、劇場公開時のチラシでは友人ではなく主人公が引用符つきの「〝彼〟」で称されている。「かいせつ」『森の向う側』チラシ。なお、以降、劇中のセリフと台本に齟齬がない場合はセリフからの引用に台本のページを付す。

▽33 村上春樹「《同時代としてのアメリカ5》都市小説の成立と展開──チャンドラーとチャンドラー以降」『海』一四巻五号、一九八二年、一九八─二〇七頁。川本三郎／村上春樹「R・チャンドラー──あるいは都市小説について」『ユリイカ』一四巻七号、一一〇─一三五頁、一九八二年。

▽34 村上春樹『羊をめぐる冒険』上巻、講談社（講談社文庫）、一九八五年、一三頁。

▽35 中村『森の向う側』シナリオ、四五頁。

▽36 同。

▽37 真銅正宏『匂いと香りの文学誌』春陽堂、二〇一九年、二七六頁。

▽38 Andrea Mubi Brighenti, *Visibility in Social Theory and Social Research*, Palgrave MacMillan, 2010, p. 32.

▽39 村上『中国行きのスロウ・ボート』一六一頁。

▽40 同。

▽41 村上『中国行きのスロウ・ボート』一六九頁。

▽42 同、一七七頁。

▽43 同、一七〇頁。
▽44 同、一七五頁。
▽45 同、一八二頁。
▽46 同、一七五頁。
▽47 同、一八一頁。
▽48 同、一七七頁。
▽49 同、一八一頁、強調は原文どおり。
▽50 同、一七八頁。
▽51 同。
▽52 村上『中国行きのスロウ・ボート』一七九頁。
▽53 同、一八四頁。
▽54 同、一七〇頁。
▽55 同、一七五頁。
▽56 同、一六八頁。
▽57 同、二〇四頁。
▽58 小林正明『村上春樹・塔と海の彼方に』森話社、一九九八年、四八頁。
▽59 酒井英行「村上春樹・『土の中の彼女の小さな犬』」『静大國文』四一号、一九九九年、二三頁。
▽60 村上『中国行きのスロウ・ボート』二〇三頁。
▽61 同、一九一頁。
▽62 同、一九二頁。

▽63 同、一九六頁。
▽64 同。
▽65 村上『中国行きのスロウ・ボート』一九七頁。
▽66 同、二〇〇頁。
▽67 鈴村和成『テレフォン――村上春樹、デリダ、康成、プルースト。』洋泉社、一九八七年、二三一頁。
▽68 村上『中国行きのスロウ・ボート』二〇三頁。
▽69 同、二〇四頁。
▽70 同、一六五頁。
▽71 中村『森の向う側』シナリオ、一頁。
▽72 同、二頁。
▽73 同、六頁。
▽74 同、一二頁。
▽75 同、三九頁。
▽76 同、二一頁。
▽77 同、四頁。
▽78 四方田犬彦『日本映画史100年』集英社(集英社新書)、二〇〇〇年、三五頁。
▽79 中村『森の向う側』シナリオ、二九頁。
▽80 同、三四頁。
▽81 同、三五頁。
▽82 同、三六―三七頁。

▽83 同、五六頁。
▽84 同、五八頁。
▽85 同。

補章❶ 小人たちと踊る——女性を主人公に「踊る小人」を翻案したスウェーデン映画

一九八八年の『森の向う側』（野村惠一監督）と二〇〇四年の『トニー滝谷』（市川準監督）のあいだは、村上文学の映画化の歴史における「失われた十数年」とでも呼ぶべき空白となっている。村上が原作提供に対して消極的であったことに起因する不毛な時期であったが、それでもドイツの『白熊』*Der Eisbär*（ティル・シュヴァイガー監督、一九九八年）やアメリカの『パン屋再襲撃』*The Second Bakery Attack*（ウルフ・バスチャング監督 一九九八年）など、「パン屋再襲撃」をもとにした作品が海外を中心にいくつか撮られている。「パン屋」系列は第3章で詳しくとりあげたので、ここでは短編小説「踊る小人」（一九八四年）をもとにした映画『小人たちと踊る』*Dansa med dvärgar*（二〇〇三年）を紹介しておきたい。スウェーデンの女性映像作家エメリー・カールソン・グラスによる一三分強の短編映画であり、▽1 第四九回オーバーハウゼン国際短編映画祭でグランプリに次ぐ優秀賞（Hauptpreise）に輝いている。

本作のオープニングには「村上春樹の短編小説「踊る小人」にもとづいて自由に」（*Fritt efter novellen Den dansande dvärgen av Haruki Murakami*）というクレジットが見られる。カールソン・グラスは村上の事務所にメールで連絡をとって非商業作品として翻案の許諾を得たのち、完成後にVHSを送付したという。

　映画は村上の小説から着想を得た自由な翻案であるため、原作とは異なる部分も多い。それでも、夢の中で小人に踊らないかと誘われる主人公が夢でも現実と同じくらい疲れすぎていて踊れないと語られる冒頭部分や、主人公が一頭の象を解体して五頭の象を生産する象工場で働いている設定、北の国から来た小人が世相の変化により今や追われる身であるという状況など、多くの部分で原作小説の前半部分との共通性が見られる。他方、小説の後半で描かれる、小人がメフィストフェレスのような取り引きを「僕」と行う部分は割愛されているほか、革命によって滅ぼされたかつての帝国という舞台背景もぼかされている。そのため、異世界ファンタジーの雰囲気をもっていた小説とは異なり、映画では日常生活の中に象工場や踊る小人が当たり前の存在として登場するシュールさが前面に押しだされている。小説の「踊る小人」はロシア革命とソビエト連邦のアレゴリー[2]やボルヘスの影響[3]などの観点から読みとかれてきたが、映画はダルミ・カタリンが指摘した現実的な日常の中に超自然を交える魔術的リアリズムとしての小説の特質をさらに押し進めたものになっている[4]。カールソン・グラスが本作の映画化を決めたきっかけも、超常的な現象を自然なものとしてとらえる村上の語り口に興味を引かれたためであったという。

　映画のストーリーは次のとおりである。ある女性が象工場での仕事につき、ようやく自分にとっての「家」（*hem*）を得られたと考える。かつて彼女は一日じゅう家に閉じこもり、玄関ドアののぞき穴をのぞきこんでは夫の帰宅を待ちわびる毎日を送っていた。夫が荷物をまとめて出て行ったあとも彼女は夫の幻影を夜な夜な見つづけたが、時とともに記憶は薄れていった。ただ、一人暮らしをして象工場で働くようになってからも勤務外の時間は家にこもりがちであり、新しい恋人を作ることももはや望んでいない。そんなある日、夢に小人が現れて彼女を踊りに誘う。自分の足が踊るには大きすぎると思っている彼女は、疲れすぎていて踊れないと言って断る。かつて小人は誰も踊ることのない北の国を去って南に行き、有名な踊り手になったのだという。しかし世の中が変わって追われる身となり、今は森に隠れて暮らしている。同僚の一人に小人の話をした翌日、彼女は上司に呼びだされて職を失う。アパートに戻ると何者かによって部屋じゅうが荒らされており、近所の人間からも警戒される。小人は再び彼女の夢に現れ、ピンクのチャイナドレスを着た彼女は激しい踊りを披露する。目がさめると、彼女はなぜか夢で着ていたドレスを身にまとっている。彼女は近所の人間から村八分にされて追われる身となり、森の中の湖にもぐって逃げる。彼女自身の声による三人称のヴォイスオーヴァーでは、彼女が誰も踊ることのない北の国から南に行って有名な踊り手になったことが語られる。

原作からのもっとも顕著な改変箇所の一つは、作品の主人公が初期村上作品の定番である一人称の男性主人公「僕」から女性におきかえられていることである。本作の脚本にとりくんでいたとき、カールソン・グラスは自分が温めていた孤独な女性を主人公とする別の話との接点に気づき、二つの物語のリミックスのようなものとして作りかえることにしたのだという。夫に従属する閉塞した結婚生活を抜けだした本作の主人公は、象工場で職を得て一見自由を獲得したかに見える。だが、従業員番号428という番号を与えられてベルトコンベヤー上の流れ作業に従事する非人間的な日常は彼女を疲弊させ、工場と集合住宅を往復するだけの毎日を送るようになる。結婚生活と仕事のどちらも彼女にとっての「家」とはならないのだ。「女性がスタンダードな型を逃れ、私たちの現代社会で居場所を見つけることの難しさを笑いとシュールさをこめて語っている」▽5と国際映画批評家連盟が評しているのも、女性の自由をめぐる本作の主題に着目したためであろう。

原作では、小人の踊りについて「観客の心の中にある普段使われていなくて、そんなものがあることを本人さえ気づかなかったような感情を白日のもとに――まるで魚のはらわたを抜くみたいに――ひっぱり出すことができたのだ」▽6と説明されている。映画における小人も、女性主人公の自由に対する渇望に彼女自身を覚醒させる存在として描かれている。興味深いのは、小説でも映画でも小人は一人しか登場せず、スウェーデン語に訳された小説のタイトルでも特定単数の *dvärgen*（英語の the dwarf に相当）が用いられているにもかかわらず、映画のタイトルでは不特定複数の *dvärgar*（dwarves に相当）となっている点だ。これは、夢の中で踊った女性が現実生活で追われる身となり、北の国から南に逃げて踊り手になるという、小人と同じ運命をたどっていることと関係している。本作において踊りは自由を求める欲求の発露であり、必然的に閉塞的な社会との軋轢を引きおこす。村上の小説では小人が邪悪な一面をあらわにし、同じ工場で働く女の子を手に入れようとする「僕」の欲望につけこんで「僕」の体を乗っとるための取り引きをもちかけるが、映画ではそのような取り引きがなくとも女性主人公が自分の生活を投げうってかつての小人と同じようなかたちで逃げることで、彼女もまた踊る小人の一人になる。踊りに象徴される自由にめざめた女性がどこかにあるかもしれない自由を求める物語として語りなおされているといっても過言ではない。また、本作の撮影はストックホルムから千キロ以上離れたキルナをはじめスウェーデン北部で行われており、南部出身の監督にとって映画の舞台が極北の地として認識されていたことがわかる。北の町から逃げる主人公は、北の国を亡命した小人と重ねることができる。

カールソン・グラスはタイトルにある複数形の小人について、特定の一人の小人の物語よりもおとぎ話の世界や夢のなかにいるような精神の状態を描きたかったと答えたうえで、「何か別のものを求めて生きて、さまざまな物語や映像をもとに彼女独自の世界を作りあげる人間は一人の小人でもあり、複数の小人でもあるといえる。象が増量できるみたいにね」と述べている。ここで彼女が「小人」として言及しているのは映画の主人公だけでなく、村上の小説という容れ物を借りて独自の物語を語る彼女自身をも含んでいるように思える。女性主人公の精神世界を表現するかのように、映像においてはデジタルビデオと8ミリフィルムの映像だけでなく、写真やアニメーション、合成技術などがコラージュ的に駆使されている。カールソン・グラスはこの映画の制作以前に一年間パリの映画学校でビデオ・エッセイを学んでおり、クリス・マルケルやゴダールの作品について学んだほか、セディ・ベニング、ピピロッティ・リストら前衛ビデオ・アーティストの作品にも親しんだという。多彩なメディアを組みあわせた本作の映像にはマルケルの『レベル5』(一九九六年)に通じる部分が強く感じられるが、先行する映像作家たちから学んだのは撮影技法というよりも、撮影から編集まで一人でこなすDIY精神だったと監督は語った。
アパートに閉じこもった女性の生活を描くシーンではモノクロ写真の静止画を用いて閉塞感が強調され、工場の大きさを示すシーンでは極端にサイズの異なるイメージの合成により『不思議の国のアリス』（一八六五年）のようなシュルレアリスティックな雰囲気が醸しだされる〔図1〕。彼女がラジオで象工場の求人広告を聞くシーンでは彼女の迷走する意志を象徴するかのように両手が落ちて勝手に動きまわる。その一方で、夢の中で女性が小人の踊りを見物するシーンでは、踊りが彼女を魅了して欲望をかき立てているかのようにブドウをつまむ彼女の手が画面の手前に映しだされる。この踊りのシーンについてはテレビシリーズ『ツイン・ピークス』（デヴィッド・リンチほか演出、一九九〇～一九九一年、二〇一七年）に登場する赤い小人との類似を山根由美恵が指摘している。▽7
また、日常の風景に闖入する象工場の奇異さを演出するために、スウェーデンにおいて外国語である英語が効果的に用いられている。廃坑のような荒涼とした土地に赤々とした建物が目立つ象工場の前には「象工場へようこそ」（Welcome to the Elephant Factory）、「私たちはここであなた方の未来のために働いていま

図１　『小人たちと踊る』

す」(Here we work for your future) という看板が立っており、別の場所には「町一番の象!」(Best Elephants in Town!) という広告の横断幕も見える。ラジオからもスウェーデン語に混じって「象を作ろう!」(Make elephants!) などの英語の惹句が流れてくる。仕事から帰るさいに彼女が利用するバス停には「家」(Home) と英語で目的地が書かれているが、コミュニティーの感覚が欠落し、単に寝食の場でしかない彼女のアパートの部屋がスウェーデン語で彼女が言い表す理想郷である「家」(*hem*) とは大きくかけ離れたものであることは一目瞭然だ。

図2『小人たちと踊る』

官憲に追われる逃亡生活をつづけるか、小人に体を譲りわたして永劫に森の中で踊りつづけるかの二者択一を「僕」が選びかねる「踊る小人」の結末について、中村三春は「決してハッピーエンドではない」とし、相克するどちらの側を選んでも安住の地を得られない「僕」の窮状に現実的な困難を見出している。[8] だが、象工場からも近隣住民からも突きはなされ、最後には北の国を追われる映画の女性主人公が必ずしも不幸であるとは限らない。小説の「僕」が抱く悪魔的な小人に体を乗っとられることへの懸念は映画では描かれず、むしろ女性主人公は小人と同じ亡命者としての運命をたどることをみずからの選択として引き受けている。そのような彼女の主体性が垣間見えるのが、彼女が水にもぐって逃げる最後のシーンである。肩まで水につかった状態で追っ手のボートを不安そうに振り返るショットでは、彼女は濡れた下着姿だったのに対し、水中のショットに切り替わった時点で彼女の服は白い羽毛のあしらわれた水着に変わっている［図2］。また、水上では暗い夜だったにもかかわらず、水中では淡い緑色の光が彼女の姿を浮かびあがらせる。合成されたイメージである金魚が彼女のわきを悠々と泳いでおり、逃亡シーンの切迫感はみじんも認められない。彼女がまっすぐ前方を見すえ、天使のように羽根をまき散らしながら両手で力強く水をかきわけて進む最後のショットには、南の地で踊り手になる未来へとむかう彼女の意志の強さを見てとることができる。

現在、この映画は実験映画の保存と配給を行っているストックホルムのアーカイヴ施設、フィルムフォーム（Filmform）で視聴できる。日本で本作を見る機会はまだ限りなくゼロに近いといえるが、今後村上春樹作品のアダプテーションに対する国内の関心がもっと高まれば、どこかのアーカイヴズが収蔵に動いてくれるのではないかと期待している。

▽1　エメリー・カールソン・グラス氏には、二〇二二年一一月六日にメールによる質問に答えていただく機会を得た。氏の協力に感謝したい。

▽2　中山幸枝「村上春樹「踊る小人」論―近年の作品につながる社会的モチーフ・暴力・自己の問題―」『近

代文学試論』四五号、二〇〇七年、八三—九四頁。

▽3 山根由美恵「村上春樹「踊る小人」論—ボルヘスの影—」『国文学攷』二〇九号、二〇一一年、三三—四六頁。

▽4 ダルミ・カタリン「村上春樹と魔術的リアリズム—「踊る小人」に見る一九八〇年代—」『近代文学試論』五二号、二〇一四年、六七—七七頁。

▽5 Berbard Bastide, "The Prizes Awarded in Oberhausen in 49th International Short Film Festival Oberhausen," FIPRESCI: The International Federation of Film Critics, 2003, https://fipresci.org/report/the-prizes-awarded-in-oberhausen/.

▽6 村上春樹『螢・納屋を焼く・その他の短編』新潮社（新潮文庫）、一九八七年、九六頁。

▽7 山根由美恵「スウェーデン映画「小人と踊る」（*Dansa med dvärgar*）におけるWay of life—「妻」の自立の物語として—」曾秋桂編『２０２４年第13回村上春樹国際シンポジウム　村上春樹文学における「ウェイ・オブ・ライフ」（way of life）会議予稿集』淡江大學村上春樹研究中心、二〇二四年、二三九—二四〇頁。

▽8 中村三春「短編小説　代表作を読む、二「踊る小人」」一色清編『AERA Mook　村上春樹がわかる。』朝日新聞社、二〇〇一年、六三頁。

Ⅲ　原作への忠実さとの格闘

第5章　トニー滝谷

アダプテーションを通した語りの〈引き継ぎ〉

二〇〇四年に公開された『トニー滝谷』（市川準監督）は、劇場用プログラムの中で「村上春樹作品としては『風の歌を聴け』以来20年ぶりの映画化となります」[▽1]と紹介されている。もちろんこの紹介文では『森の向う側』（野村惠一監督、一九八八年）といった自主配給の長編映画や山川直人監督の『パン屋襲撃』（一九八二年）と『100％の女の子』（一九八三年）、さらに『小人たちと踊る』*Dansa med dvärgar*（エメリー・カールソン・グラス監督、二〇〇三年）などの短編映画は捨象されている。また、村上の名前こそクレジットされていないものの、一九九〇年代には村上の短編「パン屋再襲撃」（一九八五年）を物語に織りこんだドイツの長編映画『白熊』*Der Eisbär*（ティル・シュヴァイガー監督、一九九八年）が作られている。にもかかわらず、多少の不正確さを含みつつもこのような紹介が宣伝の惹句として効果をもつのは、実際に村上が作品の映画化に久しく許諾を与えてこなかったためである。一九八〇年代末から九〇年代にかけて自作の映画化に対する村上の拒否があまりにも断固たるものであったことから、四方田犬彦は『トニー滝谷』を「例外的ともいえるフィルム」[2]と位置づけている。

『ノルウェイの森』（トラン・アン・ユン監督、二〇一〇年）のプロデューサー小川真司は二〇〇四年に村上の事務所を訪ねて映画化の交渉を行ったさいに「50歳を過ぎて、いろいろと考え方が変わってきた」[3]という村上の言葉を聞いている。一九九九年に五〇歳を迎えた村上のこの言葉を裏づけるように、一九九〇年代には公式に原作を提供したアダプテーションがほぼ皆無であったのに対し、二〇〇〇年代以降は再び村上作品を翻案した映画や演劇が現れるようになる。村上が映画化の許諾を与えるのは、基本的に短編小説が原作の場合に限ってのことである。[4]市川も「午後の最後の芝生」（一九八二年）や「蜂蜜パイ」（二〇〇〇年）など短編小説の候補を検討したのち、「トニー滝谷」の映画化に着手した。[5]二〇〇四年八月のロカルノ国際映画祭でプレミアを迎え、審査員特別賞ほか二賞を受賞した『トニー滝谷』は長編映画における二〇〇〇年代の村上作品アダプテーションの嚆矢として挙げることができる。

一〇年以上にわたる村上のかたくなな拒絶を受けての萎縮や人気作家の原作を翻案することへの懸念からか、アダプテーションが再び解禁された当初の作品には村上の原作に対する忠実さに固執した作品が多く見られる。『ノルウェイの森』は村上の会話文をセリフに大幅に取り入れており、『神の子どもたちはみな踊る』（ロバート・ログヴァル監督、二〇〇七年）は舞台をロサンゼルスに移しているにもかかわらず「大筋は原作通り」[6]に展開する。また、フランク・ギャラティが脚色した舞台『神の子どもたちはみな踊る　*after the quake*』（二〇〇五年）ではジェイ・ルービンが英訳した短編「かえるくん、東京を救う」（一九九九年）と「蜂蜜パイ」（二〇〇〇年）の地の文と会話文をほぼ直接引用するかたちでセリフに取り入れる試みが行われた。[7]『トニー滝谷』にも、このような原作への忠実さが強く感じられる。ダドリー・アンドリューが示すように忠実さは一般的な観客にとってアダプテーションの評価の基準となるものであり、[8]これらの翻案作品に見られる村上の文体や物語への忠実さの前景化は村上文学に親しんだ観客、あるいは原作者の不興を買わないための配慮と解釈できる。

アンドリューは、原作と翻案の関係に焦点をあてる「垂直方向（vertical）」の研究と翻案作品を同時代のテクストと並べる「水平方向（horizontal）」の研究というアダプテーション研究の二つの方向性を示し、学術的な潮流は後者に偏りがちであると指摘した。[9]しかし、『トニー滝谷』の映像表現と村上の文体を比較した高美哿《みか》の分析などに特徴的なように、[10]村上作品のアダプテーションの場合はテクストとの関係を探る垂直方向の研究が多く行われてきた。こうした先行研究を踏まえて原作と映画の関係を探りつつも、村上作品のアダプテーション研究に関してはこれまで等閑視されがちだった水平方向である同時代の映画テクストとの関係や時代的なコンテクストにも光をあてることにしたい。次節で示すとおり、映画『トニー滝谷』は昭和という失われた時代に応答する同時代の日本映画との共通項を色濃く見せる。村上が描いた父子関係や消費社会をめぐるテーマは、映画を通して平成という文脈の中でとらえなおされることで時代的な意義がより鮮明に見えてくるだろう。

1　父なき時代への〈引き継ぎ〉――映画のコンテクストおよび原作との関係

四方田犬彦は黒澤明の死の翌年に上梓した著書『日本映画のラディカルな意志』（一九九九年）で、「巨匠という名の神話」[11]が歴史的な意義を失った一九八〇年以降に台頭した日本の映画作家をとりあげている。一九七一年の大映の倒産や日活のロマンポルノ路線への転向に代表されるように、一九七〇年代初頭に前後して日本の大手撮影所は衰退の一途をたどっていく。「天皇」と称された黒澤がかつて大作を監督できたのも撮影所の潤沢な予算と人材に支えられてこそのことであったが、そんな黒澤さえも海外資本に頼らなければ映画を作れない状況になっていった[12]。撮影所に就職して数年の助監督経験を積んだのちに監督に昇進するという従来の流れが機能しなくなったことから、一九八〇年代以降は自主映画やポルノ映画、映画以外の分野の人材など多様なバックグラウンドから新人監督がデビューすることになる。テレビコマーシャル業界の出身である市川もその一人として四方田の著書に名を連ねている。

四方田はこれらの「巨匠とスタジオシステムの時代が終焉を告げたあとに、より困難な条件のもとでデビュウし、いくたびもの挫折や中断を体験しながらも、ラディカルな文体をけっして手放そうとしなかったシネアストたち」[13]を撮影所システムの衰退という日本の映画産業史における変わり目に位置づける。

この世代の監督が手がけた作品に目をむけると、主題的な連関も見えてくる。とりわけ頻繁に見受けられるのは、父親の死または不在をめぐる主題である。是枝裕和は、シングルマザーに育児放棄された子どもたちを主人公とする『誰も知らない』(二〇〇四年)や父親の老いを描いた『歩いても 歩いても』(二〇〇八年)に代表されるように、親をもたない孤児や父親との別離の主題に繰り返しとりくんできた。河瀬直美は『萌の朱雀』(一九九七年)で父親の死と追慕の念を森のイメージに託して表現したほか、『2つ目の窓』(二〇一四年)では離婚した父親と離れて奄美大島で暮らす少年を描いた。青山真治は舞台を一九八九年に設定した『Helpless』(一九九六年)で主人公の父親の死に昭和天皇の崩御というアレゴリカルな含意を与え、『EUREKA』(二〇〇〇年)では父親に先立たれた兄妹がトラウマを共有するバスの運転手と疑似的な親子関係を結ぶ過程を描いた。それぞれの作品で父親の死と不在の主題が表現するものは多様であるが、同時代の作品としてこれらを把握することにより、従来の映画制作システムの衰退後に登場した新しい世代としての映画作家の位置づけ、さらには平成の視点から回顧される昭和といった意味がこの主題に見出される。

ここに挙げた是枝、河瀬、青山がいずれも一九六〇年代生まれであるのに対し、村上より一歳年長である一九四八年生まれの市川は、一九九〇年代から二〇〇〇年代にかけて活躍していたことは同じでも同世代に属するとはいいがたい。しかし、市川のフィルモグラフィーの大部分は彼らの作品よりも色濃く父親の死や不在によって特徴づけられている。『ノーライフキング』（一九八九年）と『あしたの私のつくり方』（二〇〇七年）では両親が離婚して母親と暮らす子どもが主人公であり、『クレープ』（一九九三年）では長年娘と離れて暮らしてきた父親の一日だけの再会と別れが描かれる。『東京マリーゴールド』（二〇〇一年）において母親と二人で暮らす主人公の生活にも父親は登場しない。『東京兄妹』（一九九五年）の兄妹はすでに両親と死別している。一方、『病院で死ぬということ』（一九九三年）は末期がんに冒されて死んでいく若い父親が子どもに遺す手紙のヴォイスオーヴァーで締めくくられ、『大阪物語』（一九九九年）では思春期の主人公の父親が愛人を作って離婚したのちに急死する。『あおげば尊し』（二〇〇六年）では、小学校教師の主人公が自分の父親が死んでいくさまを教え子に見せることで生の重みを教えようとする。サラリーマンの父親の職場と家庭での危機が描かれる『会社物語 MEMORIES OF YOU』（一九八八年）と、主人公のいとこが母親とともに前妻との関係を清算した父親に呼ばれて東京で暮らしはじめる『つぐみ』（一九九〇年）の二作を例外として、市川の大半の作品では父親は最初から不在であるか、離婚や死によって去っていく存在である。平成の前半期の映画に多く見られた父親の不在／死をめぐる主題にもっとも敏感に応答した映画作家の一人だったといえる。

『トニー滝谷』においても、主人公トニー滝谷の父親である滝田省三郎の死が描かれる。「父親から「孤独」を遺伝子のように受け継いだ」[14]主人公の映画であると評されるとおり、父と子の関係が本作の主要な軸となっており、父親の死はその帰着点として位置づけられる。父子関係の主題は省

図1 『トニー滝谷』

三郎と少年時代のトニーが登場する映画の冒頭で示唆される。日がすでに沈んで街灯のともった宵の口、トニーは黒ずんだ砂地で一心不乱に砂の戦艦を作っている［図1］。セーターを着る季節であるが、彼は両袖をまくり、半ズボンから出たむきだしのひざを躊躇なく地面につけている。そこへコートに身を包んだ省三郎が坂道をのぼって現れるが、トニーは顔をあげることもなく戦艦作りを続ける。省三郎のほうはトニーの姿に目をとめるものの、足を止めることも彼に言葉をかけることもない。そのまま息子のわきを素通りしてフレームアウトする。黒い砂地にカメラをむけたオープニング・ショットにはじまり、夕暮れの薄暗さや衣装の季節感、さらに「プリントの色彩を脱色処理[15]」した精彩に乏しい映像が場面の寒々しさを強調している。これらの演出は、視線も言葉も交えることのない父親と息子の関係の冷やかさをあざやかに象徴している。

もちろん、この冷やかさは村上の原作、さらに原作者自身の父親との関係に由来するものである。村上はかつて自身の父親との関係について「今では疎遠になっており、滅多に会うこともない[16]」と語ったことがある。二〇一九年六月に発表され、その後単行本化もされたエッセイ「猫を棄てる——父親について語るときに僕の語ること」では、父親とのあいだに生まれた「心理的な軋轢[17]」に言及し、二〇〇八年に物故した父親の過去を振り返っている。そのなかで特に注目すべきは、父親の中国での従軍体験の記憶をめぐる記述である。村上の父親は自分が所属する部隊で行われた中国人兵士の処刑に立ち会ったことや、召集解除となった直後に太平洋戦争が開戦し、同じ部隊に所属していた兵士たちが南方で過酷な体験ののちに玉砕したことを数十年経たのちもなお心の傷として抱えてきた。その記憶を息子である自分が分有することについて村上は次のように記している。

> 言い換えれば、父の心に長いあいだ重くのしかかってきたものを——現代の用語を借りればトラウマを——息子である僕が部分的に継承したということになるだろう。人の心の繋がりというのはそういうものだし、また歴史というのもそういうものなのだ。その本質は〈引き継ぎ〉という行為、あるいは儀式の中にある。[18]

短編小説「トニー滝谷」においても父親と息子における〈引き継ぎ〉の可否に焦点があてられており、先行研究もその点に注目してきた。滝谷省三郎はジャズ・トロンボーン奏者として「太平洋戦争の始まる四年ばかり前[19]」に上海に渡り、「昭和二十一年の春[20]」に帰国するまで中国で過ごす。彼は「歴史に対する意志とか省察とかいったようなものをまったくといっていいほど持ち合わせない人間」であり、「戦争は彼とはまったく関係のないところで行われていた」と語られる。[21]ところが、「まったく」という語の反復によって歴史との無関係さを強調する語り口に矛盾するかのように、彼は上海で「戦争から莫大な利益を吸い上げている羽振りのいい連中[22]」との親しい交友関係をもっており、そのために戦後中国軍によって投獄されて処刑の危機に瀕する。この省三郎の戦争体験には、村上自身の父親の戦争体験における「処刑」と「生き残り」のモティーフが形を変えて織りこまれているものと見ることができる。

宮脇俊文は省三郎を「戦前から戦後にかけて、実に気楽に過ごした人間」と理解したうえで、省三郎がアメリカ人将校の名前を与えた息子がのちに経験する孤独と苦悩を「対米従属のもたらす精神的空洞」のアレゴリーとしてとらえている。[23] 一九八〇年代のバブル期における「精神的空虚さ」[24]の根底に戦争という日本の過去に対する反省の欠如があると見なし、両者を因果関係で結びつけた解釈である。これに対し、山﨑眞紀子は省三郎の一見楽天的な人生観に抑圧を見出す。省三郎は「反省を欠いた「お気楽」な人間というよりは、受け入れがたくつらい感情を封印し、無感情になって生き延びてきた姿」を見せており、「芸術」ではない表層的な技術のみの演奏に固執することでトラウマの核心にむきあうことを避けてきた。[25] その抑圧の姿勢は息子のトニーにも受け継がれており、「精密でメカニカル」[26]に事物を模写するだけの彼の絵や妻の洋服といった表層性への執着こそが心の傷の抑圧にほかならないと山﨑は指摘する。戦争に対する反省の欠如がもたらす世代を越えた因果の物語ととらえるにせよ、語りえないトラウマを抑圧する態度の継承の物語と見るにせよ、本作における父親と息子の関係には村上の言う〈引き継ぎ〉を見出すことができる。

市川の映画は村上の原作における父子関係の主題をアダプテーションというかたちで引き継ぎ、市川自身が繰り返し描いてきた主題系および平成前半の日本映画の文脈に位置づけなおしている。

父の死という主題は、一九八〇年代以降に台頭した世代の映画作家においては撮影所時代という映画史上の過去に対する応答であると同時に、平成の日本映画の文脈では昭和という過去に対する応答を意味する。本作でトニー滝谷および省三郎役を演じたイッセー尾形が翌年に公開されたロシア映画『太陽』（アレクサンドル・ソクーロフ監督、二〇〇五年）において主人公の昭和天皇役を形態模写でリアリスティックに演じたことも、[27] 図らずして昭和と平成の関係をめぐる本作のアレゴリーとしての可能性を開くこととなった。次節では、原作にきわめて忠実であるとされる映画における語りに着目し、アダプテーションによる〈引き継ぎ〉がどのように行われているかを検討したい。

2　原作テクストへの忠実さ——ヴォイスオーヴァーによる語りの再現

映画『トニー滝谷』は村上が映画化許諾を再開したばかりの時期の作品の傾向を色濃く反映し、原作への忠実さという点で特徴的である。早稲田大学演劇博物館が二〇二二年一〇月に開催した村上と映画に関する企画展の図録においても、本作は「原作にかなり忠実に作られている」[28] と紹介されている。その中で忠実さの例として挙げられているのが、「原作の三人称の語りが一部そのままナレーションで読まれる」[29] ことである。藤井省三や森晴彦らが示すとおり、原作の小説は『文藝春秋』一九九〇年六月号掲載のショート・バージョン、『村上春樹全作品 1979～1989⑧』に収録されたロング・バージョンa、短編集『レキシントンの幽霊』に収められたロング・バージョンbという大きな異同をともなう三つの版で刊行されている。[30] 映画の全編を通して挿入される西島秀俊によるヴォイスオーヴァーには脚色を監督と兼任した市川による省略や表現の改変、順序の入れ替え等が随所に施されているが、「しかしそんな名前をつけられたおかげで」[31]や「来る日も来る日も洋服を買いつづけた」[32]といったロング・バージョンbのみに用いられている表現が数多く採用されていることから基本的に『レキシントンの幽霊』収録版に依拠していると考えられる。また、ヴォイスオーヴァーに比べて登場人物の会話文には市川が独自に創作した部分が多いものの、原作の文意をくんだセリフであることが少なくない。たとえば、市川による独自の付けたしと福島絵美が判断している「洋服って、自分に足りないものを埋めてくれるような気がして」[33]というトニーの妻のセリフは、原作のロング・バージョンbのみにある「でもそうしていると〔洋服の購入をひかえていると〕、なんだか自分が空っぽになってしまったような気がした」[34]という表現を踏まえたものである。オリジナルのセリフを作るさいにも、市川が村上の原作の文章を強く意識していたことがうかがえる。

原作における人称の選択は、歴史の〈引き継ぎ〉という主題にも大きく関わる問題であった。「あしか」（一九八一年）や『夢で会いましょう』（一九八一年）に収録された掌編の一部のような極端に短い作品をのぞけば、「僕」をはじめとする一人称の語り手が登場しない完全な三人称の物語は「飛行機――あるいは彼はいかにして詩を読むようにひとりごとを言ったか」（一九八七年）、「ゾンビ」（一九九〇年）に次いで「トニー滝谷」が三作目にあたる。村上はデビュー作以来「僕」という一人称の語りで知られていたが、作者自身が「リアリズムの文体の訓練」[35]とする『回転木馬のデッドヒート』（一九八五年）では疑似的な「聞き書き」の形式を採用して一人称の語りの相対化を試みている。また、はじめて三人称を一貫して全編で用いた連作短編集『神の子どもたちはみな踊る』（二〇〇〇年）では、ノンフィクション作品の『アンダーグラウンド』（一九九七年）のリサーチの過程でさまざまな証言の聞きとりを行った経験が人称の選択に影響したことを述べている。[36]

「一人称の世界に必要なものは真実ではなく、主人公である「僕」にとって「真実らしく見えるもの」であり、「真実であってほしいもの」なのである」[37]と、村上はキャリアの初期に説明している。このように客観的な視点で語ることで演出される真実らしさに強い疑念を抱きつづけてきた村上が三人称を用いるようになったのは、一人称で表される主観から見える領域よりも作品世界を押し広げ、他者の物語を作品にとりこむために要請されたことであった。他者から引き継がれる歴史という物語を叙述するためには不可欠な人称であったといえるだろう。

映画でヴォイスオーヴァーを担当した西島秀俊は本作の語りについて「登場人物の声ではないし、ドキュメンタリーのナレーションでもないし、いわゆる神の声でもない。言うなれば客観の声という「語り」だった」[38]ととらえている。ドキュメンタリー映画では「信頼できる情報源」[39]であることを演出するために、落ち着いた低音の声をもつ男性による力強い語りが用いられることが少なくない。ところが、本作における西島のヴォイスオーヴァーはか細く消え入るような声であり、「おだやかな声質」[40]「悲しそうな声」[41]「感情を一切排除した抑制されたその語り口」[42]などと評されている。

実際のところ、ヴォイスオーヴァーの収録時には西島が高熱を出しており、市川の指示によりソファーベッドに横になった状態で声を録音したという。[43] 俳優の体調不良という偶然に起因するものではあったが、真実らしさを担保する権威としてのヴォイスオーヴァーとは対照的な語りが採用されることとなった。この語りの声の弱々しさは、歴史の〈引き継ぎ〉が権威による真実性の保証ではなく「人の心の繋がり」という個人間の領域で行われる営為であるとする村上の歴史観と共振するものである。村上が〈引き継ぎ〉に「儀式」という宗教的含意をおびた語を用いたことには、この営為のひそやかさを強調する意図があったものと推察できる。

映画の語りにおいてさらに特異なのは、ヴォイスオーヴァーの語りの一部が登場人物の口から発せられる場面が全一七か所にわたって見られる点である。傍線部の話者となる登場人物名をかっこ内に示した以下の①〜⑰のように、文の途中で西島のヴォイスオーヴァーと登場人物の発話が切り替わる。一部では改変が加えられているものの、①〜⑰のすべてが村上の小説の文章にもとづいている。二〇〇三年一一月に映画倫理管理委員会による審査のために提出された準備稿台本の段階では、これらのセリフはいずれもナレーションに割りあてられており、この独特の演出が準備稿作成後に着想されたものであることをうかがわせる。[44] ちなみに④、⑪、⑫では登場人物が独立した文を発するが、場面の内容や前後関係、台本でナレーションの発話として位置づけられている点から判断してヴォイスオーヴァーの語りを登場人物が引き継いでいる例に含めた。

①そこでは生と死とのあいだには、髪の毛一本くらいの隙間しかなかった。（傍線部：省三郎）

②これからはしばらくアメリカの時代が続くだろうし、息子にアメリカ風の名前をつけておくのも、悪くないじゃないか、と省三郎は思った。（傍線部：省三郎）

③しかしそんな名前をつけられたおかげで、トニーが名前を名乗ると相手は妙な顔をするか、中には腹を立てる人さえいた。（傍線部：少年期のトニー）

④とくに寂しいとは思わなかった。（傍線部：少年期のトニー）

⑤それらはトニーにとってただ未熟で醜く、不正確なだけだった。（傍線部：トニー）

⑥イラストレーターになったのも自然のなりゆきだった。（傍線部：トニー）

⑦彼女はまるで遠い世界へと飛び立つ鳥が特別な風を身にまとうように、とても自然に服をまとっていた。（傍線部：トニー）

⑧ときどきそのことを思うと、冷汗が出るくらい怖くなった。（傍線部：トニー）

⑨それは妻があまりにも多く服を買いすぎることだった。（傍線部：トニー）

⑩トニーは演奏する父のそばまで行って、いったい何が違うんだい、お父さん、と問いかけてみたかった。（傍線部：トニー）

⑪なんとかそこから抜け出してみると彼女は約束した。（傍線部：妻［小沼英子▽45］）

⑫欲しいと思うともう我慢ができなかった。ただただ単純に我慢ができなかった。（傍線部：英子）

⑬信号を待っているあいだ、彼女はずっと今返したばかりのコートとワンピースのことを考えていた。それがどんな色をしてどんな形をしていたか、どんな手触りだったか。（傍線部：英子）

⑭でもこの人はそれほど悪い人ではなさそうだ。奥さんをなくしたことでちょっとどこかがおかしくなっているのかも。それに何といっても来月には失業保険も切れるし、彼女は働かなくてはならなかった。（傍線部：女［斉藤久子］）

⑮しばらくするとトニー滝谷が様子を見にやってきて、どうして泣いているのかと彼女に尋ねた。（傍線部：久子）

⑯それから、寒くなるといけないからコートも持っていきなさいとトニー滝谷は言った。彼女は温かそうなグレーのカシミアのコートを選んだ。（傍線部：久子）

⑰トニーはそれを見ているうちにだんだん息苦しくなってきた。（傍線部：トニー）

この手法について高美哿は、原作で用いられる自由間接話法や自由直接話法といった「語り手によって出来事や登場人物の科白や感情が客観的に描写・伝達されつつも、登場人物の思考や言葉が流れ込み、両者の語りの境界がしばしば曖昧になっている」部分を映画で再現したものであると解釈している。▽46 ②⑤⑩⑪⑮⑯では登場人物の会話文や思考の内容が引用の助詞「と」で示されていて比較的地の文と区別しやすいが、残りは語り手の客観的な叙述と登場人物の主観を一見してすぐに判別することは難しい。だが、登場人物によってヴォイスオーヴァーの語りの引き継ぎ方に若干の違いが見受けられる。⑧では原作の「ときどきそのことを思うと、彼は冷汗が出るくらい怖くなった」▽47という文から主語の「彼は」が省略され、トニーの発話部分が一人称の内的独白として解釈できるようになっている。このように三人称の主語を登場人物の発話部分から外す処理は、⑤⑩⑰のようにヴォイスオーヴァーが主語部分を読む例にも共通している。また、⑨では男性が第三者の聞き手に対する話の中で自分の妻に言及するさいによく用いられる「妻が」という呼称も避けられており、トニーの内的独白としての印象を強めている。また、省三郎のセリフ②でも⑤⑩⑰と同様の処理が確認できることから、省三郎もトニーと同じくヴォイスオーヴァーの語りを自分の心の声として共有する人物として特徴づけられていることがわかる。

英子の場合にも⑫のように内的独白として解釈できる例はあるが、⑪では「彼女は」という三人称の主語を英子自身が発話しており、三人称で自分自身に言及する違和感を際立たせている。また⑬では、聞き手のいない回想で用いられることの多い指示語「あれ」ではなく、聞き手が話題を共有していない場合に用いる指示語「それ」を英子が用いる。▽48これにより、内的独白ではなく場面にいないはずの第三者にむかって自分の思考を説明しているかのような奇妙な印象を生みだしている。このような違和感の強調は、三人称の主語を久子が読む⑮や、久子が呼称として用いるのは不自然な「トニー滝谷」というフルネームを久子が口にする⑯にも見られる。トニーや省三郎のセリフは内的独白として受けとれるという点で一貫しているのに対し、英子と久子のセリフの場合にはヴォイスオーヴァーの文章を単に読みあげているかのような人工的な例が含まれるのである。

つまり、男性登場人物においてヴォイスオーヴァーとのあいだの語りの共有は常に内的独白と直結している「心の繫がり」であるが、女性登場人物は、トニー滝谷にとって彼女たちが他者であるのと同様に、ヴォイスオーヴァーからのセリフの引き継ぎにおいても他者として扱われている。このことは、本作劇場公開当時の紹介記事の中でヴォイスオーヴァーが「トニーの心象風景をつづったナレーション」[49]と、トニーの心情に寄り添った声として受けとられている点にも裏づけられる。原作における〈引き継ぎ〉が父子という男性同士の継承であったのと同様、映画においても男性同士の語りの共有から女性が他者として疎外されているといっても過言ではない。

3　スタイルへの執着――〈引き継ぎ〉とその拒絶

〈引き継ぎ〉の主題は映像にも見出すことができる。映画ではシーンの切り替わりにおいて左から右に緩慢に移動するトラッキング・ショットが多用される。シーンの終わりで柱などの物陰に入って暗転させることでカットの切れ目を隠し、異なる場面が左から右になめらかに流れてくるような印象を生みだしている。『コックと泥棒、その妻と愛人』（ピーター・グリーナウェイ監督、一九八九年）では同様の撮影技法が空間の連続性を演出するために用いられているが、本作では語りそのものが連続体として提示される。「小劇場の芝居を絵巻物仕立てにしたような、ページを繰りながら映画を見るような、不思議な感覚」[50]という『朝日新聞』の評言が示すとおり、「絵巻物」や「ページを繰る」という書籍の比喩で表現される連続性は、省三郎の世代からトニーの世代へと連綿と引き継がれる年代記という印象を強めている。

イメージが時間をまたいで反復されるのも本作の映像面での特徴である。たとえば、トニーの妻英子の交通事故死ののち、宮沢りえが一人二役で演じる久子が面接のためにトニーの自宅にむかうシーンでは、英子が編集者として登場する序盤のシーン［図2］と同様に久子が坂をのぼってくる姿をロー・ポジションのカメラで映している［図3］。英子のシーンでは肩が見えたところでショットが途切れ、久子は全身が映るまで坂をのぼりきるという違いは、物語の途中で死んだ英子とは異なり久子がさらに先まで進む存在であることを示唆している。カメラ・ポジションや撮影地点がほぼ同じであることは、一人二役のキャスティングからも明白なとおり、トニーが彼女を死者の代替と見なしていることを象徴する。原作でもトニーは「もっとも妻の体型に近い女性」をアシスタントとして雇い入れるが、映画の久子に相当する人物は「これといって特徴のない顔をした二十代半

図2, 3 『トニー滝谷』

ばの女」と描写される。[51]「妻の服を着て近くにいてほしい。そうすれば、自分にも妻が死んでいなくなったということが実感としてつかめるはずだから」という言葉とは裏腹に、トニーは妻の服を引き継いで着てくれる代理の人間を求めることで、妻を喪失した事実から目をそむけようとしているのである。[52]

また、映画の終盤では、妻の遺した服を売り払って空っぽになったクローゼットの中でトニーが横たわるシーンに、戦争直後に上海で投獄された省三郎が牢の中で処刑の銃声を聞きながら横たわる序盤のショットが挿入される。トニーと省三郎の同質性はイッセー尾形による一人二役によっても示されているが、このシーンでは高美哿が分析するように「牢獄」のメタファーを通してトニーと省三郎を孤独という共通項で結びつけるとともに、戦争の歴史を現代のシーンに喚起させることで「省三郎とトニーの人生に通底し継続していた昭和という時代の影を映画テクストに召喚している」[53]と見なすことができる。幼少時代の村上が父親から戦争体験のトラウマを父親から継承したように、日本社会において戦争の忌まわしい歴史は原作が書かれた一九九〇年時点でも「時代の影」として記憶にとどまりつづけている。省三郎が生きた一九四〇年代と、トニーの妻がのめりこむ洋服の購入に象徴されるバブル経済の消費社会の時代をひとつづきの連続体として描きだすことで、時代の影が孤独や虚無感というかたちをとって無意識に継承されるさまを本作は視覚的に表現している。

このように凝った映像表現を全編に盛りこんで作品の主題を示す手法は、市川のフィルモグラフィーにおいてはむしろ例外的であるといってよい。ロー・ポジションのカメラや無人のショットなど小津安二郎の映像スタイルを強く意識した『東京兄妹』のような作品でもあくまで基調はリアリズムであり、『トニー滝谷』ほどには様式性を前面に押しだしているわけではない。この点について、高は本作が「原作の文体を映画に取り込み、文章の持つ質感や色調のようなものを映像と音声によって再現する」という市川にとっての「新たな試み」であったと見なしている。[54] 市川が原作小説の物語だけでなく文体をも等価の映像スタイルに翻訳しようとしたとする高の見解は、まさしく本作が原作への忠実さにこだわったアダプテーションであることの証左にほかならない。

その一方で、本作における映像スタイルへの執着は、物語の主題に即して理解することも可能であろう。英語の style はラテン語からフランス語を経由して入ってきた単語であり、筆記用具の「尖筆」がもっとも古い語義である。[55] そこから文章を書く様式である「文体」に意味が広がり、「(文芸などにおける時代・様式を示す) 風、流儀」やファッションの「流行スタイル」なども表すようになった。スタイルを文体から様式、流行まで幅広い多義性をもつ概念としてとらえることで、本作におけるスタイルの追求は一九六〇年代という学生運動の時代において「まわりの青年たちが悩み、模索し、苦しんでいるあいだ、[…] 何も考えることなく黙々と精密でメカニカルな絵を描き続けた」[56] トニー、さらには戦争の時代において「歴史に対する意志とか省察とかいったようなものをまったくといっていいほど持ち合わせない人間だった」[57] 省三郎のどこまでも表層的な生き方と結びつけることができる。彼らの人生にはスタイルはあっても、実体が欠けているといっても過言ではない。「精密でメカニカルな絵」や「聴衆を心地良い気分にさせる音楽」[58]といった即物的な物事の様式にしか目をむけないことで、彼らの人生はみずからの内面の問題に対する洞察を欠いた空疎なものになっている。

映画においてその空疎さを端的に象徴しているのが「風ふくさら地とシンプルなステージに、壁とインテリアを持ち込[59]」んで組まれた屋外ステージでの撮影である。子ども時代のトニーの家庭や学校、トニーが妻と暮らす高級住宅、結婚式場など屋内シーンの大半は屋外ステージの上で撮影されている。背景にはほとんど常に野外の借景が大きく開き、風が通りぬけて俳優の髪や衣服、小道具の観葉植物などを揺らしているなかで展開するシーンは、リアルな映画のシーンというよりは野外演劇に近い印象を作りだしている。特に英子が夜に一人で自分の買い物依存に戸惑いを見せるシーンでは、本来ならば親密な空間であるはずの夫婦の寝室ががらんどうのように開放的な空間として提示されることで、英子が内面の空疎さを埋めるために服の購入にのめりこんでいることが強く示唆されている［図4］。内面の空虚さと表裏一体となったスタイルの過剰さは、即物的な戦後からバブル経済の時代にかけての昭和の日本社会の批判的な総括としてアレゴリカルに解釈することもできるだろう。

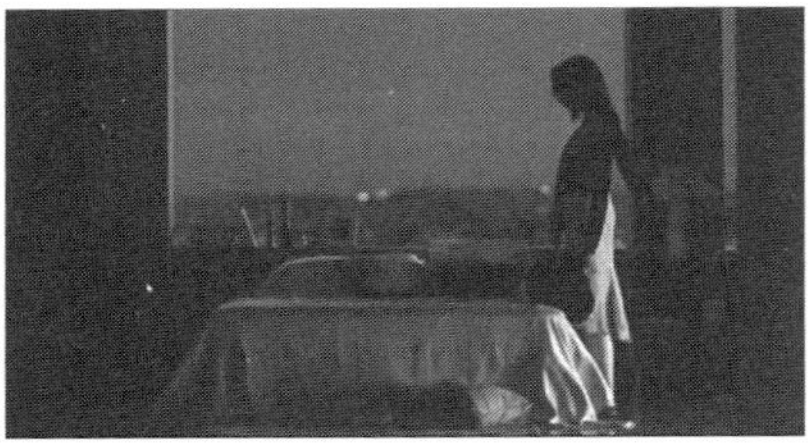
図4　『トニー滝谷』

しかし、忘れてはいけないのは、昭和が終わった直後に刊行された原作と映画のあいだには一四年の時間的間隙があるという点である。映画は原作よりも離れた地点から昭和という時代を見ており、平成という新しい時代に根ざしている。原作とアダプテーションのあいだの時代の変化を反映するかのように、村上の小説にない要素を盛りこんだ終盤のシークェンスでは〈引き継ぎ〉の拒絶という主題が繰り返される。トニーが英子の元恋人と出会うパーティーのシーンでは、「あいつ」を繰り返し用いる元恋人に対して、トニーは「別に大変じゃなかったし、もう忘れたよ。それからその「あいつ」ってのはやめてくれないかな」と言って背をむける。このシーンでトニーは元恋人から女を引き継いだ男として自分を位置づけ、ノスタルジアを共有することを拒む。一方、久子が住むアパートの管理人は自分が贈られた手袋のうち一組を親切心で久子に分け与えようとするが、久子は生返事を繰り返して「とにかくどっちでもいいです。もらわなくてもいいくらいです」と言って足早に立ち去る。久子はトニーに言われるがまま英子の服をもらったものの、映画独自のこのシーンでは主体的に欲しいかどうかを判断する女性として描かれている。英子と同じ体つきであることだけが重視される死者と交換可能な身代わりではなく、独自の内面をもった人間としての側面が強調されている。

アパートの管理人に引きとめられたせいで久子がトニーからの電話を取りそこねるという映画独自の結末も、〈引き継ぎ〉の拒絶という主題の変奏として理解できるだろう。受話器をおいたトニーは卓上の久子の写真に視線を落とす。たき火から救いだした履歴書の写真は一部が焼き焦げ、文字どおりの過去の残滓である。もちろん死んだ英子と同じ顔をしているが、今やパラフィン紙に包

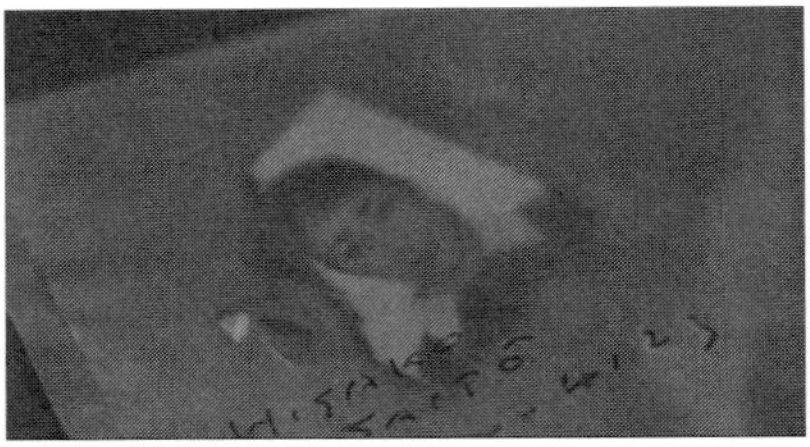
図5 『トニー滝谷』

まれておぼろげに見えるだけである［図5］。「いろんなことをすっかり忘れてしまったあとでも、不思議にその女のことを忘れることができなかった」とヴォイスオーヴァーが語るとおり、トニーが彼女に連絡をとろうとするのは過去の名残り惜しさや喪失感をいまだに抱えているためであろう。わざと電話を無視したわけではないものの、久子とトニーの通話が成立しないことは彼女が「時代の影」を引き継いだトニーとは異なる時代を生きていることを象徴的に表している。

本章では村上の原作小説に対する映画『トニー滝谷』の忠実さに目をむけ、本作の語りの手法が父子間における歴史の〈引き継ぎ〉という原作の主題を効果的に描きだすために用いられていることを示した。映画における「語り」（narration）にはヴォイスオーヴァーや俳優のセリフのような言語による文字どおりの語りだけでなく、映像スタイルや音楽など非言語的要素の説話的な使用も含まれる。イッセー尾形と宮沢りえにそれぞれ一人二役を与えたキャスティングや撮影・編集の技法などを通しても、映画は何らかの意味を伝えることが可能である。本作における特徴的な映像スタイルは原作の文体との格闘の結果であると同時に、物語の主題を効果的に伝える役割もになっている。

昭和天皇の崩御の記憶も新しい一九九〇年に発表された村上の短編小説は、昭和という時代が経験した戦争のトラウマに対する現代人の態度というアレゴリカルな読解を許す。父親の死／不在という主題を一貫して描きつづけた市川によって翻案された映画は村上の物語から逸脱することなく典型的な市川作品となり、さらには同時代の日本映画との強い親和性を獲得している。アダプテーションにおける忠実さの問題を例示するのみならず、平成期の日本映画の一傾向を体現する映画史研究において重要な作品だといえるだろう。

▽1　スローラーナー編『トニー滝谷』劇場用プログラム、東京テアトル株式会社、二〇〇五年、［六頁］。

▽2　四方田犬彦「村上春樹と映画」柴田元幸／沼野充義／藤井省三／四方田犬彦編『世界は村上春樹をどう読むか』文藝春秋（文春文庫）、二〇〇九年、一七〇頁。

▽3　伊東武彦「現代の肖像　映画プロデューサー小川真司　春樹を口説いた男の「夢の砦」」『AERA』二〇一〇年一二月一三日号、五九頁。

▽4　市川準／イッセー尾形「気負いなく進化し続けるふたりの表現のカタチ「トニー滝谷」特別対談」河出書房新社編『市川準』河出書房新社、二〇〇九年、一一〇頁。

▽5　このとき市川が候補に挙げた「午後の最後の芝生」については、一九九〇年代の時点ですでに篠原哲雄が同作から着想を得て劇場公開デビュー作となる中編映画『草の上の仕事』（一九九三年）を監督している。宮脇俊文『村上春樹を読む。全小説と作品キーワード』イースト・プレス、二〇一〇年、八六―八九頁。

▽6　福島絵美「短編原作映画をまだまだ見比べよう」『BRUTUS』四二巻二〇号、二〇二一年、七四頁。
▽7　内田康「危機に向き合う紐帯──『神の子どもたちはみな踊る』と after the quake の間──」曾秋桂編『2022年第11回村上春樹国際シンポジウム　村上春樹文学における「紐帯」（Solidarity）会議予稿集』淡江大学村上春樹研究センター・淡江大学日本語文学科、二〇二二年、一一七頁。
▽8　Dudley Andrew, "The Economies of Adaptation," *True to the Spirit: Film Adaptation and the Question of Fidelity*, edited by Colin McCabe, Kathleen Murray and Rick Warner, Oxford University Press, 2011, p. 27.
▽9　Ibid., pp. 27-28.
▽10　高美哿「「映画的翻訳」としてのアダプテーション　市川準の『トニー滝谷』」『言語文化』三六号、二〇一九年、三四─四八頁。
▽11　四方田犬彦『日本映画のラディカルな意志』岩波書店、一九九九年、七頁。
▽12　同、五─六頁。
▽13　同、七─八頁。
▽14　春岡勇二「トニー滝谷　透明な悲しみ、簡潔に」『朝日新聞』大阪版、二〇〇五年二月二四日夕刊、七面。
▽15　市川準／倉田剛『映画監督市川準　追憶・少女・東京』ワイズ出版、二〇一八年、二二七頁。
▽16　イアン・ブルマ『イアン・ブルマの日本探訪──村上春樹からヒロシマまで』石井信平訳、ティビーエス・ブリタニカ、一九九八年、九二頁。
▽17　村上春樹「猫を棄てる──父親について語るときに僕の語ること」『文藝春秋』九七巻六号、二〇一九年、二六四頁。
▽18　同、二五三─二五四頁。
▽19　村上春樹『レキシントンの幽霊』文藝春秋（文春文庫）、一九九九年、一一三頁。以下、原作からの引用

は『レキシントンの幽霊』版にもとづく。
▽20 同、一一六頁。
▽21 同、一一四頁。
▽22 同、一一五頁。
▽23 宮脇俊文「村上春樹「ハナレイ・ベイ」と戦後日本人の歴史認識」『成蹊大学経済経営論集』五二巻一号、二〇二一年、四四―四五頁。
▽24 同、四五頁。
▽25 山﨑眞紀子「村上春樹が描く上海――『トニー滝谷』における父子の傷」髙綱博文／木田隆文／堀井弘一郎編『上海の戦後　人びとの模索・越境・記憶』勉誠出版、二〇一九年、一八二頁。
▽26 村上『レキシントンの幽霊』一二二頁。
▽27 松本健一「インタヴュー『あ、そう』の力」リンディホップ・スタジオ編『映画「太陽」オフィシャルブック』太田出版、二〇〇六年、二五四―二五五頁。
▽28 川﨑佳哉編著『村上春樹　映画の旅』フィルムアート社、二〇二二年、八〇頁。
▽29 同。
▽30 藤井省三『村上春樹のなかの中国』朝日新聞社、二〇〇七年、五二―五三頁。森晴彦「『トニー滝谷』の本文改訂（三）―全作品⑧本文の性格（続）・五二箇所七八個の本文異同一覧―」『表現学』三号、二〇一七年、一九―二〇頁。
▽31 村上『レキシントンの幽霊』一二〇頁。
▽32 同、一三一頁。
▽33 福島「短編原作映画をまだまだ見比べよう」七五頁。

▽34 村上『レキシントンの幽霊』一三三頁。
▽35 村上春樹「「自作を語る」補足する物語群」『村上春樹全作品1979～1989⑤短篇集Ⅱ』講談社、一九九一年、Ⅹ頁。
▽36 村上春樹「解題」『村上春樹全作品1990～2000③短篇集Ⅱ』講談社、二〇〇三年、二七二頁。
▽37 村上春樹「僕が「僕」にこだわるわけ。」『広告批評』三五号、一九八二年、四〇頁。
▽38 西島秀俊「いつも穏やかな空気を持っていた」河出書房新社編『市川準』河出書房新社、二〇〇九年、一一三頁。
▽39 デイヴィッド・ボードウェル／クリスティン・トンプソン『フィルム・アート　映画芸術入門』藤木秀朗監訳、飯岡詩朗／板倉史明／北野圭介／北村洋／笹川慶子訳、名古屋大学出版会、二〇〇七年、一三七頁。
▽40 山口哲一「ひらかれた孤独なおとこ、ミシンとエアブラシ、トレスとドレス」スローラーナー編『トニー滝谷』劇場用プログラム、東京テアトル株式会社、二〇〇五年、［一八頁］。
▽41 春岡「トニー滝谷」七頁。
▽42 菅原豪「映像化された村上世界」『SWITCH』二八巻一二号、二〇一〇年、五七頁。
▽43 西島「いつも穏やかな空気を持っていた」一一二―一一三頁。
▽44 市川準「トニー滝谷」準備稿、二〇〇三年一一月一三日映倫管理委員会受付（松竹大谷図書館所蔵）。
▽45 小説では妻にもアシスタントに応募する「これといって特徴のない顔をした二十代半ばの女」（村上『レキシントンの幽霊』一三五頁）にも名前がないが、映画ではそれぞれ「小沼英子」「斉藤久子」という名前が与えられている。
▽46 高「「映画的翻訳」としてのアダプテーション」三九頁。
▽47 村上『レキシントンの幽霊』一二八―一二九頁。

▽48 藤田直也『日本語文法　学習者によくわかる教え方―10の基本―』アルク、二〇〇〇年、一一六頁。

▽49 「見る人の想像力で　初めて完成する作品　映画『トニー滝谷』主演のイッセー尾形」『読売新聞』二〇〇五年四月一五日夕刊、二面。

▽50 「ページをめくるように「トニー滝谷」（シネマ）」『朝日新聞』名古屋版、二〇〇五年三月一一日夕刊、六面。

▽51 村上『レキシントンの幽霊』一三五頁。

▽52 同、一三六頁。

▽53 高「「映画的翻訳」としてのアダプテーション」四四頁。

▽54 同、三六頁。

▽55 寺澤芳雄ほか編『英語語源辞典』研究社、一九九七年、一三六八頁。

▽56 村上『レキシントンの幽霊』一二二頁。

▽57 同、一一四頁。

▽58 同、一二九頁。

▽59 山口「ひらかれた孤独なおとこ」［一八頁］。

第６章　神の子どもたちはみな踊る

多文化共生社会とポスト９・11のアメリカ

短編集『神の子どもたちはみな踊る』（二〇〇〇年）は二〇〇二年にジェイ・ルービンによる英訳が刊行された。村上春樹は英訳のアメリカでの受容について「世界貿易センタービル事件のあとだっただけに、「カタストロフのあとに来るもの」という文脈で、アメリカの読者からの反応は驚くほど真剣なものだった」[▽1]と述べている。単行本の書名ではなく『新潮』連載時のタイトル「地震のあとで」を英語タイトル *after the quake* として採用し、[▽2]しかも直接的に「地震」を指す語 earthquake ではなく、「地震」に加えてより一般的に「震え、おののき」[▽3]などの含意の広がりを許す quake が訳語に選ばれていることも「カタストロフのあとに来るもの」という受容を助けるものであるだろう。だが、何よりもこのように作品が受け入れられる素地となっているのは９・11後のアメリカという社会的コンテクストにほかならない。大和田俊之はアメリカでの本作に対する書評を概観し、アメリカの読者が作中で言及される阪神大震災を9・11テロの比喩として受けとっていたことを示した。また、それまでアメリカでは超現実性や魔術的リアリズムの作家というエキゾティックなイメージが定着していた村上が本作以降「「疎外感」や「空虚さ」や「喪失感」を描く作家」[4]として受け入れられるようになったのも、9・11という大きな喪失を経験したアメリカの読者がそれらの主題に注目するようになったためであると論じている。スウェーデン出身のロバート・ログヴァル[5]が日本では短編集の表題作にあたる「神の子どもたちはみな踊る」(一九九九年)を二〇〇七年に*All God's Children Can Dance*(邦題『神の子どもたちはみな踊る』)のタイトルで映画化したのも、村上文学の主人公が抱く疎外感や魂の空虚さが普遍的に共感しうるものであり、とりわけ若い世代に対する訴求力をもっていると考えてのことだった。[6]

映画『神の子どもたちはみな踊る』はロサンゼルスに舞台を移しており、作中の地震は阪神大震災のちょうど一年前にあたる一九九四年一月一七日に発生したノースリッジ地震におきかえられている。にもかかわらず「大筋は原作通り」[7]、「浮遊感のある映像が、小説のイメージをよく伝えている」[8]などと、物語やイメージの面では原作に忠実なアダプテーションと評されてきた。そのため、「(原作が語る)不思議な物語をある程度忠実に踏襲しつつも、アメリカ映画らしく一般の観客が受け入れやすいように作られている」[9]というように、原作からの改変は異文化の物語を受容しやすくするための単なる再文脈化であると見なされがちである。

しかし、本章では前章とはアプローチを変えて類似性よりも差異に着目して原作との関係を考えてみたい。たとえば、村上の小説の冒頭で二日酔いのなかで目ざめた善也の「左のまぶたが言うことをきか」ず「左目さえまだ開かない」状態であるのに対し、[10]映画の序盤にある主人公のケンゴが目ざめるシーンでは彼の左目が先に開く様子がクロースアップで映しだされる一方で右目は枕に押しつけられたままである。また、善也が父親と目する男は「右の耳たぶが欠けて[11]」いるものの、映画の中でケンゴがあとを追う男は左の耳たぶが欠けている、など一見原作と類似した部分はむしろ鏡像のような差異に特徴づけられている。これらの改変からは原作とは違う新しい作品を生みだそうとする映画制作者の意志が垣間見えるが、この鏡像性は原作とアダプテーションの関係の比喩としてとらえることもできるはずだ。アダプテーションに見られる差異に目をむけることはアダプテーション作品のより深い理解に結びつくだけでなく、ひるがえって原作小説が根ざした社会的、文化的背景を映しだすことにもなるだろう。

以下では、近親相姦の欲望から多文化共生社会におけるアイデンティティーの模索という主人公の葛藤の変更、さらに物語で中心的な位置を占める宗教の扱いに焦点をあて、両作の背景となるコンテクストの相違をあきらかにする。二〇〇六年二月にはじまった映画の撮影に先立つ二〇〇六年一月に書かれた脚本は「Kタウンのかえるくん」(*K-Town Super Frog*)と題されており、[12]審査員特別賞優秀視覚表現部門を受賞した二〇〇七年六月のシネヴェガス映画祭に出品されるまでのあいだにジェイ・ルービンが訳した短編小説のタイトルに改題されている。[13]劇中で「村上春樹の短編にもとづく」(based on the short story by Haruki Murakami)と表示されるのとは異なり、脚本の表紙には「着想を得た」(Inspired by)[14]と間接的な着想として村上の短編がクレジットされている。このことから、おそらくは村上側の正式な許諾を待って改題したものと推測できるが、少なくとも二〇〇六年一二月のポストプロダクションの段階まではこのタイトルが用いられていた。[15]コリアタウンを頭文字を用いて短くした「Kタウン」(K-Town)を冠したこの題は、民族性が記号化されて帰属すべき共同体のアイデンティティーを見失った主人公の葛藤を暗示するものであり、脚本段階からアイデンティティーの問題が本作の中心的な主題として位置づけられていたことをうかがわせる。一方、原作小説にもとづくタイトルの *All God's Children Can Dance* は「…できる/…してもいい」[16]という助動詞canがあることで、子どもたちが踊ることを可能にする/許可する父なる神の存在を日本語のタイトルよりも色濃く示唆しているが、映画に描かれる神や新興宗教にも原作との大きな差異が見られる。オウム真理教によるテロ事件というトラウマを経験した日本社会と、キリスト教対イスラム教という構図の戦争に発展した9・11以降のアメリカ社会における宗教の位置づけの違いは、本作における新興宗教の表象の検討を通してあきらかにすることができるだろう。

1　ケンゴの葛藤——近親相姦の恐怖からアイデンティティーの模索へ

三浦哲哉は、村上の小説の主人公が抱く「屈託」[17]が失われているという表現で映画版に対する不満を表明している。日本語の小説における翻訳調のセリフといった不自然さはアメリカ映画の英語のダイアローグとなることで解消され、『トニー滝谷』（二〇〇四年）の市川準と同じくＣＭディレクター出身のログヴァルによる構図に配慮の行き届いた美しい映像で表面上は過不足のない作品に仕上がっている。さらに主人公のケンゴはジェイソン・リュウによって「ハンサムなだけで、どこにでもいる普通の若者」[18]として演じられる。これにより、「わかりやすい普遍的な話にはなったのだろうが、そのとき彼〔ケンゴを指す〕は、あの一見、没歴史的であるように見えて、その実たくみに歴史的コンテキストのなかで機能する堅固な核心を持っていた村上春樹の主人公とはかけ離れた存在になる」[19]と三浦は主張する。ここで三浦が言及する「歴史的コンテキスト」とは、もちろん阪神大震災と地下鉄サリン事件という、加藤典洋が村上の作家としての転換の契機として位置づけた一九九五年の二つの出来事を指している。[20]たしかに、ログヴァルが村上の小説において注目したのは、こういった出来事に代表される一九九〇年代日本の歴史的な固有性ではなく、登場人物に普遍的に共感できる孤独や疎外感であった。また、東京が舞台となる原作で阪神大震災は間接的にしか表象されないのに対し、映画では恋人同士のように一緒に眠っていたケンゴと母親のイヴリンがノースリッジ地震の揺れで同時に目をさます。その直後にケンゴが信仰の放棄を母親に伝えることから、直接被災していない原作の登場人物たちの人生にさえも何らかの影響をおよぼす「すべてを一瞬のうちに壊滅させる大地震」[21]というよりは、ケンゴに変化をうながす警鐘（英語の表現では、文字どおり a wake-up call〔目ざましの電話〕）として地震が位置づけられていることがわかる。

しかし、原作の固有性に対比させて映画を普遍的なものとしてのみ特徴づける三浦の批評の中で見すごされているのは、アダプテーションである映画もまた二〇〇〇年代アメリカの歴史的コンテクストの中で機能しているという点である。三浦玲一は二〇世紀末の日本においてアメリカ文学が「アメリカ文学を書く日本人作家」として台頭してきたことを示した。[22] 日本の若者文化の中でオースターやアーヴィングといった現代作家やヘミングウェイなどの著名な文豪の作品がアメリカ文学史やアメリカ文化の知識なしに読まれてきた事実こそが、これらの作家が本来のコンテクストを離れ、グローバル化された文学の一部になっていることの証左であると三浦玲一は主張する。二一世紀初頭のアメリカにおいて主題や物語の普遍的な部分に注目が集まりはじめた村上もまた、グローバル化された文学としての地位をアメリカで得たと見ることができる。映画化にさいしてアメリカ固有の歴史的コンテクストにあわせて主題の改変を許しているのも、村上の物語が日本文学の枠組みを離れたグローバルな文学として受け入れられるようになったためであろう。

アメリカは建国以来、ヨーロッパの文明論において移民国家と称されてきたが、同化による包摂に基軸をおく「坩堝《るつぼ》」の比喩で説明される従来のアメリカの社会モデルは、ヨーロッパからの白人移民を前提としたものであった。[23] 二〇世紀後半まで、アジア系を含む有色人種の移民は他者として疎外されてきたのである。しかし一九六五年の移民法の施行以降、アジア系移民の数は増加し、二〇一二年には新規移民数においてヒスパニック系を抜くにいたる一大グループとなっている。特に一九七一年からはカリフォルニア州バークレーを皮切りに入国管理局による不法移民の調査を拒否する「聖域都市」[24]（sanctuary city）が登場しはじめ、映画の舞台となっているロサンゼルスは一九七九年に聖域都市としての方針を打ちだして以来、多民族共生が進行している。米村みゆきが示すとおり、ケンゴに「「日本人の名前で、コリアンタウンに住んでいる、中国系アメリカ人である」という confusing〔「ややこしい」の意〕な設定」が与えられていることは、「多民族国家のなかの登場人物という設定」を象徴しているといえる。[25] その一方で、父親とおぼしき男性を追うケンゴが同じバスに乗りあわせた高齢のポーランド系女性と会話するシーンにおいて「ポーランド街はないの／あなた方にはリトル・トーキョーや／チャイナタウンが」（We don't have a Polish town. You've got here a Little Tokyo and a Chinatown.）と複数形の「あなた方」としてのアジア系移民グループをうらやましがる女性のセリフは、歴史的に同化を通して包摂されてきたヨーロッパの白人移民と、他者として排除され、民族ごとのコミュニティーを築いてきた歴史をもつアジア系移民の決定的な違いを示している。

原作小説において、主人公である善也の葛藤は母親との近親相姦に対する恐怖と深く関わっていた。「母親としての自覚がもともと希薄だった」「エキセントリック」な母親は「善也が中学校にあがり、性的な関心に目覚めてからも、平気で下着姿で、ときには全裸で、家の中を歩き回」り、ときには「ほとんど何も身につけないかっこうで」善也のベッドに入ってきて彼の体に腕を回して眠る。[26] 過剰な男性性を象徴する巨大なペニスをもつ善也は「母親と致命的な関係におちいることを恐怖するがゆえに」[27] セックスやマスターベーションで性欲を処理する。このように父親が不在で母親と密接な善也の状況から山田潤治は「母親に対する性衝動という邪念が主人公の善也を父親探しへと駆り立てる」という「エディプス・コンプレックスの変形」の物語として本作を論じる。[28] 野球のグラウンドで踊りながら善也が「大地の底に存在するもの」に思いをはせる場面を「母への強い欲望を認識するとともに肯定をする」瞬間としてとらえる福田和也も同様の心理学的解釈に立脚しているといえるだろう。[29] ラカン派心理学において、父親は子どもに記号／秩序の体系であるシニフィアンを導入し、母親と未分化につながっている子どもを象徴的に去勢して個としての主体を確立させる「父の名／父による禁止」（*le nom du père / le non du père*）を行使する存在である。[30] 善也が父親を追いもとめるのは、近親相姦の危機に瀕した母親との関係からみずからを切り離す象徴的な父親を希求しているからだと解釈できる。

もっとも、グラウンドで踊る最中に善也がみずからの内側に見出す「僕自身の中にある森」やそこに潜む「僕自身が抱えている獣」は、地面の底に潜在する「欲望を運ぶ人知れぬ暗流」「ぬるぬるとした虫たちの蠢《うごめ》き」「都市を瓦礫《がれき》の山に変えてしまう地震の巣」といった阪神大震災における都市の崩壊や、[31]「かえるくん、東京を救う」（一九九九年）の結末でかえるくんの内側からわきだす「暗黒の虫」[32] を連想させるイメージと関連づけられている。この点に着目し、中村三春は「真の父、出生の秘密の探求は、地底の暗闇へと続く彼自身の心の暗闇の端緒」[33] であると論じ、河合恒は「絶対的な〈悪〉を心に抱える存在として、「善也」は造型されている」[34] と指摘している。これらの先行研究があきらかにしている内なる暗闇や悪の発見としての善也の父親捜しの物語を、心理学的に

図1, 2 『神の子どもたちはみな踊る』

母親との関係のみで説明してしまうことには注意が必要であろう。しかし、善也の葛藤が父親の不在と母親との密接な関係に起因していることは決して無視できない。

映画のケンゴが小説の善也と違って「屈託がない」と評されるのは、母親との近親相姦に対する恐怖が彼の葛藤を生みだす要因として描かれていないことが大きい。この違いは原作の「大学時代にずっとつきあっていた女の子[35]」に相当するサンドラの登場シーンが原作よりも拡大され、彼女が母親の身代わりの役割をになっていることに由来している。本作におけるサンドラの位置づけは、朝ケンゴがイヴリンに起こされるシークェンスの中でクロスカッティングの手法を通して示される。二つの異なるアクションが展開するシーンを交互に提示するクロスカッティングは緊張感の演出や二つのシーンの関係性を示すために用いられるが[36]、ここではケンゴとイヴリンの朝の寝室でのやりとりと前夜のケンゴとサンドラのデートの回想シーンが交差する。

下着姿でケンゴのベッドに入ってきたイヴリンが彼の首すじに顔を寄せると［図1］、サンドラの首すじにケンゴがキスをし、二人が路傍で激しくペッティングをしあうシーンにディゾルヴで切り

替わる［図2］。ベッドわきに貼られたブリジット・バルドー主演作『月夜の宝石』（ロジェ・ヴァディム監督、一九五八年）のポスターに背中をつけて座っていたイヴリンがケンゴの履いているブリーフパンツのゴムを挑発的に弾いてベッドを離れると［図3］、ケンゴの顔の短いショットを挟んで、寝具店の看板の「寝台」（침대）というハングル文字が窓に反射する車の中でカーセックスにおよぶケンゴとサンドラのシーンにディゾルヴする［図4］。さらに、デート帰りのタクシーでサンドラについてケンゴに話しかける運転手が「においも いいの?」（Does she smell good?）と訊くと［図5］、ワイプで朝の寝室のシーンに戻り、イヴリンが煙の立つお香を手に入ってくる［図6］。

図3-6 『神の子どもたちはみな踊る』

ここではセックス・シンボルとして知られるブリジット・バルドーとイヴリンが文字どおり重ねられているのみならず、首すじへのキス、寝室のベッドとカーセックス、会話中の匂いへの言及とお香といった点でイヴリンとサンドラを結びつけ、イヴリンによってかき立てられるケンゴの性的な欲求がサンドラとの関係によって代償的に解消されていることが暗示される。「僕は神様の子どもなんだ。だから僕は誰とも結婚することができない」[37]という善也の言葉を聞いて結婚をあきらめる原作の恋人とは異なり、映画のサンドラはケンゴと母親の関係についてグレンから話を聞くなど彼を理解しようと努め、彼とは別れない。「ケンゴはこれら両方の女性とうまくやっている」（Kengo is okay with both these women）[38]と評されるとおり、ケンゴとイヴリン、サンドラという三者の関係が彼にとっての深刻な葛藤に発展することは最後までない。

　映画では、むしろ多文化共生社会を生きるなかでのアイデンティティーの模索がケンゴの葛藤として描かれている。このことは映画における追跡劇を「アイデンティティー探しの旅」（a journey of identity-searching）[39]と解釈する庄司かおりや、「多民族国家での個人のアイデンティティーが、父なるものの不在によって不安定になっている」[40]と見る米村みゆきによっても言及されているとおりである。映画冒頭のヴォイスオーヴァーでは「少年は二人の父を夢見る／見たことのない父と／決して会えない父／彼は亡霊と暮らしているのだ」（The boy dreams of two fathers. One he doesn't recognize. One he can never know. And so, this living with ghosts.）と語られる。この直後、水の上を歩くイエス・キリストのイラストが描かれた本をプールサイドで読んでいた少年はプールの水面に足を載せようとして溺れかける。顔もわからない生物学的な父親と決して知りあうことのできない父なる神という「二人の父親」を希求するケンゴが、「亡霊と暮らしている」ことで現実から足を踏み外していることを象徴的に描いたオープニングである。

彼がみずからの出自に対して疑問を抱きつづけていることは、信仰をすでに捨てたはずであるにもかかわらず自分が神の子であることについて「本当だったら？」（What if it's true?）と口にするセリフにも表れている。彼がアイデンティティーをめぐって生活上不自由をこうむる描写は劇中にはほとんど見られないものの、スコット・コフィーによる脚本にはケンゴの少年時代の挿話として、少年野球のチームメイトに「彼の目は大きく開かないんだ」（His eyes can't open very wide.）▽41と外野フライがとれないことをアジア人の細い目というステレオタイプにもとづいて嘲笑されるシーンがある。映画では「バカ　目を開けろ」（Idiot! Open your eyes.）とチームメイトの一人になじられるのみにとどまっているが、当初は中国系移民のアイデンティティーをもつ彼が人種差別を受けてきたことをより明確に示す意図があったことがわかる。

父親捜しが彼のアイデンティティーの自己認識に与える変化は、野球のグラウンドで踊った直後、公衆トイレの洗面台で鏡に映る自分の顔を見つめるシーンに示唆されている。このシーンでヒスパニック系移民のグループが彼のペニスの大きさについてスペイン語で陰口を叩く。洗面台で手と顔を洗ったケンゴは自分の顔をしげしげと眺めたあと、陰口について気にする様子を見せずに公衆トイレを立ち去る。嘲笑を受ける現実は変わらないものの（ただしここで嘲笑の対象となっているのはアジア人としての身体的特徴ではなく、人並み外れて大きなペニスである）、自分自身を肯定的に受け入れられるようになったケンゴが周囲の嘲笑を聞き流すさまが表現されている。

2 信仰の問題——新興宗教とコミュニティーの位置づけ

主人公の葛藤の内容と並んで映画が原作小説から決定的に離れているもう一つの点は、作中における宗教の扱いである。村上の小説における宗教は、阪神大震災の二か月後に発生した一九九五年三月の地下鉄サリン事件を受けて村上がとりくんだ『アンダーグラウンド』（一九九七年）と『約束された場所で underground 2』（一九九八年）という二作のノンフィクション作品にはじまり、新興宗教の信者である両親のもとで育った女性主人公がカルト教団の教祖を暗殺する長編小説『1Q84』（二〇〇九〜二〇一〇年）にいたるまでの一連の文脈から切り離すことはできない（ただし、村上はキャリア初期の一九八二年二月に発表した『朝日ジャーナル』掲載の記事[▽42]で青山学院大学における大木金次郎院長（当時）によるタカ派の大学運営をとりあげ、統一教会の侵食がもたらした大学自治やリベラリズムの危機を告発していることから、彼がカルトや新興宗教に寄せる関心およびその文学への影響は今後より長いキャリアの中で検討される必要があるだろう）。中村三春は、小説「神の子どもたちはみな踊る」を『1Q84』へと続く流れの中に位置づけ、作中で描かれる「新興宗教との繋がり」について「「お方」をめぐる母や信者・田畑《［ママ］》さんらの発想は奇異だが、善也もこのテクストも教団それ自体を批判してはいない[43]」と指摘している。

たしかに、小説の中で善也の母親や田端が信奉する宗教は『1Q84』のさきがけのように倫理的な疑わしさや暴力性を有した組織として描かれているわけではない。中野和典が示すように「キリスト教系の新宗教のような特徴を持つもの[44]」として作中の新興宗教を特徴づけることで、原始仏教にもとづいて独自の教義を構築したオウム真理教のようなカルトとの区別を行っていると見ることもできる。それでも、教団が有する「社会通念とは相いれない教団独自の厳格な戒律[45]」が善也の棄教の一因として言及されるほか、「知り合いの信者さん[46]」に出版社の就職口を紹介してもらったことが語られるなど、彼が棄教後も母親を介して教団内部のネットワークに頼っている様子が描かれる。また、善也が用いる「神様」とは別に信者たちが用いる「お方」という呼称や田端の教団内での役職である「導き役」といった和語を中心とする教団の用語[47]、さらには母親が性的な話題に言及するさいに用いる「まぐわい」や「孕《はら》んだ」といった文語的な和語の表現も[48]、日常的な社会とは異なる信仰の世界の「奇異」さの演出に貢献している。

ところが、ジェイ・ルービンによって英訳された時点で、言葉遣いの面での「奇異さ」は大幅に減じられている。「善也のお父さんは『お方』（彼らは自分たちの神をそういう名で呼んだ）なんだよ[49]」という部分は「"Your father is Our Lord" (which is how they referred to their god)[50]」と、キリスト教では教派を超えて広く用いられ、日本語では「主」と訳されることの多い語であるLordを用いて訳されている。「自分たちの神」に相当する箇所がtheir godと異教の神を表すさいに用いる小文字で表記されていることから信者ではない善也の目線で語られていることが示唆されるが、小説のほかの部分では「神様」の訳にGodと大文字が一貫して使用され、作品全体においてはキリスト教の神との区別がつきにくくなっている。「導き役」と「孕《はら》んだ」には「guide」[51]および「became pregnant」[52]という日常的な表現が用いられ、特殊さは感じさせない。「まぐわい」に相当する「*have knowledge*」[53]だけはきわめて古風な表現であり、原文の傍点にあわせてイタリックで強調されている。ただし、性行為を婉曲的に表すためにknowという語を用いるのは『欽定訳聖書』（一六一一年）をはじめ聖書の古い英語訳では広く見られ、キリスト教的なニュアンスをおびた表現である。[54]

だが、これらのキリスト教に寄せた訳語の選択にもまして、原文と英訳における新興宗教の表象の違いを決定的なものにしているのが「社会通念とは相いれない教団独自の厳格な戒律」という記述を英訳した「the strict codes of the sect that clashed with ordinary values」[55]という箇所である。「教団」の訳語であるsectには否定的なニュアンスがともなうものの、「社会通念」という表現が「普通の価値観」と直訳できる「ordinary values」となることで教団の潜在的な反社会性への言及は失われ、「独自」という語が示唆する教義の特殊さも曖昧になっている。作中の新興宗教はキリスト教の教派の一つとして受けとれるが、社会からかけ離れた異端の世界という印象は抱きにくい。

英訳におけるこのような変化には、村上を含めオウム真理教事件を経験した日本社会が共有する新興宗教に対する態度とアメリカ社会における宗教の位置づけの違いが反映されているように見える。『1Q84』をめぐる論考の中で、安志那はオウム真理教事件によって「新宗教教団の反社会性」がメディアを通して広く日本社会に浸透したことにより、「新興宗教、新宗教、「カルト」と呼ばれた宗教団体らは、オウム真理教がもたらした極めて否定的なイメージに覆われてしまった」と指摘している。[56]『1Q84』にはそれぞれ「ヤマギシ会」、「オウム真理教」、「エホバの証人」をモデルとしていると見られる「タカシマ塾」、「あけぼの」と「さきがけ」、そして「証人会」という宗教団体が登場するが、それぞれの教義や内部構成について詳しく説明されるわけではない。このことから、「カルト」、「洗脳」、「マインド・コントロール」の概念によって形成された新宗教の否定的なイメージのみを先行させ、実はその『新宗教』の内実がわからないにもかかわらず、わかっていると読者に思わせ[57]ていると安は批判を展開する。いわば、村上が描く新興宗教はオウム真理教事件以降に日本に広まった新興宗教に対する嫌悪に根ざした既存のイメージを喚起させるものである。

一方、「さきがけ」のリーダーの娘であるふかえりと、両親が「証人会」の信者であった青豆は、どちらも幼少時代の教団での生活から深いトラウマを受けた被害者として描かれる。青豆が深田の暗殺を決意するシーンの分析を通して、堀井一摩は深田がさきがけのリーダーとしてのみならず、青豆にとっての証人会の信仰の世界という「記憶から抹消したいと願っている自己のアンダーグラウンドを統括する他者[58]」として想定されていることを示している。このように、『1Q84』においては、カルトと新興宗教の区別がきわめて薄いことも、新興宗教を一様に嫌悪するオウム真理教以降の日本社会における一般的な態度に通じる部分である。教団の反社会性の程度やトラウマの深さに違いはあれ、「神の子どもたちはみな踊る」の善也もふかえりや青豆と同様の境遇を背負っており、母親が属する教団は世俗の社会とは異質の存在として特徴づけられる。

アメリカでも一九七八年の人民寺院の信者による集団自殺事件のように新興宗教にまつわる事件が世間を騒がせることはたびたびあったものの、宗教に対する社会の態度は日本とは大きく異なる。アメリカの総人口の約八割をキリスト教徒が占めており、四割弱が週一回の礼拝のため教会に通っているという統計にも示されるとおり[59]、アメリカにおいて信仰心が篤いことは決して珍しいことではない。さらに宗教の多様性もアメリカ社会に見られる特徴である。キリスト教の教派だけでもプロテスタントとカトリックという大きな区別から派生した教派が多数存在する。一般に一九世紀後半から二〇世紀初頭にキリスト教から派生したモルモン教やエホバの証人などの教派と、一九七〇年代のキリスト教に対するカウンターカルチャーとして興ったハレ・クリシュナなど非キリスト教系の教団が新宗教と見なされるが、それらすべてが社会全体から一様に異端視されているわけではない[60]。映画の中で「再生者教会」(Reformers' Church) と名乗って布教活動を行うイヴリンと少年時代のケンゴが浴びせられる「新興宗教か　地獄に堕ちろ」(Fucking holy rollers! Why don't you fuck off and go to hell?) という罵倒の言葉にある「holy rollers」という表現は、本来は新宗教ではなく「原理主義的な教理と信仰を特徴とする」[61] プロテスタント系教派のペンテコステ派に対して用いられる罵倒語である。特に9・11以降は人口の〇・六パーセントを占めるイスラム教徒に対する差別や憎悪犯罪が顕在化したが、イスラム教徒も一九六〇年代以降の移民政策によってアメリカでの人口を増やしてきたアジア系移民のグループに含まれる。[62] この多様性を反映してか、イヴリンが自宅で祈りを捧げる祭壇には「仏教、ヒンドゥー教、キリスト教の折衷的な混交」（an eclectic mix of Buddhist, Hindu and Christian icons）[63] と脚本で指示されているとおり、イエス・キリストの肖像やマリア像だけでなく、仏教の数珠玉や仏像と見られる木彫りの像など雑多なイコンが並べられている［図7］。先に見たとおり、オウム真理教事件という日本の社会的コンテクストに影響を受けた村上の新興宗教の表象に対しては英訳においてすでに軌道修正が行われていたが、映画における改変からはアメリカ社会における宗教の位置づけを見てとることができるだろう。

図7 『神の子どもたちはみな踊る』

もっとも大きな違いは、原作の教団の教義は「社会通念」とはあいいれず、社会から閉じられた信者間のネットワークの中で仕事の紹介が行われていたのに対し、映画ではケンゴとイヴリンの親子が地域のコミユニティーの中で生活していることが強調されている点である。善也が性欲の発散のために利用する「風俗店」[64] を「porn shop」[65]（ポルノグッズ店）と誤訳した英訳にもとづくと見られるアダルトDVD店のシーンでは、店主が「イヴリンの息子だろ／このあいだ教会の寄付を集めに来たよ／いい女だ」（You're Evelyn's son, right? She was here a couple of weeks ago, collecting donations for the church group. She's kinda hot.）と、つばのついた帽子をかぶって隠れて来ていると見られるケンゴにイヴリンの話をもち

図8,9『神の子どもたちはみな踊る』

だす。原作で友人の話として出てくる「二日酔いで苦しい思いをしているときには、いつもテレビで朝のワイドショーを見るんだ[66]」というセリフは、グレンの使いでケンゴが薬を受けとりに来た薬局の薬剤師から聞かされる。耳たぶの欠けた男がさりげなく客席に座っている原作にないカフェのシーンでは、若い女性店員が親しげに月経についてケンゴに話す。原作では善也の母親との密接な関係に焦点があてられた一方で彼の社会とのつながりが後景化していたのに対し、これらのシーンではケンゴが望むと望まざるとにかかわらずイヴリンとグレンからなる信者以外の地域社会とつながっていることが示されるとともに、多文化共生社会としてのアメリカ社会を強調しているように見える。このように宗教が共同体の一部として包摂されていることは、イヴリン親子の布教活動で特に親身な表情で話を聞く黒人女性のポーチのシーンで画面手前に映る星条旗をあしらったオーナメントにカメラの焦点があたるショットや［図8］、ケンゴが薬局にむかう途中の道でショーウィンドーにルイ・マルがアメリカで撮ったドキュメンタリー『神の国』（一九八五年）のドイツ語版ポスターが映るショット［図9］でも象徴的に表現されている。

また、ケンゴと直接言葉を交わすことはないものの、ケンゴが無視して前を通りすぎる物乞いの男性はうらめしげに彼の背中を見つめ、カフェの手前の駐車場で掃除をしている中年女性は手を止めて通りすぎる彼に視線をむけ、カフェから職場にむかう途中の道ではタバコを吸う丸刈りの男性が彼を見おろす。さらに、ケンゴがサンドラとアパートの空き部屋でセックスするシーンではスクーターに乗った老人が外通路からのぞき見するショットが挿入される。ケンゴが生活圏の中で過剰なまでに他者の視線と関心の対象とされることは、原作で善也が感じる「父なるものの限りない冷ややかさ[▽67]」とは対照的であるかにすら見える。この点は、ケンゴのアイデンティティーの葛藤が出自のわからなさのみならず、多文化共生社会というコミュニティーの中で自分にむけられる視線から生まれたものでもあることを示唆している。

映画において耳の欠けた男を追跡するシークェンスは、キリスト教的な寓意をしだいに強くおびていくものとして描かれている。地下鉄でケンゴはむかいの席に座る若い黒人男性から信仰を試されているかのように「キリストを知ってるか?」(Hey, do you know Jesus?)と訊ねられ、ケンゴが男を追ってバスを降りるときには「祈りの絆は 家族の絆」(The Family That Prays Together, Stays Together!)という文字がロザリオの写真とともにあしらわれた車内広告が映しだされる。そして雲ごしにおぼろげに太陽が見え、フェンスをへだてて遠くに丘が見えるばかりの線路ぞいの荒野を二人は歩く。地面に石が転がる荒涼とした風景は、新約聖書中のイエス・キリストの荒野の誘惑の挿話を想起させる。ルカによる福音書によれば、洗礼を受けたのちに御霊に連れられて荒野で四〇日間を過ごすイエスは、悪魔に「もしあなたが神の子であるなら、この石に、パンになれと命じてごらんなさい」と試され、続いて高いところから世界の国々を見せられて「これらの国々の権威と栄華とをみんな、あなたにあげましょう」と誘惑される。[68] そして悪魔からの最後の誘惑でエルサレムの宮殿から飛び降りてみるように言われたイエスは「『主なるあなたの神を試みてはならない』と言われている」[69]と答えて断る。この言葉は、小説において少年時代の善也が父親のような存在である田端から「それは『お方』を試すことだ」[70]という戒めのかたちで与えられるものだが、映画では脚本に書かれているのみで、実際には使われていない。

村上の小説においては耳たぶの欠けた男の「よくできた機械人形が磁石に引き寄せられているみたい」な歩き方や足音が立てる「匿名《とくめい》的な音」が善也の追跡の不毛さを象徴していたのに対し、[71] 映画では荒野、石、丘といった風景の象徴性が、ケンゴが追う父親の姿が彼を惑わす誘惑にほかならないことを示唆している。中村三春は「映画のケンゴは、父を見失ってもそれが父であることを疑わない」と解釈し、家に戻った彼が口にする「今日 父さんを見た」（I saw my father today.）というセリフを「自分のルーツとしての父を認めた」という宣言の言葉として受けとっている。[72] たしかにケンゴの葛藤の主眼がアイデンティティーの模索におかれた映画では、父親が彼のアイデンティティーのよりどころとなる「ルーツ」として位置づけられている。だが追跡シーンの宗教的な寓話性を踏まえるならば、「父さんを見た」というケンゴのセリフで言及されているのは生物学的な父親であるかもしれない耳たぶの欠けた男というよりは、荒野での試練を経てトンネルで男の姿を見失ったあとに野球場で彼が呼びかける父なる神のほうではないだろうか。「神様」(Oh God.)という呼びかけのセリフを口にする直前にケンゴの姿はフレームアウトし、画面の端を飛行機が横切る宵の空が二〇秒弱にわたって仰角で映しだされる。この虚空に姿の見えない父の存在を見出すことを観客は求められているのかもしれない。

映画『神の子どもたちはみな踊る』は、二〇〇七年七月の『バラエティ』誌において酷評を受けた。英語になることで違和感がなくなったと三浦哲哉が評価したセリフは「ありえないダイアローグ」であり、演技は「わざとらしく」、ログヴァルの「気どった」演出は「ウォン・カーウァイの模倣」にすぎないと断言される。[73] たしかに、グレンの限られた余命を象徴するかのような壁かけ時計のクロースアップや、彼が管理するアパートの名称「Bird of Paradise Apartment」(極楽鳥アパートメント)はウォン・カーウァイ(王家衛)の『欲望の翼』(一九九〇年)を強く意識していることをうかがわせる。だが、この評において興味深いのは「村上春樹のフィクションが映画アダプテーションに適していないと一部の人間が考えるのにもっともな理由がある」[74] と評者が結論づけている点である。文中では悪例として本作を挙げるのみで「もっともな理由」の中身が具体的に説明されることはないが、村上が一〇年以上の沈黙を経て二〇〇〇年代なかばに映画への原作提供の許諾を再開して間もないこの時期に、すでに村上の原作を参照点として映画を評価する姿勢が定着していたことは興味深い。アメリカで村上原作の映画アダプテーションが高評価で迎え入れられるには、バラク・オバマ元大統領が二〇一八年のお気に入り映画リストの一作に挙げて話題を呼んだ『バーニング 劇場版』(イ・チャンドン監督、二〇一八年)[75]やアカデミー国際長編映画賞を受賞した『ドライブ・マイ・カー』(濱口竜介監督、二〇二一年)まで待たなければならない。ちなみに日本では、二〇一〇年一二月に劇場公開された別の村上作品の映画アダプテーション、『ノルウェイの森』(トラン・アン・ユン監督)の前評判に便乗するかのように同年一〇月に本作が公開されている。

阪神大震災とオウム真理教事件という一九九〇年代の日本の社会的コンテクストを背景にもつ村上の小説と二〇〇〇年代のポスト9・11の背景に根ざした映画を対照させることは、映画内で描かれるアイデンティティーや宗教の位置づけをめぐる社会的な意味をあきらかにするのみならず、小説が明示することなく露呈させている日本社会の新興宗教に対する態度を鏡のように映しだす。いわば、日本のコンテクストの内側からは見えにくい原作小説のもつ新興宗教に対する意識が、異なるコンテクストで改変された映画と見比べることによってあぶりだされるという、小説とは異なる映画独自の批評性さえも見出すことができる。二〇一〇年代以降、村上作品の映画アダプテーションはにわかに活発化し、国内でも複数の映画化が行われただけでなく韓国やフランスでも作品が生まれている。それらのアダプテーションをつぶさに検討するさいにも、社会や文化のコンテクストに目をむけることは有意義ないとなみであるはずだ。

▽1 村上春樹『村上春樹全作品1990~2000③短篇集Ⅱ』講談社、二〇〇三年、二七五頁。

▽2 ルービンによれば、英語の作品名としては非標準的なすべて小文字の表記は村上の意向によるものだという。Jay Rubin, *Haruki Murakami and the Music of Words*, Harvill Press, 2002, p. 255.

▽3 竹林滋ほか編『新英和大辞典』六版、研究社、二〇〇二年、二〇一〇頁。

▽4 大和田俊之「Murakami in the Aughts〈ゼロ年代〉のアメリカの村上春樹」『ユリイカ』四二巻一五号、二〇一〇年、八四頁。

▽5 "Directors: Robert Logevall," Milkshake Media, accessed October 29, 2022, https://milkshakeme.com/director/robert-logevall/.

▽6 Kaori Shoji（庄司かおり）, "First-Time Director Takes on Murakami," *The Japan Times*, October 22, 2010, https://www.japantimes.co.jp/culture/2010/10/22/films/first-time-director-takes-on-murakami/.

▽7 福島絵美「短編原作映画をまだまだ見比べよう。」『BRUTUS』四二巻二〇号、二〇二一年、七四頁。

▽8 近「オールザットシネマ　神の子どもたちはみな踊る」『読売新聞』二〇一〇年一〇月二九日夕刊、一一面。

▽9 川﨑佳哉編著『村上春樹　映画の旅』フィルムアート社、二〇二二年、八〇頁。

▽10 村上春樹『神の子どもたちはみな踊る』新潮社（新潮文庫）、二〇〇二年、八一／八三頁。

▽11 同、九一頁。

▽12 Scott Coffey, "K-Town Super Frog," screenplay, Simply Scripts, January 2006, https://www.simplyscripts.com/scripts/K-TOWNSUPERFROGJan06.pdf. 以下、映画ないし脚本からの引用は必要に応じて筆者が日本語訳を行うが、映画に登場するセリフは『神の子どもたちはみな踊る』DVD（ハピネット、二〇一一年）の佐藤恵子による日本語字幕に依拠する。

▽13 Jeremy Kay, "Adam Rifkin's Look Takes Grand Jury Prize at CineVegas," *Screen Daily*, June 18, 2007, https://www.

screendaily.com/adam-rifkins-look-takes-grand-jury-prize-at-cinevegas/4033157.article.

▽**14** Coffey, "K-Town Super Frog," cover page.

▽**15** Jeremy Kay, "Roberts to Produce, May Star in Happiness Sold Separately," *Screen Daily*, December 13, 2006, https://www.screendaily.com/roberts-to-produce-may-star-in-happiness-sold-separately/4029927.article.

▽**16** 竹林ほか『新英和大辞典』三六九頁。

▽**17** 三浦哲哉「アメリカ映画になった村上春樹　映画版『神の子どもたちはみな踊る』が示す「僕」の位相」『ユリイカ』四二巻一五号、二〇一〇年、一八〇頁。

▽**18** 同、一七九頁。

▽**19** 同、一八一頁。

▽**20** 加藤典洋『村上春樹は、むずかしい』岩波書店、一四六頁。

▽**21** 風間賢二「ベストセラー快読　『神の子どもたちはみな踊る』」『朝日新聞』二〇〇〇年四月九日朝刊、一面。

▽**22** 三浦玲一『村上春樹とポストモダン・ジャパン――グローバル化の文化と文学』彩流社、二〇一四年、一四頁。

▽**23** 貴堂嘉之『移民国家アメリカの歴史』岩波書店、二〇一八年、ebook。

▽**24** 同。

▽**25** 米村みゆき「「やみくろ」はどのように表象されるのか――『神の子どもたちはみな踊る』におけるフィルム・アダプテーション」石田仁志／アントナン・ベシュレール編『文化表象としての村上春樹　世界のハルキの読み方』青弓社、二〇二〇年、二六〇―二六一頁。

▽**26** 村上『神の子どもたちはみな踊る』八五頁。

▽27 同。
▽28 山田潤治「「神の子どもたちはみな踊る」村上春樹　「よのつねならぬ」小説」『文學界』五四巻五号、二〇〇〇年、二六三頁。
▽29 福田和也「「正しい」という事、あるいは神の子どもたちは「新しい結末」を喜ぶことができるか？——村上春樹『神の子どもたちはみな踊る』論——」『文學界』五四巻七号、二〇〇〇年、一九一頁。
▽30 新宮一成／立木康介編『フロイト＝ラカン』講談社、二〇〇五年、八〇—八五頁。
▽31 村上『神の子どもたちはみな踊る』一〇九—一一〇頁。
▽32 同、一八四頁。
▽33 中村三春『フィクションの機構2』ひつじ書房、二〇一五年、三〇七頁。
▽34 河合恒「村上春樹「神の子どもたちはみな踊る」論—世界と共振する〈踊り〉—」『國學院雑誌』一〇七巻六号、二〇〇六年、二二頁。
▽35 村上『神の子どもたちはみな踊る』一〇七頁。
▽36 Susan Hayward, *Cinema Studies: The Key Concepts*, 3rd edition, Routledge, 2006, p. 94.
▽37 村上『神の子どもたちはみな踊る』一一一頁。傍点は原文どおり。
▽38 Kaori Shoji（庄司かおり）, "'All God's Children Can Dance': Dancing in Sync with the Original," *The Japan Times*, October 29, 2010, https://www.japantimes.co.jp/culture/2010/10/29/films/film-reviews/all-gods-children-can-dance/.
▽39 同。
▽40 米村「「やみくろ」はどのように表象されるのか」二六三頁。
▽41 Coffey, "K-Town Super Frog," p. 64.

▽42 村上春樹「三〇〇万人の大学141　青山学院大学――危機に瀕した自治とキリスト教精神」『朝日ジャーナル』二四巻五号、一九八二年、四四―五〇頁。

▽43 中村『フィクションの機構2』三〇五頁。

▽44 中野和典「震災と信仰――村上春樹「神の子どもたちはみな踊る」論――」『近代文学論集』四〇号、二〇一四年、七一頁。

▽45 村上『神の子どもたちはみな踊る』九八頁。

▽46 同、八三頁。

▽47 同、八七頁。

▽48 同、九〇頁。傍点は原文どおり。

▽49 同、八七頁。

▽50 Haruki Murakami, *after the quake*, trans. Jay Rubin, Vintage, 2003, p. 45.

▽51 Ibid.

▽52 Murakami, *after the quake*, p. 47.

▽53 Ibid.

▽54 Gerrie F. Snyman, "The Narrative Erasure of Adam in Cain's Birth in Gen. 4:1. Some Notes on Eve, Sex, and Vulnerability," *Scriptura*, no. 119, 2020, pp. 4-5.

▽55 Murakami, *after the quake*, p. 52.

▽56 安志那「「カルト」と新宗教の間――『1Q84』における新宗教の表象」『1Q84スタディーズ BOOK 2』若草書房、二〇一〇年、一五八頁。

▽57 同、一七九頁。

▽58 堀井一摩「村上春樹とカルトの不気味な関係——『1Q84』の免疫学」『1Q84スタディーズ BOOK 2』若草書房、二〇一〇年、一九六頁。

▽59 堀内一史『アメリカと宗教　保守化と政治化のゆくえ』中央公論新社、二〇一〇年、ⅰ頁。

▽60 藤原聖子『現代アメリカ宗教地図』平凡社、二〇〇九年、三三頁。

▽61 堀内『アメリカと宗教』二二頁。

▽62 同、一〇頁。

▽63 Coffey, "K-Town Super Frog," p. 24.

▽64 村上『神の子どもたちはみな踊る』八六頁。

▽65 Murakami, *after the quake*, p. 45.

▽66 村上『神の子どもたちはみな踊る』八二頁。

▽67 同、九八頁。

▽68 「ルカによる福音書」『口語訳聖書』一九五四—一九五五年〈http://bible.salterrae.net/kougo/pdf/luke.pdf〉。

▽69 同。

▽70 村上『神の子どもたちはみな踊る』八九頁。

▽71 同、一〇一頁。

▽72 中村三春『〈原作〉の記号学　日本文芸の映画的次元』七月社、二〇一八年、二〇七—二〇八頁。

▽73 Robert Koehler, "*All God's Children Can Dance*," *Variety*, July 13, 2007, https://variety.com/2007/film/reviews/all-god-s-children-can-dance-1200557848/. 日本語訳は引用者による。

▽74 同。

▽75 Ryan Gilbey, "Why Mesmerising Mystery Film Burning Is an Obama Favourite," *The New Statesman*, UK edition,

February 4, 2019, https://www.newstatesman.com/culture/film/2019/02/why-mesmerising-mystery-film-burning-obama-favourite.

第7章　ノルウェイの森

ノスタルジアの回避とグローバル・アート・シネマ

ベストセラー小説『ノルウェイの森』（一九八七年）は長らく映像化が期待されてきた作品である。刊行翌年の一九八八年には早くもフジテレビが映像化権を獲得したらしいという情報がメディアをにぎわせており、期待と不安の両方が垣間見える。『ザ・テレビジョン』では匿名の座談会形式で『ノルウェイの森』の映像化が話題にのぼり、「微妙な心理を描いた小説だけにかなり苦労するでしょうね」▽1と原作の翻案しにくさに対する懸念が語られる。また、漫画家の萩尾望都は「タイプ的にはタルコフスキー、ベルイマン、ピーター・ウェア、リドリー・スコット。そういうレベルで。で、邦画ではというと……邦画では黒澤明だ。だが黒澤はスペクタクルやダイナミックなドラマは撮っても学生のラブ・ストーリーを撮る型《タイプ》ではない」▽2と主にアート・シネマの分野で国際的に評価される映画監督の名前を挙げて映像化に対する希望を語る一方で、日本映画界における決定的な人材不足を嘆いている。しかし結局このとき映像化は実現せず、実際に映画として結実するのは二二年後の二〇一〇年であった。そして奇しくも再びフジテレビが製作に携わることになった。

トラン・アン・ユン監督による映画『ノルウェイの森』(二〇一〇年)はアスミック・エースとフジテレビの製作であり、東宝によって配給された。本作の映画化を希望するトランの希望を受けてまずアスミック・エースの小川真司がトランともに村上の許諾を得たのち、フジテレビの亀山千広に共同製作をもちかけたという経緯をもつ。[3] 映画に対する出資には上記の二社のほか「『ノルウェイの森』パートナーズ」として講談社、産経新聞、WOWOW、電通、住友商事が参加しており、一九九〇年代後半以降の日本映画に特徴的な製作委員会方式が採用された例である。[4]

フジテレビは一九六〇年代末に映画事業に参入したが、バブル期の一九八〇年代後半以降コンスタントに映画製作を行ってきた。とりわけ二〇〇〇年代後半の日本映画はテレビ局製作の大作映画が数多く作られており、フジテレビは二〇一〇年公開作だけでも一二本の製作に携わっている。[5] フジテレビの映画作品は近年では自社のテレビドラマとの連動作で知られるが、文芸作品のアダプテーションも多く手がけており、二〇一〇年前後だけでも『ノルウェイの森』のみならず、『ヴィヨンの妻　桜桃とタンポポ』(根岸吉太郎監督、太宰治原作、二〇〇九年)や『サヨナライツカ』(イ・ジェハン監督、辻仁成原作、二〇一〇年)などを製作している。

このように本作は当時における主流の製作形態が採用された典型的な日本映画である。全編日本国内で撮影されており、セリフも日本語である。にもかかわらず、ベトナム出身でフランス国籍をもつトランが監督を務めたほか、撮影監督には台湾人のリー・ピンビン（李屏賓）、音楽監督には英国のバンドであるレディオヘッドのジョニー・グリーンウッドといった国際的なスタッフが集められている。キャストにおいては映画『バベル』（アレハンドロ・ゴンサレス・イニャリトゥ監督、二〇〇六年）でのアカデミー賞助演女優賞ノミネートをきっかけに日本国内でも注目されるようになった菊地凛子や、トランの妻イェンケ・リュゲルヌ（トラン・ヌー・イェン・ケー）に似たエギゾティックな顔立ちのアメリカ出身のモデル水原希子が起用されている。「純然たる〝日本映画〟と呼ぶには語弊があるほどインターナショナルな才能が結集し完成した」[▽6]と喧伝される本作は、いうなればかつて萩尾望都が期待したようなかたちで一般的な日本映画とは異質の作品、とりわけ外国のアート・シネマに擬態した作品としてアダプテーションが行われているのである。日本での劇場公開に先立ってヴェネツィアとトロントの国際映画祭で上映されるという、『萌の朱雀』（河瀬直美監督、一九九七年）以来の日本のアート・シネマ作品に特徴的なマーケティング手法にもまた本作の擬態への志向が見受けられる。

製作総指揮を務めたフジテレビの亀山が「今までの僕らのものとは全く違う柱というか、佇《たたず》まいの作品ができたという感じですね」[▽7]と述懐するとおり、異質さは作品そのものにおいても鍵となる特徴である。次節では、まず映画におけるこのような異質さへの擬態の様相をあきらかにし、先行する日本文学とは異質の存在として売りだした村上春樹の文学を映像化するうえでの戦略としてそれを位置づけたい。続いて第2節では、映画における異質さの演出を同時代の日本映画に広く浸透した昭和ノスタルジアとの対比を通してあきらかにする。

一方、脚本から映像にいたるまでの過程に注目すると、映画『ノルウェイの森』は単に日本映画らしくなさを演出しているのみにとどまらず、日本のポピュラー映画とグローバル・アート・シネマという二つの方向性に分裂した作品であることが見えてくる。第3節では撮影台本および「コンプリート・エディション」と冠された本作の日本版ブルーレイ・ボックスに収録されている二種類のバージョンの比較を行い、構想から劇場公開にいたるまでに本作が経た変化の過程をめぐる考察を展開する。劇場公開版においてアート・シネマの特徴である時系列の複雑さが失われ、原作を直線的になぞる時間構造に書きかえられていることは、本作が商業映画としての制約に縛られていることを示す。日本映画とは異質の部分を強調しながらも、本質的には日本の商業映画の枠組みにはまった作品であることが分析を通してあきらかになるだろう。

1　グローバリゼーションにおける真正性と擬態

ここまで私は監督のトラン・アン・ユンを「トラン」という名字で呼称してきたが、そもそもベトナムに出自をもつ彼の名前をこのように呼ぶことが不適切であることを最初に告白しておかなければならない。彼の名前 Trần Anh Hùng のベトナム語における発音は、カタカナで表記するとすれば「チャン・アイン・フン」に近い。[8] 破擦音のない「トラン」や、hの脱落した「ユン」という発音は、フランス語の影響を色濃く反映している。また、映画のエンド・クレジットでの英語表記は「Tran Anh Hung」とベトナム語のアクセントを完全に無視したものになっており、本来の発音からいっそうかけ離れたものになっている。だからこそ、四方田犬彦はトランの名前の漢字表記が「陳英雄」であることを指摘したうえで、一貫して「チャン」という呼称を用いている。[9] 四方田のこのような呼称に対するこだわりは、本来の発音をカタカナという不完全なかたちであれ少しでも正しく反映させようとする配慮にほかならない。

だが、ベトナムでは「チャン」のように名字を呼称に用いることは必ずしも一般的ではない。王族の名前にあわせて国民が改姓した歴史をもつベトナムでは、同じ名字が多くの人口によって共有されており、名字だけでは個人を区別することが難しい。そのため、知りあい同士でなくとも姓名の下の名前、特に漢字で書けば下の名前の二文字目にあたる部分だけで呼びあうことが、その文字が一般的すぎる場合などの例外をのぞいては慣例となっている。もし「チャン・アイン・フン」という名前をベトナム語のルールに従って呼ぶとすれば、「フン」で言及する必要がある。だが「トラン・アン・ユン」というフランス語風の表記は、デビュー作の『青いパパイヤの香り』（一九九三年）が日本劇場公開された一九九四年から用いられてきたものである。[10] 日本語のメディアで「フン監督」と書いたところで誰を指しているのかわかりにくいだろう。黒田邦雄がトランの作家論の中で一貫して「アン・ユン」という下の名前による呼称を用いているのは、ベトナム語における呼称の正しさと日本の読者にとってのわかりやすさの両立を図った苦肉の策である。[11]

このように名前の呼称一つとっても言葉の正しさという真正性（authenticity、本物であることなどの意）の問題を追求すればきりがないのであるが、ベトナム戦争のさなか四歳でベトナムを離れてラオスに移住し、一二歳でフランスに亡命した越僑であるトラン・アン・ユンの呼称をベトナム語としてオーセンティックなものにしようとする試みは、ベトナムで生まれた出自ばかりに必要以上の力点をおくものであるように思われる。それは、ちょうど長崎で生まれてイギリスで育った作家であるカズオ・イシグロの名前を「石黒一雄」こそが正しい表記であるべきだと主張するような民族主義的なものへの固執にさえも見える。

むしろ、夏目深雪が「「どこにも属さない」人間たちが浮遊する映画」と彼の作品群を評したように、トランの映画作りにより直接的に関係するのは彼の「越境者」としてのアイデンティティーである。[12]『青いパパイヤの香り』はベトナムを舞台としながらも全編フランスで撮影され、ベトナムロケが行われた『シクロ』（一九九五年）と『夏至』（二〇〇〇年）はともにフランス資本の入った国際共同製作である。『シクロ』では香港人スターのトニー・レオン（梁朝偉）が寡黙なベトナム人のやくざを演じて母語でないベトナム語のセリフを発し、アメリカ、日本、韓国のスターをそろえた四作目の『アイ・カム・ウィズ・ザ・レイン』（二〇〇九年）は製作資本の面でも、物語の舞台の面でも、キャストの面でも国籍を一つに定めるのはもはや不可能である。以上の四作すべてに出演したイェンケ・リュゲルヌは夫と同じく越僑であり、強いフランス訛りをもったベトナム語を話すことからベトナム国内での評価は低い。[13]『ノルウェイの森』にいたるまでのトランの映画はいずれもナショナル・シネマの概念にゆさぶりをかけ、作中で描かれる国や文化の真正性を疑問に付してきたといえる。

このような意味でトランは典型的なグローバル・アート・シネマの監督の一人である。ロザリンド・ゴルトとカール・シューノヴァーが示すとおり、国際映画祭で流通し、シネフィル（映画愛好家）の観客によって国籍や文化を越境して消費されるグローバル・アート・シネマは「グローバル」という形容詞を冠するまでもなく本質的にグローバルな文化と密接に関わる概念である。[14]ナショナル・シネマの枠組みの中では国内の観客むけに作られたポピュラー映画さえも国外の映画祭の文脈においてはアート・シネマとして受容されるという事実は、アート・シネマが内容面での類似性を備えたジャンルではなく、グローバルな流通を前提としたものであることを示している。[15]

もちろん、ここでいう「グローバル」とは主要な国際映画祭の開催地となる西ヨーロッパと北米を中心とする先進国地域に限定されたものにすぎない。かつて一九六〇年代当時「ヌーヴェル・ヴァーグ」や「作家の映画」と称されたアート・シネマは、体制によって許容された範囲の内側でしか自己表現や実験性を発揮できなかったことから、結局は資本主義をはじめ体制側の価値観を再生産するものでしかないと評したアルゼンチンの映画監督フェルナンド・ソラナスとオクタビオ・ヘティノの批判は今日でも一定の有効性をもっているだろう。[16]四方田犬彦がトランの作品におけるアジア表象について「欧米の観客が「よい対象」として受け入れる、こうあってほしいアジアの映像にほかならない」[17]と否定的に評価しているのも、彼の映画が属するグローバル・アート・シネマが欧米の価値観に軸足をおいたものであることの証左である。

村上自身、デビュー以来それまでの日本文学とは異質な「アメリカ小説の翻訳のように見える」文体や内容が注目されてきた。[18] 高校生のころから「派手な表紙のミステリーとかSF」といった英語の通俗小説を「一山いくらで買ってきて、意味がわかってもわからなくても、片端からがりがり乱暴に読んでいきました」というように海外小説の豊富な読書体験をもつほか、[19] 処女作『風の歌を聴け』（一九七九年）の書きだしを英語で書いたというエピソードも有名である。かたや、映画『ノルウェイの森』はあくまで当時の日本の商業映画において典型的な製作形態により、日本国内の観客を想定して作られた映画である。にもかかわらず、外国人監督およびスタッフの起用や国際映画祭への出品を通してグローバル・アート・シネマの作品であるかのように振舞っている。これにより、日本文学における村上の異質さと呼応するかたちで、本作は同時代の日本映画からの異質さが強調される結果となった。次節では、本作の異質さがもっとも顕著に見られる部分として二〇〇〇年代なかば以降の日本映画における昭和ノスタルジアからの逸脱に着目し、一九六〇年代末から一九七〇年代初頭の時代を描く本作がどのようにノスタルジアを回避しているかを映像テクストに即して示したい。

2　固有名詞の少なさと昭和ノスタルジアの回避

『ノルウェイの森』が映画化された二〇〇〇年代末は、経済の低迷期が続く日本社会において昭和の高度経済成長期がノスタルジックな注目を集めていた時期でもあった。映画やテレビをはじめとするメディアにおいては、特に二〇〇〇年以降に昭和を懐古する作品群がとみに見られるようになり、日高勝之はこのブームを「昭和ノスタルジア」[20]と称している。昭和三〇年代の東京の下町を舞台とする『ＡＬＷＡＹＳ　三丁目の夕日』（山崎貴監督、二〇〇五年）のヒットは当時社会的に共有されたノスタルジアを色濃く示す例であろう。このような過去に対する執着は、経済的な混迷に直面した日本人が抱くアイデンティティーをめぐる不安の反映であると指摘されている。[21]

『ノルウェイの森』と前後して作られ、同じ時代を舞台とする日本映画においてノスタルジアへの志向は過剰なまでの時代風俗への言及というかたちで見ることができる。たとえば、村上龍の小説を原作とする『69 sixty nine』（李相日監督、二〇〇四年）では主人公が映画館に『荒野のダッチワイフ』（大和屋竺監督、一九六七年）を見に行き、家では父親が深夜番組『11ＰＭ』（一九六五〜一九九〇年）に見入る。さらに当時の流行歌がサウンドトラックに用いられるだけでなく、登場人物が「フランシーヌの場合」（一九六九年）の替え歌やクリームの「サンシャイン・ラヴ」（一九六七年）を歌い、校内放送で「オー・チン・チン」（一九六九年）を流すなど物語上でも焦点化されている。

図1, 2　『69 sixty nine』

図3　『マイ・バック・ページ』

ザ・タイガースが出演するテレビ番組を主人公が見るシーンが挿入される一方で担任の教師を同バンドの元ベーシストである岸部一徳が演じるというジョークに代表されるように、一九六〇年代の映画や音楽への言及は単なるリアリズムというよりは当時の風俗に関する観客の背景知識を積極的に喚起するねらいをもっている［図1、2］。

一方、実際の事件にもとづき、よりリアリズムに即した演出が行われる『マイ・バック・ページ』（山下敦弘監督、川本三郎原作、二〇一一年）においても昭和のメディア文化が大きく強調されている。ピンキーとキラーズの「恋の季節」（一九六九年）があたかも時代を示す符牒であるかのように「1969年」というテロップとともに挿入される［図3］ほか、雑誌記者の主人公と取材対象である学生運動家とのあいだに信頼関係が生まれるシーンでは二人がCCR（クリーデンス・クリアウォーター・リバイバル）の「雨を見たかい」（一九七〇年）を共に歌う。また、主人公はオールナイトの上映で『洲崎パラダイス　赤信号』（川島雄三監督、一九五六年）を鑑賞し、後年映画評論家になった主人公は『十九歳の地図』（柳町光男監督、一九七九年）の試写に出席する。『ファイブ・イージー・ピーセス』（ボブ・ラフェルソン監督、一九七〇年）におけるジャック・ニコルソンの涙は劇中で繰り返し言及され、物語の鍵となっている。

『ノルウェイの森』における当時の風俗への言及は、原作小説と比べてもきわめて限定的である。村上の原作ではオールナイトで見る『卒業』（マイク・ニコルズ監督、一九六七年）[22]をはじめ主人公のワタナベは何度か映画館に足を運ぶ。会話においても「なんだか『カサブランカ』みたいな話よね」[23]とレイコが比較的昔の映画を喩えに使う一方で、ワタナベが言及するダスティン・ホフマンも『サウンド・オブ・ミュージック』（ロバート・ワイズ監督、一九六五年）もレイコは知らないというように、[24]人物同士の年齢差やレイコの世間からの隔絶を示す役割で映画が用いられる。[25]また「パゾリーニの映画」を見て理解したつもりになる大学生たちの「インチキ」さ、[26]「ディズニー・ウォッチ」[27]をつけた緑の無邪気さなど、映画の引喩は一九六〇年代末当時の日本の学生文化をリアルに描きだすとともに、登場人物の造型や関係性を間接的に示唆する役割をになう。

これに対し、映画における映画への言及は「1967」とテロップが表示される冒頭の高校時代のシーンで一九六七年の東宝映画『レッツゴー！若大将』（岩内克己監督）のポスターを掲げた映画上映会の看板がかろうじて背景に目視できる程度である［図4］。カメラは手前にいる白い制服を着た登場人物たちの動きにあわせて激しく動き、観客の視線を看板に誘導することはない。またポスターには「7月22日」という上映会の日付とともに併映の「日本の一番《〔ママ〕》長い日」の文字が読めるが、『日本のいちばん長い日』（岡本喜八監督、一九六七年）の封切は一九六七年八月三日であり、時代錯誤を犯している。

とはいえ、作品のタイトルにもなっており、作中でもレイコが歌う「ノルウェーの森」（一九六五年）は実在する曲であり、一九六〇年代の風俗に関する固有名詞の排除という映画の傾向における例外と見なせるかもしれない。しかしザ・ビートルズのほかの曲もふんだんに登場する小説とは異なり、映画においてはザ・ビートルズというバンド名や「ノルウェイの森」という曲名すら作中の会話には出てこない（「ノルウェイの森弾いてくれない?」という直子のセリフは後述のエクステンデッド版にあるのみで、劇場公開オリジナル版ではカットされている）。物語の時代設定と同時代の楽曲はほかにも使用されているが、大半がサウンドトラックとして挿入されるのみである。[28] とりわけ、当時の時代背景に対する数少ない言及の一つである早稲田大学の学生デモのシーンで挿入されるCANの「Don't Turn the Light On, Leave Me Alone」（一九七〇年）は、沖縄返還を要求するデモ隊のかけ声をロックの音楽を重ねることで聞きとりにくくする。曲のタイトルに含まれる「Leave Me Alone」（放っておいてくれ）という文言どおり、この楽曲の挿入は当時の雰囲気を演出する目的というよりは、ワタナベが学生運動に対してとっている距離感を際立たせ、デモの言葉がワタナベの耳に入らないさまを象徴するものである。福田和也が劇中の学生運動について「『背

図4 『ノルウェイの森』

景』にしか見えない」[29]と評しているのも、デモ隊のかけ声にサウンドトラックが重なって主張の内容が伝わりにくくなっていることと関係しているだろう。同様に、学生たちが演劇史の講義を中断させるシーンでも、小説に登場する「欺瞞的総長選挙を粉砕し」「あらたなる全学ストへと全力を結集し」「日帝＝産学協同路線に鉄槌を加える」[30]という当時の左翼学生の言葉遣いを模した文面のアジビラが割愛されることで、学生たちが何を主張しようとしているのかが曖昧にされている。

このような比較は、ある意味フェアではないのかもしれない。『69 sixty nine』や『マイ・バック・ページ』は六〇年代という時代を中心的な主題としている作品だが、小説の『ノルウェイの森』は村上自身が折にふれて「いろんな意味で60年代の話じゃない。僕は60年代に状況設定したほうが、今という時代に設定するより、もっとリアルじゃないかという気がした。「昔むかし……」といったような寓話《ぐうわ》性が、60年代をマクラにしただけで出てきた」[31]という趣旨の発言をしているとおり、時代風俗の描写に主眼をおいた小説ではない。それでも「「六〇年代」という時代そのものが隠れた主人公」[32]と見なす川本三郎や、「村上がこの小説で描きたかったのは、この六〇年代へのオマージュなのかもしれない」[33]と考える宮脇俊文のように、小説の舞台となる一九六〇年代末という時代に着目し、作中で主人公が経験する喪失に過ぎ去った時代への追憶を重ねる評者はあとを絶たない。このことは作中に見られる一九六〇年代という時代背景への言及が一九八〇年代以降の日本において十分にノスタルジアを喚起するものであったことを示唆している。

これに対し、映画における固有名詞の排除は「原作にちりばめられた同時代サブカルチャーのイコンも巧妙に隠し［…］、生の再現ではない69年の空気を、まるで無国籍に無時代に創出する」[34]と評されるとおり、一九六〇年代日本の風俗のリアリスティックな再現やこの時代に対するノスタルジアの喚起を拒むものである。越境者としてのアイデンティティーをもつトランをはじめ多国籍のスタッフが独自のイメージで作りあげた映画における一九六〇年代は、単なる舞台装置でしかないという点において「60年代をマクラにしただけ」という原作者の本来の意図に接近している。村上自身、『ノルウェイの森』ブームの社会現象化に嫌気がさして一九八〇年代末に海外生活をはじめるとともに、一九八九年の『羊をめぐる冒険』（一九八二年）の英訳出版、一九九〇年九月の「TVピープル」（一九八九年）英訳の『ニューヨーカー』誌掲載を出発点に「「日本人の作家」であるという事実をテクニカルな意味あいで棚上げし、アメリカ人の作家と同じ土俵に立ってやっていこう」と決心する。[35]トランと状況は異なるものの、日本人作家としてではなく英語圏における越境作家として自己の確立を目ざした村上は、一九九〇年代以降のアメリカを中心とするグローバリゼーションという世界的な流れに活躍の場を求めていた。トランによって映画化された『ノルウェイの森』は、原作者がその後より明確に示すことになるグローバルな志向の萌芽をすくいあげたと解釈できるのではないか。

実際、トランの映画における時代の表現は、二〇〇〇年代のグローバル・アート・シネマで描かれる一九六〇年代との親和性をより強く示している。その一例は、トランの妻イェンケと安宅紀史が担当した美術デザインにおいて特徴的に見られるミッド・センチュリー・モダンと呼ばれる様

図５　『花様年華』

図６　『ノルウェイの森』

式である。撮影用のセット制作についてイェンケは「安宅紀史さんが多くの資料を見せてくれたし、ジャン・プルーヴェやイームズの家具からもインスピレーションを得ました。ただ時代を再現するのではなく、登場人物たちの感情に宿っている美を最大限引き立てる空間を造り出すことに心を砕きました」と語っている。▽36 ミッド・センチュリー・モダンは「家事をサポートし便利にする家電が、全世界の家庭に普及していた時代に、余暇を楽しみ生活を豊かに演出する意図から生まれたインテリア」であり、一九六〇年代に活躍したアメリカ人のチャールズ・イームズのデザインや、ハンス・ウェグナーやアルネ・ヤコブセンらが手がけた北欧家具に代表される。▽37 イェンケが言及したフランスのジャン・プルーヴェも同系統のデザイナーである。

ミッド・センチュリー・モダンを基調とする本作の美術デザインは、一九六〇年代香港を舞台とするウォン・カーウァイ監督作品『花様年華』（二〇〇〇年）や『２０４６』（二〇〇四年）に登場するミルクガラスをはじめとするアンティーク食器類〔図５、６〕、20世紀フォックスのインディペンデント部門だったFox 2000 Picturesが製作した『恋は邪魔者』（ペイトン・リード監督、二〇〇三年）で用いられる家具〔図７、８〕などといった、一九六〇年代を舞台とするグローバル・アート・シネマ作品に共通点が見出される。つま

図7　『恋は邪魔者』

図8　『ノルウェイの森』

り本作における過去の表象は、時代の符牒となる固有名詞の提示を通して昭和ノスタルジアを演出する同時代の日本映画ではなく、一九六〇年代当時欧米から世界に広まったミッド・センチュリー・モダンを参照点とするグローバル・アート・シネマの文脈に位置づけられるべきものである。もう一人の美術監督である安宅が「トラン監督の映画『ノルウェイの森』の中だけにある、ある種ファンタジックな70年代の空気感」[38]と若干の揶揄さえ感じさせる表現で述べるように、それは必ずしも実際の当時の日本の風俗を忠実に描くものではない。

　トラン自身が「物語をノスタルジックにせず、ワタナベが哀しみを哀しみ抜く内容にしたかった」[39]と語るとおり、映画『ノルウェイの森』は同時代の日本映画のノスタルジアとは一線を画すものである。夏目深雪の評にある「日本を異化し「どこでもない場所」を立ち上げてしまう」という印象は、[40]昭和ノスタルジアとは距離をおいた本作のグローバル・アート・シネマに通じる演出や美術によって生みだされたといえよう。しかし、本作のグローバル・アート・シネマとの親和性はあくまで異質さを演出するための〈擬態〉にすぎず、実際のところ本作は製作形態においても構造面においても典型的な日本の商業映画の慣例に従っている。〈擬態〉として作りだされた異質さは、特定のローカルな文化に位置づけることのできない意味消滅の場といってもよい。日本国内の市場に対しては生活臭やノスタルジアを欠いた日本映画らしくない作品として映り、国際映画祭に代表されるグローバル・アート・シネマの文脈においては洗練されてはいるものの従来のエギゾティックな日本像を覆すことはなく、現代とは異質な日本のイメージとして流通するものである。しかし、このように国を越えて生産・流通するイメージの容れ物となる物語の構造は、日本の商業映画というグローバルな近代化の中で生みだされた生産システムに支えられている。次節ではそのことをあきらかにしたい。

3　脚本およびエクステンデッド版との比較に見る時系列の異同

二〇一一年六月に発売されたブルーレイ『ノルウェイの森　コンプリート・エディション』には、二時間一四分の劇場公開オリジナル版のほかに二時間三〇分のエクテンデッド版が収録されている。プロデューサーの小川によれば、トランの編集によるエクステンデッド版が完成版として先に作られ、討議の結果、劇場公開にむけて再びトランの手によって短く再編集が行われたという。[▽41] さらに、エクステンデッド版に先立ち「脚本通りにつなげたバージョン」が三時間半あったと小川は語っている。[▽42] トランが書いた脚本については、初稿の段階で村上がコメントをつけ「いくつかのエピソードをシナリオとして書いてみた」が、トラン独自の美学を尊重して「すぐにひっこめ」た経緯がある。[43]それでも「村上さん自身が足した会話も作品に反映されている」[44]とトランは語っており、原作者の関与が皆無というわけではない。原作者のフィードバックも織りこんで決定稿にいたった脚本から映画のエクステンデッド版、そして劇場公開版までの変遷は、一般的な映画制作の行程を示すのみならず、グローバル・アート・シネマの映画作家であるトランの構想する作品像に日本の商業映画の観点から修正を加えていく過程であったと考えられる。

脚本から映画へのもっとも顕著に見られる変化は、時間の流れの単純化である。三七歳のワタナベの回想という「原作の特徴である枠物語の構造を廃した」[45]点は原作と映画の違いとしてしばしば指摘される。ところが、小説とは違ったかたちではあるものの脚本の段階では回想の構造は残されている。以下は、脚本のオープニングにあたるシーンである。

1　現代の東京（夜）

美しい東京の夜景。

激動する巨大都市。

ワタナベ（ナレーション）「1969年の夏。二十歳になろうとしていた僕はその時恋をしていてその恋はひどくややこしい場所に僕を運び込んでいた」

人や車の洪水。

林立するビル群。

ワタナベ（ナレーション）「今思えば確かに奇妙な日々だった。生の真っただ中で、何もかもが死を中心に回転していた」

無数の明かり。

果てしなく続く複雑な線と形――。▽46

このオープニングでは「現代の東京」の夜景が映しだされるなか、小説の第一章にある「おまけに僕は恋をしていて、その恋はひどくややこしい場所に僕を運びこんでいた」▽47および第二章の末尾「それは今にして思えばたしかに奇妙な日々だった。生のまっただ中で、何もかもが死を中心にして回転していたのだ」▽48にもとづくワタナベのナレーションが挿入される。ハンブルク空港に飛行機が降りたつ小説の冒頭とは大きく異なるものの、「人や車の洪水」「林立するビル群」といった人や建物を集合体として鳥瞰的にとらえた表現は、あたかも街の様子を上空から見おろしているかのような印象を与えており、飛行機に乗った三七歳のワタナベの目線が意識されている。このシーンの直後には、「2 草原 夜明け」のシーンが続き、小説と同様に直子が草原でワタナベに井戸の話をする回想が挿入される。▽49小説における「十八年という歳月が過ぎ去ってしまった今」▽50にあたる一九八七年とは異なるものの、ワタナベのナレーションは「現代の東京」という「今」の視点から「その時」である「1969年の夏」を回想するものであることが明確にされている。中村三春は過去形で語られるナレーションが映画に「回想のニュアンスを滲ませ」ていることを指摘しているが、[51] これは脚本から映画になる段階で失われた回想構造の名残りにほかならない。

トランはオープニングにおける回想構造の撤廃について「一番難しい選択」だったと語り、ノスタルジックな視点をなくすために必要な改変であったと理由を説明する。[52] だが、プロデューサーの小川に対する取材では「冒頭にあった草原での回想シーンを、小川はあえて外した。映像がいま一つだったことと、ジョゼと同じことをやりたくなかったからと、しれっと言う」と、過去のプロデュース作『ジョゼと虎と魚たち』（犬童一心監督、二〇〇三年）の冒頭で数年前の写真に現在の主人公のナレーションを重ねる手法を用いた小川の判断によって回想構造が外されたことが示唆されている。[53] 少なくとも監督の判断だけでなく、撮影が行われたのちにプロデューサーらとの討議によって外されたことがうかがえる。ストーリー上の時間の単純化は主流の商業映画において一般的に見られる傾向であり、[54] より直線的な時間構造への改変はアート・シネマの映画作家の芸術的趣向というよりは商業映画の慣例に即したものである。

同様の時間性の変化は劇場公開オリジナル版とエクステンデッド版の違いにも見受けられる。「前者［劇場公開オリジナル版］はよりスピーディに話が展開するような感覚があり、後者［エクステンデッド版］は時間の流れはゆったりだが、豊饒な感覚に満ちている」と解説されるように、[55] エクステンデッド版に比べ劇場公開版はストーリーテリングに重点をおいたより直線的な時間構造が採用されている。このことがわかるのは、キズキの自殺にいたるまでのシークェンスである。劇場公開版では「直子とキズキは、ほとんど生まれ落ちた時からの幼なじみだった。僕がキズキと仲の良い友達だったので、僕たちはよく三人であった」▽56 というナレーションとともに三人がプールや牧場、動物園で戯れる様子がまず映しだされ、続いてワタナベとキズキが学校を出てビリヤード場でゲームをする自殺当日のシーン、そしてその夜のガレージでのキズキの自殺シーンと冒頭から一貫して時系列順にシーンが配置されている。

これに対してエクステンデッド版は、ビリヤード場のシーンではじまる。ゲームの最中に「キズキはその夜自宅のガレージで死んだ。一七歳だった」という脚本にないワタナベのナレーションが挿入され、ビリヤードのシーンがキズキの死後のワタナベの回想であることが示される。ゲームのあと二人がタバコを吸うシーンを挟み、ガレージのシーンに切り替わるまでは時系列どおりであるが、車内でバナナを食べるキズキの顔のショットの直後、まるでキズキの回想であるかのように牧場で三人が戯れるシーンが短く挿入される［図9、10］。いったん車を出てエンジンをふかすまでのあいだの時間がジャンプ・カットで省略されたあと、後部座席に移動したキズキの顔のクロースアップから今度は動物園のシーンに切り替わり、ガレージと過去の三人のシーンが交互に繰り返される［図11〜14］。これらの過去のシーンは一見死の間際のキズキの回想であるかのようにもとれるが、「直子とキズキは、ほとんど生まれ落ちた時からの幼なじみだった」ではじまるワタナベのナレーションが挿入されることで、謎めいた自殺を遂げたキズキが死の間際に考えていたであろう内容をワタナベが回想の中で想像しているという解釈が可能になる。デイヴィッド・ボードウェルが論じ

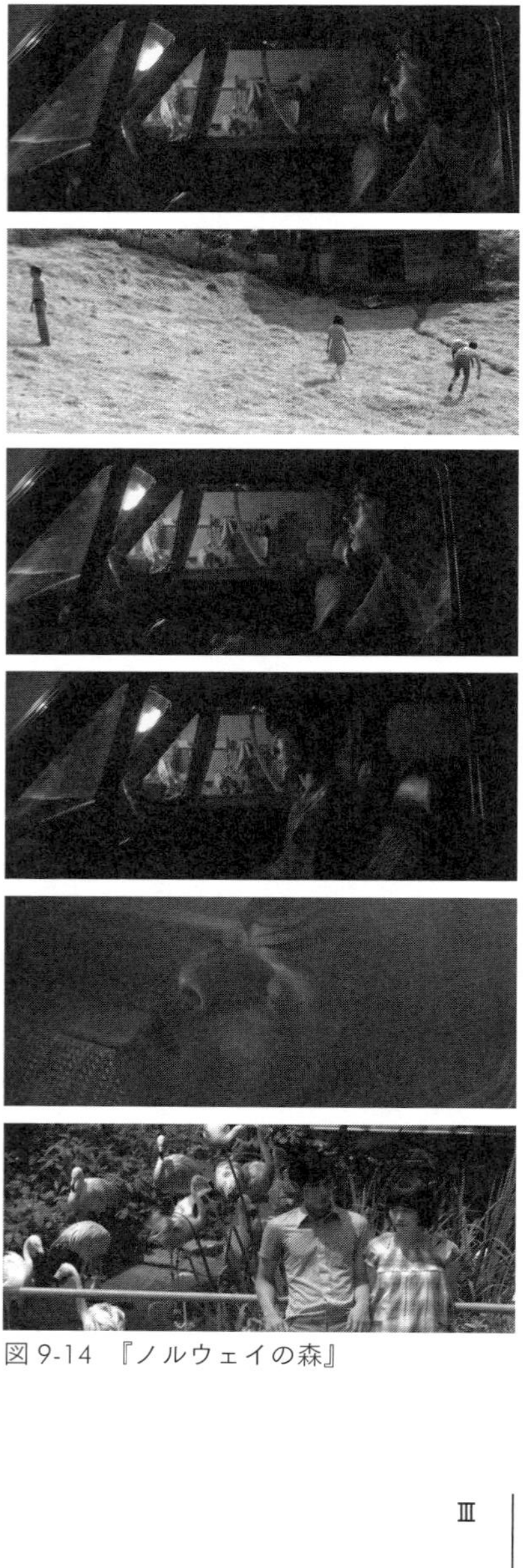

図9-14 『ノルウェイの森』

るとおり、複雑な内面をもった登場人物の主観のリアリティを表現するために古典的な時空間の連続性を逸脱することはアート・シネマの特徴の一つである。[57]

また、時間性がより複雑になることで、アート・シネマのもう一つの特徴である意味づけの曖昧性[58]がより顕著になってもいる。両方の版においてキズキの死の直後には唐突に苔の生えた石の上を蜘蛛がはうショットが挿入されるが、このショットは物語上の意味づけにあらがう曖昧なショットである。[59]しかし劇場公開版では、意識を失ったキズキの顔のクロースアップの直後におかれることで、キズキが最後に見た夢などのキズキの意識や彼の死に関わる象徴的な解釈が可能である。一方、エクステンデッド版では「キズキが死んだ後、僕の中には何かぼんやりとした空気のかたまりのようなものが残った。僕はそれを身のうちに感じながら十七歳〔脚本では「十八歳」〕の春を送っていた」[60]というナレーションをともなった、ワタナベとキズキがバイクに二人乗りするショットの直後におかれることで、キズキだけでなくワタナベに関しても何かを象徴しうるより多義的なショットになっている。

脚本からの映像化にさいしての回想構造の排除、そしてトランが最初に仕上げたエクステンデッド版から劇場公開版における時系列の単純化は、どちらも時間の流れを一直線にすることで効率よく物語を伝える商業映画に適した働きを有している。しかしその結果「原作を駆け足でダイジェストしたという印象を拭えない」というレビューを受けるのも無理からぬところであろう。[61]アーロン・ジェローは村上の長編小説の映画化が例外的である点に着目し、村上にとって「あるドミナントな種類の映画」が自分の文学にあわなくなったことから、かつて体験したほかの種類の映画の時間性を短編小説によって表現していると推察する。[62]彼の言う「ドミナントな種類の映画」とは、ストーリーテリングの効率性を重視した商業映画を意味すると見られる。映画『ノルウェイの森』の商業映画としての特徴である直線的な時間性は、村上の長編小説の時間性とは本質的にそぐわないものなのかもしれない。本作を最後に村上の長編小説の映画化が行われていないのも、この理由によるものだろう。

▽1 「井戸端テレビかいぎ」『ザ・テレビジョン』首都圏版、七巻四〇号、一九八八年、二〇二頁。

▽2 萩尾望都「余談ですが（モダンタイムス）⑪ノルウェイの森」『キネマ旬報』一九八八年一一月下旬号、九六頁。

▽3 門間雄介取材・構成「亀山千広（エグゼクティブ・プロデューサー）×小川真司（プロデューサー）対談」東宝ステラ編『ノルウェイの森』劇場用プログラム、東宝（株）出版・商品事業室、二〇一〇年、一二頁。

▽4 「Movie Credit」アミューズメント出版部編『ノルウェイの森　公式ガイドブック』講談社、二〇一〇年、一二〇頁。

▽5 フジテレビムービー「劇場作品一覧」フジテレビ、二〇二三年一月七日閲覧〈https://www.fujitv.co.jp/movie/01movie/index.html〉。

▽6 粉川しの「Special Column: The Music of *Norwegian Wood* 映画音楽作家＝ジョニー・グリーンウッドの最高傑作。」『Cut』二一巻一九号（通巻二七六号）、二〇一〇年、六九頁。

▽7 丸山昇「映画界の徹底研究　今や最大の映画製作会社テレビ局の映画事業」『創』四〇巻六号、二〇一〇年、五九頁。

▽8 金村久美「シクロ Xích lô（1995）」窪田守弘編著『映画でベトナム　ベトナム映画19本＋ベトナム文化』南雲堂フェニックス、二〇〇七年、一〇八頁。

▽9 四方田犬彦「韓流ノルウェイのできるまで」『ユリイカ』四二巻一五号、二〇一〇年、一五四頁。

▽10 たとえば、「「青いパパイヤの香り」トラン・アン・ユン来日」『キネマ旬報』一一三七号、一九九四年、一六五頁。「対談 トラン・アン・ユン×柳町光男　映画的リアリズムとアジア映画について」『キネマ旬報』一一三八号、一九九四年においても、対談相手の柳町は「トラン監督」（五五頁）という呼称を用いている。

▽11 黒田邦雄「トラン・アン・ユン 監督論」『キネマ旬報』一五三五号、二〇〇九年、一二六―一二八頁。

▽12 夏目深雪「トラン・アン・ユン」石坂健治／市山尚三／野崎歓／松岡環／門間貴志監修、夏目深雪／佐野亨編『アジア映画の森　新世紀の世界地図』作品社、二〇一二年、二二三頁。

▽13 金村「シクロ」一〇八頁。

▽14 Rosalind Galt and Karl Schoonover, "Introduction: The Impurity of Art Cinema," *Global Art Cinema: New Theories and Histories*, edited by Rosalind Galt and Karl Schoonover, Oxford University Press, 2010, p. 3.

▽15 Ibid., p. 7.

▽16 Fernando Solanas and Octavio Getino, "Towards a Third Cinema: Notes and Experiences for the Development of a Cinema of Liberation in the Third World," translated by Julianne Burton and Michael Chanan, *Film Theory: Critical Concepts in Media and Cultural Studies*, edited by Philip Simpson, Andrew Utterson and K. J. Shepherdson, volume III, Routledge, 2004, p. 299.

▽17 四方田「韓流ノルウェイのできるまで」一五五―一五六頁。

▽18 畑中佳樹「アメリカ文学と村上春樹――または、春樹とアメリカン・パルプの香り――」栗坪良樹／柘植光彦編『村上春樹スタディーズ01』若草書房、一九九九年、三〇頁。

▽19 村上春樹『職業としての小説家』スイッチ・パブリッシング、二〇一五年、一九五頁。

▽20 日高勝之『昭和ノスタルジアとは何か　記憶とラディカル・デモクラシーのメディア学』世界思想社、二〇一四年、一八頁。

▽21 Senjo Nakai, "The Contested Meanings of the Postwar Showa in Cinematic Reflections of Tokyo Tower," *Journal of Communication Arts*, vol. 30, no. 2, 2012, pp. 3-4.

▽22 村上春樹『ノルウェイの森』上巻、講談社（講談社文庫）、一九九一年、一五一頁。

▽23 同、二〇一頁。

▽24 同、二五四―二五五頁。
▽25 明里千章『村上春樹の映画記号学』若草書房、二〇〇八年、二四六―二四七頁。
▽26 村上春樹『ノルウェイの森』下巻、講談社（講談社文庫）、一九九一年、六二頁。
▽27 同、四一頁。
▽28 ただしCANの「She Brings the Rain」（一九七〇年）がワタナベが勤めるレコード店で流れるシーンでは、曲が店のBGMなのか、それとも作中世界とは別にサウンドトラックとして挿入されているのか曖昧である。そのシーンに登場するワタナベと緑が曲に対して何らかの反応を示すことはない。
▽29 福田和也「福田和也の世間の値打ち　連載第427回『ノルウェイの森』女優はいいが脚本が」『週刊新潮』二〇一〇年一二月三〇日～二〇一一年一月六日号、一四三頁。
▽30 村上『ノルウェイの森』上巻、一〇八頁。
▽31 由里幸子「僕にも小説にも変質迫った10年　村上春樹氏、区切りの年を語る」『朝日新聞』一九八九年五月二日夕刊、七面。
▽32 川本三郎「降っても、晴れてもNO. 25ロックと死の時代」『キネマ旬報』一九八七年一〇月上旬号、一二四頁。
▽33 宮脇俊文「村上春樹『ノルウェイの森』――言葉の感性を映像化する手法」宮脇俊文編『映画は文学をあきらめない――ひとつの物語からもうひとつの物語へ』水曜社、二〇一七年、二八頁。
▽34 山下慧「REVIEW日本映画」『キネマ旬報』二〇一〇年一二月下旬号、一一九頁。
▽35 村上『職業としての小説家』二七五頁。
▽36 イェンケ・リュゲルヌ「Production & Costume Design」アミューズメント出版部編『ノルウェイの森　公式ガイドブック』講談社、二〇一〇年、五八―五九頁。

▽37 折田千鶴子／萩尾瞳『60's STYLE BOOK』宝島社、二〇〇三年、八〇―八一頁。

▽38 安宅紀史「Production Design」アミューズメント出版部編『ノルウェイの森　公式ガイドブック』講談社、二〇一〇年、六一頁。

▽39 トラン・アン・ユン「ただ深淵へと誘うために」内田正樹文『SWITCH』二八巻一二号、二〇一〇年、五三頁。

▽40 夏目深雪「【日本】混成アジア映画としての日本映画」『地域研究』一三巻二号、二〇一三年、二三六頁。

▽41 小川真司「コンプリート・エディション リリースに寄せて」『ノルウェイの森　コンプリート・エディション』ブックレット、アスミック・エースエンタテインメント、二〇一一年、[三頁]。

▽42 門間「亀山千広（エグゼクティブ・プロデューサー）×小川真司（プロデューサー）対談」一三頁。

▽43 川上未映子／村上春樹『みみずくは黄昏に飛びたつ』新潮社、二〇一七年、一九八―一九九頁。

▽44 渡辺敦美「編集長インタビュー vol. 28 ノルウェイの森　映画監督　トラン・アン・ユン氏」『日経トレンディ』二〇一一年一月号、一七頁。

▽45 平野葵「コラム④ 映画『ノルウェイの森』」中村三春編『映画と文学　交響する想像力』森話社、二〇一六年、二一五頁。

▽46 トラン・アン・ユン『ノルウェイの森』決定稿、アスミック・エースエンタテインメント／フジテレビ、二〇一一頁。

▽47 村上『ノルウェイの森』上巻、一〇頁。

▽48 同、四九頁。

▽49 トラン『ノルウェイの森』決定稿、一―七頁。

▽50 村上『ノルウェイの森』上巻、九頁。

▽51　中村三春『接続する文芸学——村上春樹・小川洋子・宮崎駿』七月社、二〇二二年、八四頁。
▽52　トラン・アン・ユン「トラン・アン・ユン監督が語る私が村上春樹を映画化できた理由」『BRUTUS』三一巻二二号、二〇一〇年、五七頁。
▽53　伊東武彦「現代の肖像　映画プロデューサー小川真司」『AERA』二〇一〇年一二月一三日号、六一頁。
▽54　デイヴィッド・ボードウェル／クリスティン・トンプソン『フィルム・アート　映画芸術入門』藤木秀明監訳、飯岡詩朗／板倉史明／北野圭介／北村洋／笹川慶子訳、名古屋大学出版会、二〇〇七年、七四頁。
▽55　小川「コンプリート」［三頁］。
▽56　トラン『ノルウェイの森』決定稿、八頁。
▽57　David Bordwell, *Poetics of Cinema*, Routledge, 2008, p. 154.
▽58　Ibid., p. 156.
▽59　Seán Hudson, "Film and Hyphology," *Reflexive Horizons: Film Philosophy and the Moving Image*, August 12, 2013, https://www.reflexivehorizons.com/2013/08/12/film-and-hyphology/.
▽60　トラン『ノルウェイの森』決定稿、一五頁。脚本は「僕はそんな空気のかたまりを身のうちに感じながら十八歳の春を送っていた」（四九頁）という原作の記述に準じている。時系列上、キズキの自殺は高校三年生の五月であり、ワタナベの誕生月は四月生まれの直子の七か月後であるため一一月である。ワタナベにとってキズキの死の翌年に迎える春は「十八歳の春」でないと不自然であるが、映画ではキズキの死の直後を「十七歳の春」と呼んでいると推測できる。
▽61　垣井道弘「REVIEW 日本映画」『キネマ旬報』二〇一〇年一二月下旬号、一二九頁。
▽62　アーロン・ジェロー「短篇という時間性——村上春樹と映画」石田仁志／アントナン・ベシュレール編『文化表象としての村上春樹　世界のハルキの読み方』青弓社、二〇二〇年、一三七頁。

補章❷ 音の日記——ウクライナを舞台に描く「めくらやなぎと、眠る女」

『音の日記』(Дневник Звуков)は、村上の短編小説「めくらやなぎと、眠る女」(一九八三年初出、一九九五年改稿)を原作とするウクライナの短編映画である。ウクライナ出身で現在ポーランドのウッチに拠点をかまえるグリブ・ルキアネッツが監督し、キーウ学術青少年劇場(リプキ)に所属するオレクサンドル・ジネヴィッチが主人公の「僕」に相当する若者アントンを演じている。二〇一二年九月にキーウで初公開を迎えており、[1] 二〇一三年三月からは撮影を担当したティムール・ミンガジロフのYouTubeアカウントMingazirov Brothersで公開されている。[2] ルキアネッツ監督のインタビューが掲載された大学生むけフリーペーパーにも作品がYouTubeで視聴可能である旨が明記されており、公開日は前後するもののインターネット上での無料公開は作り手側が意図したものであると推察できる。[3] また、オンラインでの公開以外にもクラマトルスク、スームィ、メリトポリ、チェルカースィなどの地域で、ほかのウクライナの若手監督の作品やロシアやウズベキスタンの短編映画と併せて上映会が行われてきた。[4]

本作は二〇一二年の映画ではあるものの、撮影の大部分が行われたのは二〇一〇年である。ルキアネッツが語るところによれば、制作に二年もかかったのは劇中の夢のシーンに登場する医師を演じる俳優を見つけるのに時間がかかったためであるという。[5] 結局、医師役は右派のロック・バンドКому Вниз（バンド名は「コミュニズム」[комунізм]という単語をもじった「倒れた奴は誰か？」という意味の表現）のリーダー、アンドリー・セレダが演じている。二〇二〇年、ルキアネッツはセレダが出演する夢のシーンをカットし、二〇一〇年に撮影した部分のみを収録したディレクターズ・カット版を撮影一〇周年記念として発表している。[6] 夢のシーンの削除には、これまでナチス式敬礼などにより物議を醸してきたセレダの政治的な立ち位置も影響していたのかもしれない。

物語は、キーウから海にむかう途中で故郷の町に寄ったアントンがおばの家に一泊し、翌日おばの代わりにいとこを耳の診察に連れて行くというものである。いとこのサーシャが海を一度も見たことがないことから、海までは遠い町という舞台設定がなされている。故郷の町の場所が特定されないのは、村上の原作において、舞台が神戸や芦屋近辺であることが港や外国人住宅への言及により間接的にわかるものの、固有名詞などで明示されないのと同様である。キーウのシェウチェンコ地区の病院やジトーミル州コロスティシウ地区の車両修理工場にクレジットで謝辞が捧げられていることから、撮影は複数のロケ地で行われたと見られる。

劇中で登場人物同士が交わすダイアローグも、クレジットの表記も全編ロシア語である。ウクライナではソビエト連邦時代にはロシア語作品が多く作られていたが、近年ではウクライナ語の映画が主流になっており、ロシア語作品は国内ではウクライナ語の字幕や吹き替えがつけられる。[7] とはいっても、二〇一七年の調査ではウクライナ語を母語と認識する住民六七・八％のほかにロシア語を母語とする住民が一三・一％、両方を母語と考える住民が一七・四％いるため、日常会話におけるロシア語の使用や二言語併用は決して珍しいものではない。[8] ロシアのプーチン大統領はロシアとウクライナが言語や文化の面で同じ源流にさかのぼれる一つの民族であることを強調して侵略の根拠にしているが、複数の言語が併用されるウクライナにおいては国への帰属意識と言語はわけて考えないといけないものだろう。

作品のクレジットには「村上春樹「めくらやなぎと眠る女」にもとづく」（По мотивам повести Харуки Мураками "Слепая ива и спящая девушка"）と村上が原作者であることが明記されている。しかし、原作自体に複数のバージョンが存在するため、どのバージョンから翻案されたのかという問いがまっさきに浮かんでくる。「めくらやなぎと眠る女」は短編集『螢・納屋を焼く・その他の短編』（一九八四年）に収録されている版とは別の、より短い版が短編集『レキシントンの幽霊』（一九九六年）に収められている。これは阪神大震災後のチャリティーイベントとして行った朗読会にさいして村上自身が作品を短くリライトしたためであり、『レキシントンの幽霊』収録版は「めくらやなぎと、眠る女」と改題された。[9] 読点による改題は、『1973年のピンボール』（一九八〇年）の芥川賞受賞を見越して書かれた中編「街と、その不確かな壁」（一九八〇年）を長編にふくらませた近作『街とその不確かな壁』（二〇二三年）でも行われている。「めくらやなぎ」の場合は、初出の版（ロング・バージョン）が四〇〇字詰め原稿用紙にして約八〇枚、書きなおされたショート・

バージョンが約四五枚と半分近くになっているほか、加筆や表現の改変も作中の随所で行われている。

山根由美恵は『螢・納屋を焼く・その他の短編』のアンドレイ・ザミロフによるロシア語訳が二〇一〇年、同じくザミロフの手になる『レキシントンの幽霊』のロシア語訳が二〇〇三年と二〇一一年に刊行されていることを指摘したうえで、ショート・バージョンの「めくらやなぎと、眠る女」が原作として使われたと推定している。▽10 劇中で言及されるジョン・フォードの映画がロング・バージョンにあった『リオ・グランデの砦』（一九五〇年）ではなく、ショート・バージョンに出てくる『アパッチ砦』（一九四八年）であったこと、原作に即したほかの会話においてもショート・バージョンとの対応が見られることという二点を山根は根拠として挙げている。

ただし、この二点のうち一つめの根拠については訂正が必要である。ロング・バージョンのロシア語訳の初出は二〇〇七年に刊行された短編集《Сжечь сарай》（納屋を焼く）であり、二〇一〇年の《Светлячок и другие рассказы》（螢とその他の物語）は既刊書を改題したものである。▽11 そして二〇〇七年の時点で、映画タイトルの部分は『アパッチ砦』に修正されている。そもそも『リオ・グランデの砦』への言及は村上の勘違いによるものである。ザミロフはロング・バージョンを訳出するうえで、映画タイトルを『アパッチ砦』に直し、作中登場人物のセリフ「リオ・グランデ砦へようこそ」を残す判断をしている。そのため、映画のタイトルだけではどちらのバージョンを原作としたのか判断する根拠にはならない。

しかし、山根の第二の根拠である映画のセリフと小説の文章の対応に目をむけると、やはりショート・バージョンこそが原作として使用されていることがわかる。たとえば、アントンとサーシャがバスの中で交わす会話には小説との対応関係が見られる。映画、ロング・バージョン、ショート・バージョンの該当部分を引用すると次のとおりである。

[映画]

– А мы доедем на нём?
– Не переживай, доедем.
– Я не переживаю. А ты раньше ездил на этом автобусе в школу?
– Да.
– А школа тебе нравилась?
– Не помню. Там просто были друзья и всё.
– А сейчас ты с ними встречаешься?

「このバスで大丈夫?」

「心配ない。ちゃんと行くから」

「心配なんてしてない。アントンはこのバスに乗って学校に通っていたの?」

「そうだよ」

「学校は好きだった？」

「覚えてないな。学校には友達がいて、ただそれだけだ」

「その人たちとは、今でも会ったりしてる？」[12]

[小説ロング・バージョン]

– Точно он? – обеспокоенно спросил брат.
– Точно, – ответил я. – Я ездил на нем в школу[13] каждый божий день. С чего бы мне ошибаться? После моих слов брат заметно успокоился.
「このバスで間違いなかった？」と不安そうにいとこがたずねた。
「もちろんあってるよ」となんでもなさそうに僕は答えた。「だって高校のころは毎日これに乗って学校に通ってたんだもの、間違えっこないさ」
それを聴いていとこはずいぶん安心したみたいだった。[14]

[小説ショート・バージョン]

– А мы доедем на нем? - спросил брат с легким беспокойством. Скорее всего, он не смог не заметить, как я растерялся, едва сел в автобус.
– Все в порядке, - ответил я наполовину самому себе. - Я не мог ошибиться. Здесь другие

маршруты не ходят.

– А ты раньше ездил на этом автобусе в школу? - поинтересовался брат.

– Да.

– А школа тебе нравилась?

– Не то, чтобы очень, - признался я честно. - Просто, в школе были товарищи. Только это и радовало.

Он задумался.

– А сейчас ты с ними встречаешься?▽15

「このバスでいいんだよね？」といとこが不安そうに訊いた。たぶん僕がバスに乗ってからずっと戸惑った表情を顔に浮かべていたので、心配になったのだろう。

「大丈夫だよ」、僕は半ば自分に言い聞かせるように言った。「間違いようがない。ここにはこれ以外の路線は通ってないんだもの」

「昔このバスに乗って高校に通っていたの？」といとこが訊いた。

「そうだよ」

「学校は好きだった？」

「学校はあまり好きじゃなかった」と僕は正直に言った。「でもそこに行けば友だちに会えたし、通うのはそれほど苦痛じゃなかったな」

いとこは僕の言ったことについて考えていた。
「その人たちには、今でも会ってる？」[16]

ロング・バージョンでは短いやりとりにとどまっているが、村上はショート・バージョンにおいて会話をふくらませる加筆を行っている。映画のセリフは直訳の日本語と村上の小説の文章とでは表現が異なるものの、ロシア語の原文ではショート・バージョンのロシア語訳のセリフと完全に一致するセンテンスが五つ含まれている。脚本を作る段階でショート・バージョンのロシア語訳が参照されていたことはあきらかである。

このようにセリフや物語の内容に原作との対応関係を見出せるシーンもあるが、それは決して大部分ではない。むしろ「全員がスクリーン上で彼［村上］を認識できるとは限らない。これはまったく別の物語である」（Однако не все узнают его на экране. Это уже совсем другая история.）と紹介されるとおり、本作は原作との違いやオリジナルの創意が際立つ作品である。[17] 原作からのもっとも大きな逸脱は、「めくらやなぎと眠る女」という原作のタイトルが指し示す、八年前に「僕」が入院中である友人のガールフレンドを友人と一緒に見舞ったときの回想および彼女が語るめくらやなぎの夢の物語の部分を一切カットして、主人公といとことのやりとりに絞った点であろう。小説に登場する「僕」「友だち」「彼女」の三人は『ノルウェイの森』（一九八七年）に登場するワタナベ、キズキ、直子と関連をもつ人物であり、村上自身も「ストーリー上の直接的な関連性」はないものの

「『ノルウェイの森』という長編小説にまとまっていく系統のもの」と説明している。[18] 村上が長編小説のアダプテーションをほとんど許可しないことから長編小説との関連をもつ作品を代わりにアダプテーションする例はこれまでにも見られたが、本作においてはむしろ村上の代表的な長編との結びつきを断ち切っている。しいて劇中に『ノルウェイの森』らしさを探すとすれば、サーシャの服が日本版単行本の表紙の色である赤と緑である点くらいだ。もちろん、ロシア語版の『ノルウェイの森』では日本版のような赤と緑二色の表紙デザインは採用されておらず、色の選択は単にルキアネッツ監督の好みの色というだけでしかない。[19]

主人公のアントンが直面する問題は、友人や恋人の死といった喪失体験ではなく、子どもから大人への成長という青年期の発達課題である。アントンが病院でうたた寝をして見る夢の中で彼の腕時計の音が聞こえなくなるのは、直前までサーシャから難聴の話を聞いていたというだけでなく、アントン自身の内面で時間が止まっていることを象徴する。彼の夢に登場する医師は、「あなたは自分が誰に似てるか分かる？　同じアトラクションに１２５回も乗ってる二十歳くらいの奇人だよ。1度でいいから乗ってみたいと夢みていた7歳の男の子か女の子の代わりに。あなたはエゴイストだ」（Знаешь, кого ты напоминаешь? 20-летнего мудилу, который 125-й раз катается на одном и том же аттракционе занимая место, какого-нибудь 7-летнего мальчика или девочки, которые мечтают прокатиться хоть разок. Вы эгоист, уважаемый.）と、成人しているにもかかわらずほかの子どもに譲らずいつまでもアトラクションを独占しているとアントンを非難する。アントンが一度も話をしたことがない年下の

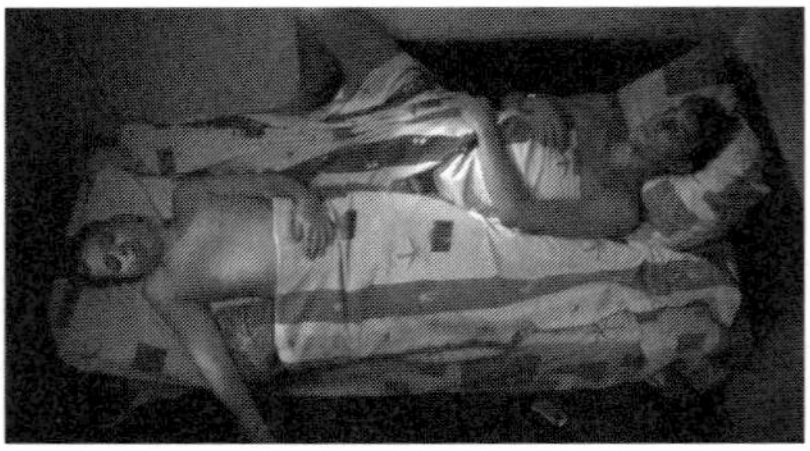

図1 『音の日記』

いとこであるサーシャに戸惑いを示すのは、自分自身がまだ大人になりきれていないためである。母親の指示で自分のゲームをサーシャにあげないといけないことや、おばに頼まれてサーシャを病院に連れて行くために地元の友人とサッカーをする予定がつぶれることに彼は不満げな様子を見せる。おばの家に泊まるさい、アントンが子ども部屋でサーシャと同じソファーベッドで寝るはめになるのは、サーシャの存在で彼が窮屈に感じていることを視覚的に提示すると同時にアントン自身をベッドから足がはみ出るほど大きくなりすぎた子どもとして描きだす意味もになっている［図1］。

原作のいとこがロング・バージョンで「失った経験のない人間」[20]と説明されるのに対し、サーシャは喪失に直面しつつある人物として特徴づけられている。小説では「ときどき彼の難聴そのものが、外傷のせいというよりは神経的なものではないかと思うことがある」[21]と「僕」がロング・バージョンで語り、ショート・バージョンでも過去に医師が母親に「病気の原因は外科的なものにではなくおたくの家庭環境にあるんじゃないか」[22]と言うなど、いとこの聴覚障害は外科的な治療で改善が認められないものとして描かれているが、完全に聞こえなくなる兆候は見られなかった。しかし、映画のサーシャは母親と医師の会話を聞いて自分の聴力が完全になくなるかもしれないと考えている。タイトルにある「音の日記」を彼がつけるのは、耳が聞こえるうちにあらゆる音をノートに書きとめて記憶するためである。アントンは彼に自分の腕時計を譲ることで年長者としての成長を見せ、サーシャは海の音を記録してほしいと頼んでアントンに日記を託すことで聴力喪失の恐怖に対する固執から解放される。短い時間の関わりを通して両者が見せる成長が映画の軸となっている。

本作はおおむね好評で受け入れられたようである。ウクライナ各地での上映会を報じるオンライン記事には「二七分間あっても、まったく退屈しなかった」[23]、「好きな作品は難聴の少年と若者が主人公の『音の日記』」[24]など、本作に対する好意的な感想が複数見受けられる。山根も「完成度は高く、優れた村上アダプテーション作」と高く評価している。[25]ルキアネッツは、キーウでの初公開の上映時にこれは村上の映画じゃないかと訊いてきた観客が残した「クレジットは見なかったけれど、何もかもが彼の作品を思いおこさせるものだった」という感想を紹介し、村上文学の雰囲気の再現に成功したと語っている。[26]ウクライナでも村上春樹の読者層が存在し、アダプテーションから村上らしさを感じとる観客がいるという事実は、彼の小説が世界的に浸透していることの証左であろう。

▽1 «ПРЕМЬЕРНЫЙ ПОКАЗ "ДНЕВНИК ЗВУКОВ"» VGORODE, accessed January 12, 2024, https:/kiev.vgorode.ua/event/klubnoe_kyno/190094-premernyi-pokaz-dnevnyk-zvukov.

▽2 Mingazirov Brothers, «ДНЕВНИК ЗВУКОВ», YouTube, March 25, 2013, https://www.youtube.com/watch?v=0Ifo6mX4GTU.

▽3 Glib Lukianets, «Кіно: Гліб Лук'янець», by Iaroslav Shevchuk, *Student Magazine*, no. 1, February 2013, p. 56.

▽4 Oleksandr Shevchenko «Новости Краматорска: коротко», Общежитие, July 10, 2013, https://www.obs.in.ua/news/novosti-kramatorska/3690-3690; Dmitriy Vidovich «Тринадцать фильмов о разном», Ваш шанс, no. 15, April 9, 2014, http://www.shans.com.ua/?m=nr&in=475&ir=383&id=53213; Dmitriy Volkov «В Мелитополе стартовал «Викенд украинского кино»», MV.ORG.UA, February 28, 2015, https://www.mv.org.ua/news/93925-v_melitopole_startoval_vikend_ukrainskogo_kino.html; Anastasia Dyadyusha, «В Черкассах впервые прошел уикенд украинского короткого метра», in.ck.ua - бизнес и развлечения Черкассы, March 2, 2015, https://in.ck.ua/sobytiya/v-cherkassah-vpervye-proshel-uikend-ukrainskogo.

▽5 Lukianets, «Кіно: Гліб Лук'янець», p. 55.

▽6 "The Diary of Sounds (Short 2012): Alternate Versions," Internet Movie Database, accessed January 12, 2024, https://www.imdb.com/title/tt11707866/alternateversions/?tab=cz&ref_=tt_trv_alt.

▽7 衣川靖子「映画の中のウクライナ」服部倫卓／原田義也編『ウクライナを知るための65章』明石書店、二〇一八年、二四三頁。

▽8 アレクサンドラ・グージョン『ウクライナ現代史　独立後30年とロシア侵攻』鳥取絹子訳、河出書房新社（河出新書）、二〇二二年、九一―九二頁。

▽9 村上春樹『レキシントンの幽霊』文藝春秋（文春文庫）、一九九九年、一八〇頁。

▽10 山根由美恵「ウクライナ映画「音の日記」論（原作：村上春樹「めくらやなぎと、眠る女」）―「コミットメント」と「幻想」要素の効果―」『早稲田大学国際文学館ジャーナル』二号、二〇二四年、二九―三

○頁。

▽11 Murakami Haruki, «Сжечь сарай», translated by Andrey Zamilov, Eksmo, 2007.

▽12 以下、映画のセリフの書きおこしおよび日本語訳はすべてYakuRu有限会社小川久美子氏によるもの。二〇二二年一一月二九日納品。

▽13 Murakami, «Сжечь сарай», p.101.

▽14 村上春樹『螢・納屋を焼く・その他の短編』新潮社（新潮文庫）、一九八七年、一三二―一三三頁。

▽15 Murakami Haruki, «Призраки Лексингтона», translated by Andrey Zamilov, Eksmo, 2008.

▽16 村上『レキシントンの幽霊』一八六頁。

▽17 «ПРЕМЬЕРНЫЙ ПОКАЗ "ДНЕВНИК ЗВУКОВ"».

▽18 村上『レキシントンの幽霊』一八〇頁。

▽19 Krakow Film Festival, "Glib Lukianets: IMDb Mini Biography," Internet Movie Database, accessed January 13, 2024, https://www.imdb.com/name/nm10832212/bio/?ref_=nm_ov_bio_sm.

▽20 村上『螢・納屋を焼く・その他の短編』一二一頁。

▽21 同、一二三頁。

▽22 村上『レキシントンの幽霊』一九〇頁。

▽23 Vidovich, «Тринадцать фильмов о разном».

▽24 Dyadyusha, «В Черкассах впервые прошел уикенд украинского короткого метра».

▽25 山根「ウクライナ映画「音の日記」論」。

▽26 Lukianets, «Кіно: Гліб Лук'янець», p. 55.

Ⅳ 多様化するコンテクスト

DRIVE MY CAR

第8章　アコースティック　男性スター表象と韓国ポピュラー文化

近年における村上春樹作品のアダプテーション研究では、いわゆる作家の映画やインディペンデント作品といった国際映画祭やアートハウス系映画館で主に流通するグローバル・アート・シネマに注目が偏りがちであった。高美哿《みか》は市川準の抑制された映画スタイルに村上のシンプルな言葉を積み重ねる文体と一定の親和性を見出し、原作小説の文体や技巧を映像に「翻訳」する試みとして『トニー滝谷』(二〇〇四年)を論じた。[1] 宮脇俊文はトラン・アン・ユンが監督した『ノルウェイの森』(二〇一〇年)における草原が「外国人の目から見た日本の美」の表現であると考え、死者の記憶をめぐる悲哀が草原のモティーフに託して表現されていると主張した。[2] 山根由美恵は『バーニング　劇場版』(二〇一八年)において原作の結末に見られた曖昧性を活用して物語の世界を拡張することで、イ・チャンドン監督が現代韓国の格差社会の中で生きる若者の怒りという独自のテーマを盛りこんだと示した。[3] これらの議論は、映画化作品における場面やテーマの取捨選択、表現技法を国際的に評価の高い映画作家たちによる原作の解釈の過程と位置づけている点で共通している。また、本書の第6章でとりあげた『神の子どもたちはみな踊る』(ロバート・ログヴァル監督、二〇〇七年)について、米村みゆきはアダプテーションを「インターテクスト的な響き合いのなかでのテクストの意味の可能性を開くもの」と見なし、原作小説が地震の表象を通して描いた人間がもつ闇の主題が後景化し、主人公の多文化社会の中でのアイデンティティーのゆらぎが描かれていると分析した。[4] 父の不在、地震といった主題の意味の変化に着目したこの作品論も、映画が村上作品を咀嚼してどのような独自の意味を表現しているかに主眼がおかれている。映画の作家性が議論の的となることはないものの、米村が注目する登場人物の主観のリアリズムはアート・シネマの顕著な特徴の一つである。[5]

研究対象となる映画化作品の偏りは、村上自身が自作の映画化の許諾にこれまで慎重でありつづけたことに起因する部分が大きい。四方田犬彦の推察するとおりに村上が映画作家の「作風への共感」を映画化を認める判断基準の一つとしているとすれば、アート・シネマへの偏重はとりもなおさず原作者の趣味の反映であろう。[6] しかし、アート・シネマへの関心の集中の反面で見落とされがちなのは、グローバルなポピュラー文化としての映画における村上の位置づけである。村上の小説がもつ大衆性についてはこれまでにも言及されてきた。大塚英志は引用の集積としての村上の作品が漫画や同人誌小説といったサブカルチャーと共通する部分をもつことを指摘した。[7] 助川幸逸郎は純文学とエンタテインメントを横断する「スリップストリーム」の作家として村上を論じ、高級文化を志向せず、大衆文化とも距離をおく立ち位置が村上の小説家としての独自性となっていることを示した。▽8

本章が焦点をあてる韓国においても村上の小説はポピュラー文化との強い親和性をもっている。金良守《キムリャンス》は『ノルウェイの森』(一九八七年)が韓国の若者のあいだで人気を集めた一方で、「高尚な文学の死を促すつまらない大衆文学」という保守的な評論家からの批判を呼んだことを紹介している。▽9 また、趙柱喜《ジョジュヒ》は村上の作品がもつ「軽さ」をサブカルチャー性と位置づけ、村上の小説におけるイラストレーションや登場人物の類型性を日本のライトノベルおよび韓国のウェブ漫画と比較し、類似性を指摘している。▽10 このように村上の小説と日本内外のポピュラー文化との関連は無視できないものであるにもかかわらず、村上の映画化作品がグローバルなポピュラー文化の文脈で語られることは決して多くない。

村上が原作の提供を許諾した一握りの作品が、村上自身の自己や自作に対するイメージを大きく裏切るとは考えにくい。自作を「大衆文化寄り」と見なされることへの懸念から村上が日本の映画人(たとえば、宮崎駿)の作品と比較されることを拒んできたとする助川の仮説に従うならば、いわば村上のお墨つきを得た作品を通してポピュラー文化を理解することは難しいだろう。▽11 ポピュラー文化における村上の映画化作品の意義を問うためには、アダプテーション研究の射程を村上作品の流用や借用、剽窃の域にまで広げる必要がある。そこで本章では韓国のアイドル映画『アコースティック』（ユ・サンホン監督、二〇一〇年）に注目する。▽12 第3章でもとりあげた村上の掌編「パン屋襲撃」（一九八一年）のアダプテーションを作中に取り入れた本作は、出演するKポップの男性アイドルのイメージにあわせて村上の作品を大きく改変し、「若手人気スターを集めた青春音楽映画」に仕立てあげる。▽13 以下では、村上春樹という容れ物を通して表象されるアイドルのスターとしてのイメージが韓国ポピュラー文化のグローバル化の中で果たす役割をあきらかにしたい。

1　村上春樹の「無国籍」と韓流の「超国籍」

四方田犬彦が指摘するとおり、村上春樹は韓国において「日本文学」ではなく「春樹文学」として読まれてきた。▽14 日本的なステレオタイプをもたない「無国籍」コンテンツとしての文学受容の最たる例である。『アコースティック』に引用や影響が見られる後述の漫画やアニメ作品と同様、村上の小説は川端康成や三島由紀夫のような「日本文学」を代表する存在としてではなく、グローバル化したポピュラー文化の一部として親しまれている。これは一九九〇年代以降の日本文化の国際化に共通して見られる特徴である。岩渕功一はグローバリゼーションを欧米の覇権の拡大やアメリカナイゼーションと同一視する一九九〇年代当時の議論に疑問を呈し、アニメやゲームソフト、テレビドラマなどに代表される日本の文化産物が文化的な文脈を欠いた「無国籍」の商品として公式的、非公式的に輸出されていることを示した。岩渕は押井守のアニメを例に挙げ、「「現実的」な日本人像」が回避され、白人をモデルにした登場人物造型が行われていることを指摘する。[15] 文学や音楽、映画といったアメリカ文化の影響を色濃く受けた村上の文学もまた、押井のアニメと同様に日本の文化的な独自性を描くことを避けることで、国外の読者に広く受け入れられることに成功したといえる。

このような欧米一辺倒とは異なるグローバリゼーションの脱中心化は、一九九〇年代後半以降、特に東アジア地域において文化的な相互交流や、テレビドラマや映画の国際共同製作、リメイクなどによる混成をもたらしてきた。[16] だが、その一方で岩渕はこのような日本の文化産物の浸透が、東アジアにおける日本の肯定的な受容や、欧米中心のグローバリゼーションを再生産するジャパニゼーションとして受けとられることに警鐘を鳴らす。「どれほどメディア文化の交流が日本、中国、韓国の相互イメージを改善したとしても、それは決して歴史を変えないし、ましてや消去しない」と岩渕は主張する。[17]

このような姿勢は若者のあいだでの村上文学の人気に対する韓国での批判や懸念にも表れている。金良守はグローバリゼーションが進んだ現在においてもなお日本と韓国、中国のあいだに横たわる民族主義的なへだたりに注目し、「「無国籍」文化の商品は、一方でナショナリズムの欲望を隠し持っているのではないか」と懸念を表している。[18] 『ノルウェイの森』をはじめとする作品で政治や歴史に対してデタッチメントの姿勢を保ってきた村上が『海辺のカフカ』(二〇〇二年)などで戦争の歴史へのコミットメントに転じたことに対し、金は日本の民族主義の無意識的な発露を見出す。

『海辺のカフカ』のように韓国の知識人のあいだで問題視されることはないにせよ、日本の高度経済成長期という時代背景の中で書かれた「パン屋襲撃」が属する文脈が二〇〇八年の国際金融危機以降、就職難や経済不安に直面している現在の韓国の若者がおかれた状況から大きくかけ離れていることはたしかであろう。

文化の「無国籍」性は、二〇〇〇年代以降の韓流ブームの中で韓国エンタテインメント業界のグローバル市場むけのメディア戦略として積極的に取り入れられた。二〇一〇年前後のKポップアイドルの男性性の表象を論じた研究書の中で、チョン・ソンは無国籍性をめぐる岩渕の議論を踏まえ、「超国籍」(*chogukjeok*)の概念を提唱している。[19] 超国籍は単に文化的に固有な特徴をもたないだけでなく、異なる文化圏で通用するように複数の文化的特徴(たとえば、中国語や日本語の使用、多国籍で構成されたグループなど)を積極的に取り入れ、ときには互いに矛盾しあいもする多様な男性性(たとえば、中性的な可愛らしさや野性味など)を場面に応じて作りだす傾向を指す。アジアや欧米といったグローバルな市場を視野に入れた韓国エンタテインメント業界は、ターゲットとなる市場の文化的な文脈や嗜好に積極的に順応することで、コンテンツが国籍を超えて受け入れられることを可能にしている。

韓国国内で文化的に無臭な「無国籍」の文学として消費されている村上文学を翻案することは、『アコースティック』にさまざまな可能性をもたらしている。まず、文化的な固有性をおびていない原作は、韓国国内の観客にむけて現代韓国の文脈に順応させることが容易である。『アコースティック』における「パン屋襲撃」のアダプテーションにも再文脈化のプロセスを見てとることができる。さらに、日本を含めた国際的な市場を念頭においた「超国籍」の戦略も、グローバルな文化商品である本作の特色である。この点は、とりわけKポップの男性アイドル表象において顕著に表れている。映画に見られる以上のような再文脈化と「超国籍」の議論にとりかかる前に、次節ではまず「パン屋襲撃」の韓国における翻訳受容の経緯を確認し、映画と村上の短編小説の関係を簡単に整理しておきたい。

2　『アコースティック』と「パン屋襲撃」

『アコースティック』は「ブロッコリーの危険な告白」「パン屋襲撃事件」「ロック解除」の三話で構成されたオムニバス映画である。[20] このうち第二話の「パン屋襲撃事件」が村上の掌編小説「パン屋襲撃」からのアダプテーションである。エンド・クレジットに脚本家名は載っていないものの、映画ウェブサイトKOREA FILMの韓国映画データベースに掲載されているキャストおよびスタッフ表には監督のユ・サンホンが「脚本／監督」として明記されており、全エピソードを監督した彼が全編の脚本を担当したと考えられる。[21] いずれのエピソードについても原作表記はなく、映画のクレジットに村上春樹の名前は挙がっていない。しかし、第一五回釜山国際映画祭の「韓国映画の今日——パノラマ部門」で本作がワールドプレミア上映を迎えたさいには、第二話が村上の

作品からタイトルを借りたエピソードとして紹介されている。[22] ちなみに映画祭の韓国語版ページにおける「タイトルを借りてきた」（제목을 빌어 온）という記述は、英語版では「村上春樹の短編からとられた『パン屋襲撃』というタイトルのチャーミングなエピソード」（a charming episode with the title 'Bakery Raid' taken from the short story by Murakami Haruki）と、エピソードの原作とも解釈できる訳され方をしている。[23] このことと、村上の英訳短編集『象の消滅』（一九九三年）に別の短編小説「パン屋再襲撃」（一九八五年）が収録されていることによる混乱からか、英語のウェブサイト Internet Movie Database は村上の「パン屋再襲撃」を第二話の原作として誤って掲載している。[24]

村上の「パン屋襲撃」は日本でも何度かタイトルを変えて出版されており、それにあわせて韓国でも異なる翻訳者によって複数回紹介されている。日本では『早稲田文学』一九八一年一〇月号における「パン屋襲撃」というタイトルでの初出以降、同年一一月に刊行された糸井重里との共著書『夢で会いましょう』には「パン」というタイトルに改題のうえで掲載され、一九九一年の『村上春樹全作品 1979~1989⑧短篇集Ⅲ』には若干の表記等の変更を加えて再び「パン屋襲撃」として収録された。[25] その後、二〇一二年にドイツで出版されたイラストレーションつきの本の日本語版である『パン屋を襲う』（二〇一三年）に、さらなる加筆のうえで「パン屋を襲う」と改題されて収録された。[26]

一方、最初の韓国語訳は一九九二年のユ・ユジョンによる翻訳と見られ、このときのタイトルは〈빵 가게 습격〉（パン屋襲撃）であった。[27] 『夢で会いましょう』の韓国語版はユン・ビョンモ訳によ

る一九九八年の《A to Z》とヤン・ヘユン訳による二〇〇七年の《소울 메이트》（ソウルメイト）があり、収録作は日本語の題にあわせた〈빵〉（パン）である（どちらの版も書名を原題『夢で会いましょう』の直訳である《꿈에서 만나요》に変えてのちに再出版されている）。[28]『パン屋を襲う』は、原題をそのまま韓国語にした《빵가게를 습격하다》の題で二〇一三年にキム・ナムジュの訳で出版されている。[29] さらに、それまで日本と同じ六編収録で出版されていたクォン・ナミ訳による短編集『パン屋再襲撃』に「パン屋襲撃」、「ハイネケン・ビールの空き缶を踏む象についての短文」（一九八五年）、「人喰い猫」（一九九一年）を追加した二〇一四年の増補版では再び〈빵 가게 습격〉（パン屋襲撃）というタイトルが用いられた。[30] 映画のエピソードのタイトル「パン屋襲撃事件」（빵 가게 습격 사건）は上記のいずれとも完全に一致しているわけではないが、もっとも近い「パン屋襲撃」からとられたものであると考えられる。

しかし実際のところ、村上の小説からの借用はタイトルのみにとどまらない。金のない若い男性二人がパン屋の主人に音楽を聴かされる代わりに無償でパンを提供されるという「パン屋襲撃事件」のストーリーはおおむね「パン屋襲撃」に準じたものである。文化的に異質な原作をアダプテーションを行う側の文化にあわせて改変する再文脈化の傾向は本作においても見ることができる。その例としては、村上の小説が一九七〇年代から一九八〇年代ごろの日本を舞台としていたのに対し、ソウルの若者の街として知られる弘大《ホンデ》（麻浦区上水洞にある弘益大学校の周辺地区）に物語の舞台を移している点、さらに「パン屋襲撃」において「僕」「相棒」と言及されていた登場人物に

「キム・ソンウォン」（김성원）と「キム・ヘウォン」（김해원）という韓国人名が与えられている点などが挙げられる。[31]このような傾向は、同じく村上作品を韓国のソウルとパジュを舞台に映画化した『バーニング　劇場版』にも見られる。だが、『バーニング　劇場版』の場合は村上から短編の映画化の許諾を得たNHKが韓国のイ・チャンドンに監督を依頼した国際共同製作であるのに対し、『アコースティック』は原作者の名前を挙げずに物語を翻案しており、村上を流用した例であると見られる。

オムニバスのほかの二作はオリジナルの脚本によるものだと考えられるが、日本由来の要素は全話を通じて登場する。第一話ではヒロインが日本の漫画『あずまんが大王』（一九九九〜二〇〇二年）を読むシーンが挿入され、戦争が続く未来を舞台にサイボーグ化した少女が登場するＳＦ作品である第三話には『最終兵器彼女』（二〇〇〇〜二〇〇一年）と新海誠のアニメ作品の影響が公開時の映画評で指摘されている。[32]これらは文化的な異質さや日本らしさを強調する演出として認識されているわけではなく、本作が類型的で目新しさを欠いている例として否定的にとりあげられていることから、日本のポピュラー文化が「無国籍」の文化商品として韓国のメディア文化の日常に浸透していることがわかる。次節で詳しく論じるとおり、このような文化の越境性は韓国のエンタテインメント業界がグローバルな市場にむけて用いる戦略の一つである。

3 「超国籍」の男性アイドル表象

『アコースティック』は韓国の男性バンドCNBLUE（二〇〇九年活動開始）のカン・ミンヒョク（実際の発音は「ミニョク」に近い）と当時同グループに所属していたイ・ジョンヒョン、そして2AM（二〇〇八年活動開始）のイム・スロンの映画デビュー作である。テレビドラマ『明日に向かってハイキック』（キム・ビョンウクほか演出、二〇〇九～二〇一〇年）の主人公として注目を集めた子役出身の女優シン・セギョンが第一話でラーメンを食べつづけないと死ぬ奇病に冒された歌手を演じ、第二話「パン屋襲撃事件」ではCNBLUEの二人が売れないミュージシャンの役で主演を務め、第三話ではイムが音楽を使った武器開発を行う未来の研究者の役で出演している。映画のプロダクションノートには「映画界と歌謡界の最高の優良株（블루칩、blue chip）が結集」と紹介されており、韓国の若手アイドルを集めた「感性200％の青春音楽映画」として作られたアイドル映画であることがわかる。[33]

チョン・ソンが論じた韓流男性アイドルの「超国籍」の戦略は、本作に登場する男性アイドルにもあてはまる。CNBLUEは、二〇一〇年の韓国でのメジャーデビューに先立ち、二〇〇九年六月から日本で「音楽修行」と称して路上ライブやライブハウスでの演奏を行い、インディーズレーベルからミニアルバムを二枚発表している。[34] また、「パン屋襲撃事件」でソンウォンを演じるイ・ジヨンヒョンは四歳のころから日本で数年間過ごし、メンバーの中ではもっとも流暢に日本語が話せることが日本のメディアでのインタビュー等で頻繁に言及される。[35]映画のキャスト紹介においても、すらりとした長身とはっきりした目鼻立ちにより国境を越えて愛される人気をもつことが強調されている。[36]これらの日本とのつながりや国際性はバンドのマーケティングにおける強みだといえる。さらにKポップのアイドルバンドではあるものの、音楽性については「「韓国っぽさ」がない」正統派ロックと評される。[37]二〇一〇年代の韓国のKポップにおける「超国籍」を体現する代表的なバンドの一つである。

「パン屋襲撃事件」への翻案にさいして「パン屋襲撃」の登場人物造型および物語に加えられた改変は、映画初出演の男性アイドルたちのイメージを国内外に売りこむ「超国籍」の目的をもったものとして解釈できる。バンドとしてのデビュー前に人気ドラマ『美男《イケメン》ですね』（ホン・ソンチャン演出、二〇〇九年）に準主役で出演したリーダーのジョン・ヨンファをのぞき、当時CNBLUEのメンバーは韓国内でも広く認知されていたとはいえない。映画ウェブサイトMovist上での『アコースティック』に対する観客のレビューにも「CNBLUEのメンバーはジョン・ヨンファしか知らなかったので、レビューを書くために映画情報を調べてはじめてイ・ジョンヒョンとカン・ミンヒョクがメンバーであることがわかった」という内容のものが掲載されている。[38]したがって、まさに売りだし中のアイドルであった彼らの映画デビュー作である本作においては、メディアを通したスターのイメージのプロモーションに加えて作品テクストを通して彼らの属性やイメージを強く宣伝することが興行的成功のために必要であった。

ここで重要なのが、リチャード・ダイアーの論じる「スターの乗り物」（star vehicle）という概念である。[39] スターの乗り物においては物語や映像スタイルが特定のスターを目立たせる目的で構成され、スターのイメージに即した類型（たとえば、スターが演じる役柄や映画のジャンルなど）が提示される。とりわけアダプテーションの場合にはスターを想定した原作が選ばれたり、スターのイメージにあわせて物語の改変が行われたりすることも多い。スターの乗り物はすでに観客のあいだでイメージが確立された既存のスターの場合にも、これからイメージの定着を図る新人スターの場合にも用いられる語であるが、本作におけるCNBLUEのイとカンの場合は後者にあてはまる。

彼らのアイドルとしてのイメージに即した具体的な改変の例を検討しよう。まず、小説に登場する「僕」と「相棒」に相当する若い二人の主人公は、演じる二人が自覚的に宣伝しているイメージを反映したものに作りかえられている。村上の小説での「僕」は、ヒトラー・ユーゲントからドストエフスキーまで幅広い文化的言及を大仰に展開する頭でっかちな男として描かれる。これに対し、「相棒」は「いや、俺はもうグレちゃうよ」「ババアもついでに殺っちまおうぜ」といったセリフからもわかるとおり、デフォルメされた粗暴性が強調されている。[40] どちらの人物も映画におけるソンウォンとヘウォンの人物造型とは大きく異なっている。イ・ジョンヒョンが演じるソンウォンはギターをインターネットで売ろうとする行動性や、パン屋の店長に対して激昂して抗議のために店に走っていく激しい性格をもつ人物であるが、粗野というわけではない。一方、カン・ミンヒョクが演じるヘウォンは、カン自身が話すとおり「食べるのが好きで、いつも笑っているバカ」と特徴づけられている。[41] 空腹にあらがえずにパン屋で道草を食ってしまう幼児性や、紛失したギターをパン屋で目にしてもそれを店長が盗んだとまでは思いいたらない鈍感な性格が強調されている。これはCNBLUEにおける彼らのイメージに対応したものである。CNBLUEは「Code Name: BLUE」の省略形であり、「BLUE」は全四人のメンバーそれぞれが売りにしているチャーミング・ポイントを表す英単語の頭文字を組みあわせた語であるとされる。[42] イには熱情的な気質を表す「Burning」、カンにはあどけない愛らしさを意味する「Lovely」という形容辞が割りあてられていた。村上の小説からの登場人物の属性の変更は、二人が売りこむこれらのイメージに役をあわせた結果である。

さらに、スターの乗り物としてのわかりやすさが求められる本作には、村上の小説がもつ曖昧性を排除してストーリーをより明瞭にしようとする配慮も見られる。ヘウォンがパン屋に忘れたギターをパン屋の店長が盗むというストーリーの追加は、ソンウォンとヘウォンのパン屋襲撃に抗議という名分を与える。また、店長がギターの弦を変えてやり、二人に好きなだけパンを食べてよいと勧めるのもギターを盗んだことに対する謝罪の意味をおびる。村上の小説では空腹のあまりのでたらめな行動やパン屋の主人のとっぴな提案として扱われていたこれらのアクションに明確な動機を加えることで、クリスティン・トンプソンがハリウッド古典映画に見出した因果関係の連鎖がより緊密になっている。[43] さらに、小説のパン屋の主人がパンを提供する交換条件として二人に呪いをかけると言いだし、「呪いはいつも不確かだ。バスの時刻表とは違う」という言葉で呪いの内容の言明を避けるくだりは一切削られ、明るい青春映画として鑑賞できる作品になっている[44]。パンの代償としての呪いは本作の続編にあたる「パン屋再襲撃」で再びとりあげられることから、呪いの主題に注目した論者も少なくない[45]。物語の鍵となる主題を削った映画は、村上作品への忠実性よりもスターの乗り物としてのわかりやすさや明朗さに徹底している。

山根由美恵は「納屋を焼く」(一九八三年)の改稿プロセスの精査を通して、一九九〇年代の村上に見られる、物語を説明しようとするストーリーテラーとしての志向に対し、一九八〇年代の村上作品の大きな特徴の一つとして曖昧性を挙げている[46]。「パン屋襲撃」もその例にもれず曖昧な部分の多い作品であるが、その曖昧さは第10章でとりあげる「納屋を焼く」のように「彼女」の失踪に複数の可能な解釈が同時に存在するambiguityというよりは、説明を大幅に省略し、語られていない部分の解釈を読者に委ねるvaguenessの意味あいが強い。「パン屋襲撃事件」は「パン屋襲撃」における曖昧(vague)な設定や展開に説明を与えて解釈の余地を狭めることで、文化的な背景や村上作品の理解の程度に関係なく多様な観客が同一の物語を享受できるようにしている。

特にスターのイメージという観点から注目すべきは、ソンウォンとヘウォンの関係をめぐる設定である。小説の「僕」と「相棒」は職業について言及がなく、続編の「パン屋再襲撃」においてははじめて「僕」が大学生であったことが語られるのみである。二人の関係も曖昧なものであり、彼らは同居していると見られるがなぜ一緒に暮らしているかすらも説明がない。このことから、第3章でも見たとおり、先行研究の多くでは「相棒」の性別がとりざたされてきた。本作の最初の正式な映像化作品である『パン屋襲撃』（山川直人監督、一九八二年）では「相棒」は諏訪太朗が演じる男性であり、「僕」と「相棒」は借家とおぼしき庭つきの日本間の家に同居していることになっているが、二人が何をして生活をしているか、なぜ一緒に暮らしているのかについては原作と同様に説明がない。

「パン屋襲撃事件」のソンウォンとヘウォンは売れない二人組バンドのギター兼ヴォーカルとドラムとして設定されており、イとカンのCNBLUEにおける役割と合致する。また、映画では二人が兄弟と設定されていることから、二人が同居している理由も説明がつく。韓国語で「兄」を意味する「ヒョン」（형）は実際の兄弟間のみならず、年下の男性が年上の男性に親しみをこめて呼びかけるときの呼称としても広く用いられるが、ソンウォンがヘウォンの兄であることはイが本作のメイキング映像の中でみずからの役を説明するさいに明言している。[47] この設定もCNBLUEのイメージからとられたものであると見られる。バンドの四人組はリーダーのジョン・ヨンファとイ・ジョンヒョンが「兄貴組」、カンとベースのイ・ジョンシンが「弟組」という擬似的な兄弟としてプロモーションを行っていた。[48] 最年少のメンバーを「末っ子」（막내）と呼ぶのはCNBLUEに限らずKポップのバンドでは一般的であるが、擬似的な兄弟はメンバー同士の仲のよさや家族のような連帯感を印象づける効果がある。本作に出演する二人のうちでカン・ミンヒョクは年下であり、彼の「Lovely」という可愛らしさをおびた男性性の特徴づけも兄弟における「可愛がられる弟」というステレオタイプにもとづくものである。

劇中では、キム・ソンウォンとヘウォンの名字が同じで、兄弟で下の名前に同じ字を使う字輩の習慣に従って〈원〉という共通の文字が用いられている。そして、ヘウォンがソンウォンに呼びかける呼称としての用法だけでなく、ソンウォンがヘウォンと話している最中に自分を指す役割語としても「兄」〈형〉が用いられている。これらの点から二人が兄弟であることが推察できる。

ところが、日本で公開されたさいにつけられた翻訳では、ソンウォンとヘウォンが兄弟であることが曖昧にされているように見える。弟のヘウォンは「もしもし　キム・ヘウォンさん？」と電話ごしに呼びかけられるさいにフルネームが字幕で提示される一方、ソンウォンがギターを売りに出す広告をインターネットの掲示板に書きこむシーンでは彼の名前は訳出されないため、ソンウォンの名字もキムであることを日本語字幕だけを頼りに理解することは困難である。また、ヘウォンがソンウォンを呼ぶときの「兄さん」（형）が、日本語字幕では「アニキ」と訳される一方、自称詞の〈형〉が用いられるソンウォンのセリフ「兄さんはさ、怒らないよ」（형이 말이야, 화 안낼게。）は「怒らないから言ってみろ」と訳され、兄を指す役割語は省略される。韓国語を理解せず、韓国の名づけの慣習などの文化的知識をもたない場合、ソンウォンとヘウォンの関係は村上の小説の場合と同じく曖昧である。これは、村上の小説に親しみの深い観客の多い日本市場むけに、「パン屋襲撃」の曖昧さを翻訳を通して回復した再文脈化の例であると見られる。グローバルな市場にあわせてプロモーションの手法を調整する韓国ポピュラー文化の「超国籍」がここでも実践されているといえよう。

4　韓国音楽史への文脈化

前節では、「パン屋襲撃事件」がスターの乗り物として機能するために村上の小説に加えた改変を概観した。イとカンがCNBLUEにおいて強調する魅力や擬似兄弟のイメージは作中人物の造型に投影され、村上の「パン屋襲撃」が有する曖昧性は抑制されている。これらの改変は映画が若手男性アイドルたちを売りこむ目的に貢献しており、韓国で「無国籍」の文学として人気の高い村上春樹のアダプテーションはバンドの「超国籍」の戦略に即したものだといえる。本節では、以上のような「超国籍」への動きには一見逆行する韓国音楽史への文脈化に注目したい。チョンが示す「超国籍」は文化の固有性を脱色することばかりを意味するわけではなく、グローバルな市場の中で商品が消費される地域にあわせて内容を変容させることで文化的な越境を可能にする。[49] したがって国内の観客に受け入れられるためには韓国文化の固有性もまた不可欠な要素である。本節でとりあげる韓国音楽史への言及は単なる再文脈化にとどまらず、評価の未知数なアイドルの芸能史における位置づけを示すというスターの乗り物としての役割をになうものだと考えられる。

村上の「パン屋襲撃」では、空腹からパン屋を襲った二人は店の主人にリヒャルト・ワーグナーのオペラ『トリスタンとイゾルデ』（一八六五年）を聞かされる。共産党員かつワーグナー好きの店の主人は、二人がワーグナーの音楽を「好きになってくれたらパンを食べさせてあげよう」という取り引きを申しでて、「僕」と「相棒」はそれを受け入れ、「ワグナーを聴きながら腹いっぱいパンを食べ」る。[50]満腹した二人の帰りぎわ、店の主人は「明日は『タンホイザー』を聴こう」と提案する。[51]「パン屋再襲撃」で一〇年後の「僕」は「パン屋の主人と一緒に『タンホイザー』と『さまよえるオランダ人』の序曲を聴いた」と回想しており、曲目に「僕」または作者の記憶違いとおぼしき異同が見られるもののワーグナーの音楽であることは一貫している。[52]このことから先行研究はワーグナーがもつ象徴性の読解に重点をおいてきた。ワーグナーの音楽がナチスによって民族主義イデオロギーの宣撫に利用された歴史に注目し、「社会のアウトサイダーとして生きようとしていた「僕」に、想像の共同体への帰依を示唆する「比類ない麻酔力」を秘めた音楽として作用し、いわば近代国民国家を支えるネーションへの誘引力として機能した」と解釈した髙橋龍夫はその一例である。[53]共産党員であるパン屋を襲うことに「ヒットラー・ユーゲント的な感動」をおぼえる僕はワーグナーの音楽に感化を受ける。[54]その後、「大学に戻って無事に卒業し、法律事務所で働きながら司法試験の勉強をした。そして君と知り合って結婚した。二度とパン屋を襲ったりはしなくなった」と妻に語るように「僕」は国民国家にとりこまれ、従順な社会の一員としての人生を歩むことになる。[55]これこそがパンの収奪が「僕」にもたらした呪いであり、このナショナリズムの呪いはグローバリゼーションの象徴たるマクドナルドからビッグマックを奪うことによって超克されなければならなかった。

ところが「パン屋襲撃事件」では、村上の小説におけるワーグナーは韓国のフォークロックバン

ド、サヌリム（산울림、韓国語で「山びこ」の意）のヒット曲「回想」（회상、一九八二年）におきかえられている。ギターを店長が横領したことに気づいたソンウォンとヘウォンはパン屋に駆けこんできて店長に詰めよる。店長はしらを切るが、二人はアルバイトの女性が店の奥でギターをつまびく音を耳にし、女性からギターをとりかえそうとするがもみあいになって弦が切れてしまう。「弦を換える間 パンは好きなだけ食べていい」という店長の申し出に従って彼らがパンを食べているあいだに、店長はギターを弾き、「回想」を歌って聞かせる。かつて作曲をしていた店長は、サヌリムの「回想」やキム・グァンソクが歌う「彼女が初めて泣いた日」（그녀가 처음 울던 날、一九九五年、イ・ジョンソンの一九八五年の曲のリメイク）といった実在するヒット曲の真の作者であったが、著作権の管理を怠ったために今はパン屋に身をやつしているのだと二人に語る。店長の曲を収めたアルバムをもらって帰った二人はギターを売るのをやめ、のちにミュージシャンとして成功する。

サヌリムは朴正煕《パクチョンヒ》政権が「大衆音楽の健全化」という名目で一九七〇年代なかばに行ったロックバンドに対する抑圧の時代を経て、一九七七年にデビューしたバンドである。[56]「公演物及び歌謡浄化対策」（一九七五年六月）や「不健全外国歌謡禁止曲選定」（一九七五年一二月）など一連の歌謡界に対する規制は、若者文化のエネルギーが反政府運動に発展する可能性を危惧した政権にとって青年の文化様式を健全な方向に導くねらいがあった。[57]サヌリムに代表される当時の大韓ロックは保守政権に対する対抗文化としての意味あいが強く、ヒトラー政権によって積極的に活用されたワーグナーの音楽とは対照的である。したがって『アコースティック』が行った音楽の変更は単なるナシヨナリズムの発露ではなく、売りだし中のアイドル・バンドを韓国ロックバンドの系譜に連ねるイメージ戦略としての役割があったと解釈できる。

劇中でソンウォンとへウォンが組んでいるバンドは「タージマハル」という名前からも推察できるとおり、CNBLUEと同様に韓国色が薄い。ソンウォンのベッドのわきにはクイーンやジェフ・ベック、韓国のロックバンドTrans Fixion（二〇〇〇年活動開始）などのポスターが貼られており、複数の文化的要素を折衷し、マーケットに応じて使いわけるKポップの「超国籍」を強く想起させる。世代の異なる音楽を提示することにより、映画はグローバル化した二〇一〇年代のKポップが大韓ロックを含めた韓国のポピュラー音楽の歴史に連なる存在であることを暗示している。また、サヌリムがキム・チャンワン、キム・チャンフン、キム・チャンイクの実の三兄弟で構成されたバンドであることも、同じくキム姓をもつソンウォンとヘウォンの兄弟バンド、さらには擬似兄弟としてのCNBLUEと相似関係を結び、CNBLUEが韓国ロック史の正当な継承者であることを象徴する。

音楽をあきらめてギターを売ろうとしていたソンウォンが再び作曲にとりくむ結末は、村上の小説における「部屋に辿りついた時、我々の中の虚無はもうすっかり消え去っていた。そして想像力がなだらかな坂を転がり落ちるようにカタカタと動き始めていた」という結末に対応する内容である。[▽58] しかし「パン屋襲撃」の中で想像力の内容が説明されることなく「パン屋再襲撃」でそれが想像の共同体たる近代国家への動員であったことがあきらかにされるのに対し、映画では想像力が音楽を生みだし、ソンウォンとヘウォンのバンドが路上ライブから、ライブハウスでの演奏、バンドの三〇周年記念テレビ放送といったぐあいに、希望あふれる未来に結実したことが描かれる。路上ライブのシーンの直前には、ギターをつまびく兄の作曲作業を聞きながら眠るヘウォンの顔のクロースアップが挿入され〔図1〕、ライブハウスのシーンの直前では路上ライブでドラムを演奏中に恍惚にひたるヘウォンの顔のショットとともにシーンがホワイトアウトする〔図2〕。このようにシーンの転換に目を閉じたヘウォンのショットが繰り返し用いられることにより、後続するシーンがヘウォンの夢ないし願望であることが暗示される。ここであえて現実味を欠いた夢として二人の未来を描いたのは、「想像力がなだらかな坂を転がり落ちるようにカタカタと動き始めていた」という小説の表現を将来の夢にむかって希望をふくらませるさまと解釈したことによると考えられる。

図1, 2 『アコースティック』

ソンウォン演じるイ・ジョンヒョンが劇中で歌うオリジナル曲「High Fly」（二〇一〇年）は「Why Why なぜ 同じ答えだけ望むのか／ Why Why なぜ 同じ姿で生きろと言うのか」（why why 왜 자꾸만 같은 대답만을 원해／ why why 왜 자꾸만 같은 모습으로만 살라고 말해）と画一的な人生選択に疑問を

呈し、「High High 高く飛んで行け／High High 世界を見つめろ」（high high 높이 날아 올라／high high 세상을 바라봐）と訴えかける。この点もまた、「僕」が「パン屋再襲撃」の中で語る大学卒業から司法試験、結婚にいたるまでの日本社会に順応した人生とは対照をなす。むしろ、文化の単一性を拒み、グローバルな世界に目をむけるKポップバンドのアレゴリーとして読むことができるだろう。村上の物語を借りて語られる韓国音楽史とその先に約束された成功譚は、韓国ポピュラー文化の願望充足的な自己イメージの投影だといっても過言ではない。

アイドル映画である『アコースティック』は、アート・シネマとして受容されることの多いこれまでの村上作品のアダプテーションとは一線を画している。観客層がKポップ好きの若い女性であり、村上のファンではないためか、韓国と日本のどちらにおいても村上作品を翻案したエピソードが含まれていることは広く知られていない。しかし、このことによりかえってグローバル化したポピュラー文化の中で村上がもつ意味を浮かびあがらせている。韓国の場合、彼の作品は何よりもまず日本の漫画やアニメと同じ「無国籍」の文化商品として日常生活をとりまくメディア環境に浸透している。韓国のポピュラー文化においても村上は身近な存在であり、文化的な他者とはならない。だが『アコースティック』が行った「パン屋襲撃」のアダプテーションからも見てとれるように、村上が受け入れられている要因は主に作品の軽さやポップさであり、作品がもつ寓意性や日本社会に対する洞察といった部分がどの程度受容されているかについてはさらなる検討が必要だろう。

少なくとも「パン屋襲撃事件」では先行研究が議論の対象にしてきたパン屋の主人がかけた呪いをめぐる寓意は捨象され、楽しくポップな雰囲気が重視されている。さらに村上作品は単に文化的に無臭なだけではなく、グローバルな文化に直接つながる世界文学としても認識されている。だからこそ「超国籍」を目的とするKポップのアイドル・バンドのイメージ戦略として利用されることになった。異文化においても理解される物語はアイドルが国籍を越えて活躍するうえで効果的な乗り物になりうる。

CNBLUEという新しいスターの乗り物として機能するために、「パン屋襲撃」は大幅な改変を経ることになった。ミュージシャンという設定にはじまり、主人公たちの性格、兄弟という間柄、パン屋の主人との取り引きの内容といった変更点はいずれもイ・ジョンヒョンとカン・ミンヒョクのスターとしてのイメージを確立する役割をになう。この反面、アイドル表象を阻害することのないわかりやすい物語に作りかえられたことで、村上の小説が本来もっていた曖昧性は失われた。アダプテーション批評において常に問題となる原作への忠実さという観点からはもはや村上作品とは呼べないと批判することもできるだろうが、本作が描きだす「パン屋襲撃」はグローバルなポピュラー文化の中において村上作品がもっている一面を体現している。名だたる映画作家たちによって作られ、芸術作品のように鑑賞の対象とされるほかのアダプテーション作品とは毛色が異なるものの、この一面もまたグローバルな村上文学の容貌である。

▽1 高美哿「「映画的翻訳」としてのアダプテーション　市川準の『トニー滝谷』」『言語文化』三六巻、二〇一九年、三四―四八頁。

▽2 宮脇俊文「村上春樹『ノルウェイの森』――言葉の感性を映像化する手法」宮脇俊文編『映画は文学をあきらめない――ひとつの物語からもうひとつの物語へ』水曜社、二〇一七年、四一頁。

▽3 山根由美恵「「世界文学」としての「バーニング」―村上春樹「納屋を焼く」を超えて―」『広島大学大学院文学研究科論集』七九巻、二〇一九年、五一―七一頁。

▽4 米村みゆき「「やみくろ」はどのように表象されるのか――『神の子どもたちはみな踊る』におけるフィルム・アダプテーション」石田仁志／アントナン・ベシュレール編『文化表象としての村上春樹　世界のハルキの読み方』青弓社、二〇二〇年、二五六頁。

▽5 David Bordwell, "Art Cinema as a Mode of Film Practice," *Film Criticism* , vol. 4, no. 1, 1979, pp. 58-59.

▽6 四方田犬彦「村上春樹と映画」柴田元幸／沼野充義／藤井省三／四方田犬彦編『世界は村上春樹をどう読むか』文藝春秋（文春文庫）、二〇〇九年、一七〇頁。

▽7 大塚英志『村上春樹論――サブカルチャーと倫理』若草書房、二〇〇六年、二一八―二一九頁。

▽8 助川幸逸郎「村上春樹は、なぜ映画脚本家にならなかったか」石田仁志／アントナン・ベシュレール編『文化表象としての村上春樹』青弓社、二〇二〇年、二〇六―二〇七頁。

▽9 金良守「韓国における村上春樹の受容とそのコンテクスト」松崎寛子訳、藤井省三編『東アジアが読む村上春樹　東京大学文学部中国文学科国際共同研究』若草書房、二〇〇九年、一七頁。

▽10 趙柱喜「ライトノベルとして春樹を読む」柴田勝二／加藤雄二編『世界文学としての村上春樹』東京外国語大学出版会、二〇一五年、一四三―一六三頁。

▽11 助川「村上春樹は、なぜ映画脚本家にならなかったか」二〇七頁。

▽12 『アコースティック』（어쿠스틱）、ユ・サンホン（유상헌）監督、Innovation Factory/Neowiz Internet、二〇一〇年、DVD（ポニーキャニオン、二〇一一年）。

▽13 「アコースティック（２０１０）」シネマトゥデイ、二〇二〇年八月二一日閲覧〈https://www.cinematoday.jp/movie/T0012399〉。

▽14 Inuhiko Yomota, “How to View the ‘Haruki Boom’,” *A Wild Haruki Chase: Reading Murakami around the World*, compiled and translated by The Japan Foundation, Stone Bridge Press, 2008, p.35.

▽15 岩渕功一『トランスナショナル・ジャパン　アジアをつなぐポピュラー文化』岩波書店、二〇〇一年、三三頁。

▽16 岩渕功一『文化の対話力　ソフト・パワーとブランド・ナショナリズムを越えて』日本経済新聞出版社、二〇〇七年、一二二―一二六頁。

▽17 岩渕『文化の対話力』一三三頁。

▽18 金「韓国における村上春樹の受容」二八頁。

▽19 Jung Sun, *Korean Masculinity and Transcultural Consumption: Yonsama, Rain, Oldboy, K-Pop Idols*, Hong Kong University Press, 2011, chapter 5, Kindle edition.

▽20 エピソードの邦題は日本語字幕およびDVDのチャプタータイトルに拠る。

▽21 〈CAST & STAFF〉KOREA FILM、二〇二〇年八月二一日閲覧〈http://www.koreafilm.co.kr/movie/acustic/acustic_6.htm〉。

▽22 〈어쿠스틱 / Acoustic〉Busan International Film Festival、二〇二〇年八月一九日閲覧〈https://www.biff.kr/kor/html/archive/arc_history_tsearch.asp?mode=view&idx=15244&piff_code=2010〉。

▽23 “Archive Search: *Acoustic*,” Busan International Film Festival, accessed August 19, 2020, https://www.biff.kr/eng/

html/archive/arc_history_tsearch.asp?mode=view&idx=15244&piff_code=2010.

▽24 Haruki Murakami, "The Second Bakery Attack," translated by Jay Rubin, *The Elephant Vanishes*, Alfred A. Knopf, 1993, pp. 35-49; "*Eokuseutig* (2010)," Internet Movie Database, accessed August 19, 2020, https://www.imdb.com/title/tt2313534/.

▽25 村上春樹「パン屋襲撃」『早稲田文学』六五号、一九八一年、四〇―四三頁。「パン」糸井重里／村上春樹著『夢で会いましょう』冬樹社、一九八一年、一五五―一六一頁。「パン屋襲撃」『村上春樹全作品１９７９～１９８９⑧短篇集Ⅲ』講談社、一九九一年、二九―三六頁。

▽26 村上春樹「パン屋を襲う」『パン屋を襲う』新潮社、二〇一三年、九―二四頁。

▽27 村上春樹（ユ・ユジョン（유유정）訳）〈빵 가게 습격〉《무라카미 하루키 단편 걸작선》（村上春樹短編傑作選）文化思想社、一九九二年、九二―九七頁。

▽28 村上春樹（ユン・ビョンモ（윤병모）訳）《A to Z》東アジア、一九九八年。村上春樹（ヤン・ヘユン（양혜윤）訳）《소울 메이트》（ソウルメイト）、세시、二〇〇七年。

▽29 村上春樹（キム・ナムジュ（김난주）訳）〈빵가게를 습격하다〉《빵가게를 습격하다》（パン屋を襲う）文化思想社、二〇一三年、九―二四頁。

▽30 村上春樹（クォン・ナミ（권남희）訳）〈빵 가게 습격〉《빵가게 재습격》（パン屋再襲撃）Munhakdongne、二〇一四年、三五―四四頁。

▽31 ただし、「パン屋襲撃」が一人称の主人公の視点で語られるのに対し、「パン屋襲撃事件」では視点人物が一人に限定されていないため、主人公の若者二人と小説と「僕」「相棒」との対応関係は把握しづらい。

▽32 BH_Jang〈어쿠스틱 (Acoustic / 유상헌 감독 , 2010)〉Daydream Nation、二〇一〇年一〇月二七日〈https://intogroove.tistory.com/m/1184?category=326776〉。

▽33 〈Hot Issue: Production Note〉KOREA FILM、二〇二〇年八月二二日閲覧〈http://www.koreafilm.co.kr/movie/acustic/acustic_2.htm〉。

▽34 菅野綾子「出発点は、日本での路上ライブ。実力派４人組にトキメキＭＡＸ！」『an an』一七四八号、二〇一一年、九五頁。

▽35 菅原可菜／小泉咲子「CNBLUE 〝４人４色〟の Cool & Smile にキュン♡」『an an』四四巻一四号、二〇一三年、四八頁。

▽36 〈CAST 상원 이종현〉KOREA FILM、二〇二〇年八月二二日閲覧〈http://www.koreafilm.co.kr/movie/acustic/acustic_4-2.htm〉。

▽37 古林由香「J-POP 育ちの K-ROCK バンド　CNBLUE は謙虚なロッカー」『AERA』二四巻一四号（通巻一二七六号）、二〇一一年、五九頁。

▽38 sch1109〈[어쿠스틱] 역시 아쉬움만 남을수밖에 없었다〉Movist、二〇一〇年一一月九日〈http://www.movist.com/comm/m_view.asp?mid=43016&id=89179&page=1〉。

▽39 リチャード・ダイアー『映画スターの〈リアリティ〉　拡散する「自己」』浅見克彦訳、青弓社、二〇〇六年、一一五—一一六頁。

▽40 村上「パン屋襲撃」『村上春樹全作品１９７９〜１９８９⑧短篇集Ⅲ』三一—三二頁。以下、本文からの引用は『全作品』版に従う。

▽41 정진호〈〝어쿠스틱〟스무살 청춘들의 참신한 음악 영화〉조이뉴스24、二〇一〇年一〇月二〇日〈http://www.joynews24.com/view/522980〉。

▽42 〈씨엔블루〝할아버지 밴드 되기로 약속했죠〟〉SBS News、二〇一〇年一月一三日〈https://news.sbs.co.kr/news/endPage.do?news_id=N1000696429〉。

▽43 Kristin Thompson, "The Formulation of the Classical Narrative," *The Classical Hollywood Cinema: Film Style and Mode of Production to 1960*, by David Bordwell, Janet Staiger and Kristin Thompson, Routledge, 1985, pp. 266-267.

▽44 村上「パン屋襲撃」三五頁。

▽45 たとえば、風丸良彦『村上春樹短篇再読』みすず書房、二〇〇七年、五六―六八頁。

▽46 山根由美恵「二つの「納屋を焼く」―同時存在の世界から「物語」へ―」『広島大学大学院文学研究科論集』六九巻、二〇〇九年、六九頁。

▽47 「Making & Interviews スペシャル映像」『アコースティック』DVD。

▽48 「いま会いたい男44　イ・ジョンヒョンさん from CNBLUE　ミュージシャン、俳優」『クロワッサン』四〇巻一五号（通巻九三〇号）、二〇一六年、一二〇頁。

▽49 Jung, *Korean Masculinity*, chapter 5.

▽50 村上「パン屋襲撃」三五頁。

▽51 同、三六頁。

▽52 村上春樹「パン屋再襲撃」『村上春樹全作品1979〜1989⑧短篇集Ⅲ』一七頁。ただし二〇一三年の「再びパン屋を襲う」では、この部分が「パン屋の主人と一緒に神妙な顔で『トリスタンとイゾルデ』を聴いた」に修正されている。『パン屋を襲う』四二頁。

▽53 髙橋龍夫「村上春樹「パン屋再襲撃」の批評性――グローバリズム化へのレリーフ――」『専修国文』八三巻、二〇〇八年、四八頁。

▽54 村上「パン屋襲撃」三二頁。

▽55 村上「パン屋再襲撃」一八頁。

▽56 古林由香「K-POPだけじゃない「韓流バンド」がやってきた」『AERA』二四巻四七号（通巻一三〇九号）、

二〇一一年、三七頁。

▽57 沈元燮「日・韓のフォークソング、1970年前後」『日本歌謡研究』五四号、二〇一四年、一〇―一一頁。

▽58 村上「パン屋襲撃」三六頁。

第9章　ハナレイ・ベイ　ヤンキー男子と視線の政治性

『ハナレイ・ベイ』（松永大司監督、二〇一八年）は村上春樹の『東京奇譚集』（二〇〇五年）に収録された同名の短編小説の映画化である。本作は、村上の原作に対して忠実なアダプテーションであると見なされることが多かった。たとえば、藪添隆一は短編小説「ハナレイ・ベイ」の心理学的分析を行った論文の中で「自然と人を受け容れることによって服喪の作業がなされていくことを物語るという意味で、原作の本質に映画は到達している」と映画を高く評価している。[▽1] 同様に、松崎健夫も「原作にはない行間を役者の演技と映像で補強しながら、全体的に原作のイメージと乖離していない」と評している。[▽2] 一方、山根由美恵は本作について「原作にほぼ忠実な世界が展開されている」としつつも、短編小説を長編映画にするうえで新たに追加した要素が少ないためにセリフが乏しいシーンが多いことが作品を冗長にしていると指摘している。[▽3] また、内田樹は映画に対するコメントの中で小説と映画を区別することなく生への執着をもたない死者に対する残された者の当惑をめぐるストーリーにもとづいて論を展開している。[4] 評価に関してはばらつきが見られるものの、いずれの議論も原作と映画の同一性に立脚したものである。

これに対し、本章では本作の原作小説からの逸脱への注目を通して、映画が根ざした独自のコンテクストをあきらかにする。ハワイで起こった水難事故により一九歳の息子を亡くした母親のサチが事故現場であるハナレイ・ベイに一〇年間通いつづけ、日本人大学生のサーファー二人組と出会い、息子の幽霊とおぼしき片脚のサーファーの噂を聞かされるという映画『ハナレイ・ベイ』のストーリーは村上の小説にそったものであり、原作のセリフをほぼそのままのかたちで用いたシーンも少なくない。[5] しかし、本章の分析が示すとおり、小説は主人公サチの主観にそって語られるのに対し、映画では原作よりも男性登場人物を大きく扱うことによってサチの主観が相対化され、彼女の認識の限界が暗示される。これにより、作中で表象される女性性の意味が原作と映画では大きく違ったものになる。

小説「ハナレイ・ベイ」は女性の主観の表現を通してヒロインの孤立や現代日本の女性性に見られる矛盾を描きだす村上の女性物語の一作として位置づけられてきた。[6] ところが、男性登場人物の比重が増した映画版ではサチが死んだ息子をよりよく理解するにいたるまでの過程の中で男性登場人物である大学生サーファーの助けや庇護を受けている点が強調され、より伝統的な家父長制の価値観に近い女性像が描きだされる。現代日本の女性性が直面する問題を症例的なかたちで露呈させているといっても過言ではない。

このような男性登場人物の拡大は、近年の村上作品のアダプテーションの中での本作の例外的な位置づけとも無関係ではない。『ハナレイ・ベイ』は前章で扱った『アコースティック』と同様、アート・シネマとしてのマーケティングが行われていないという点で二〇〇四年以降の村上の映画化作品の大半とは一線を画している。監督の松永大司は本作が二作目の長編劇映画であり、当時はまだ国内外で映画作家として十分に認知されていたとはいいがたいことから、アート・シネマの特色である「作家の映画」が強調されているわけではない。むしろ、映画化の中心となったのは『ノルウェイの森』（トラン・アン・ユン監督、二〇一〇年）を製作した小川真司である。本作は当初『トニー滝谷』（二〇〇四年）に続く、村上作品を原作とする市川準監督作として企画された作品であった。▽7 市川の死去により一度企画が頓挫したのち、製作の橋本竜太が小川に声をかけて、プロデューサー主体となって映画化が進められたという。

また、ロカルノ国際映画祭で二位にあたる審査員特別賞を受賞した『トニー滝谷』や、ヴェネツィアおよびトロントの国際映画祭に出品された『ノルウェイの森』とは異なり、劇場公開に先立ちメジャーな国際映画祭に出品して箔をつける宣伝戦略がとられたわけでもない。このため、国際的に著名な映画作家を監督に起用したほかの映画化作品と比べて『ハナレイ・ベイ』の国外での認知は低い。たとえば、マーク・ヤマダは近年の村上作品のアダプテーションを包括的に論じているが、『トニー滝谷』、『ノルウェイの森』、『バーニング　劇場版』（イ・チャンドン監督、二〇一八年）が議論の中心となる一方で、日本での劇場公開は『バーニング』よりも早かった『ハナレイ・ベイ』には一切言及がない。[8]上記の三本とは異なり英語圏で字幕つきのＤＶＤが二〇二四年七月時点で未発売である点も、『ハナレイ・ベイ』の国外での認知度を低くしている要因であると考えられる。

むしろ国内において本作の宣伝の道具として活用されたのは、出演する男性アイドルのスター性である。本作は EXILE や三代目 J SOUL BROTHERS from EXILE TRIBE などの男性音楽グループが多数所属する芸能事務所 LDH JAPAN の子会社 LDH pictures が製作および配給を行った作品であり、GENERATIONS from EXILE TRIBE のメンバーである佐野玲於が出演している。キャスティングの段階で LDH JAPAN は当初佐野の出演を断っているが、[9]監督の松永が二〇一六年に GENERATIONS のライブを鑑賞したあとに再度佐野の起用を事務所に依頼したことにより出演にいたった。佐野が演じるタカシは映画の冒頭でサーフィンの最中にサメに襲われて死ぬ脇役であるものの、国内むけの映画の宣伝においては佐野の出演シーンを集めた場面写真が劇場公開に先立ち公開され、[10]映画雑誌や女性むけウェブサイトでは佐野の単独インタビューが行われた。[11]さらに前売り券は劇場用ポスターと同じデザインの通常版のほかに佐野だけを収めた写真を用いた「ＬＩＶＥ会場限定発売版」が作成され、二〇一八年八月上旬に東京ドームで開催された GENERATIONS の公演のさいに販売された。[12]以上の例を見ても、LDH JAPAN の所属タレントである佐野のアイドルとしての知名度に大きく頼ったマーケティングが行われたことがわかる。

本章では『ハナレイ・ベイ』の男性アイドル映画としての側面が作中の男性表象にも大きく関わ

っていることを示したい。単に男性の登場場面が原作よりも増えているのみならず、EXILEをはじめとするLDH JAPANの男性アイドルに関連づけて論じられることの多い男性像である「マイルドヤンキー」が男性性の理想的なかたちの一つとして本作の登場人物に投影され、女性主人公の主観を軸にした物語である村上の小説の書きかえに結びついていることを以下ではあきらかにする。

1 文化表象としてのヤンキー

LDH JAPANの男性アイドルに関する言説の中でしばしば用いられるのが「ヤンキー」や「マイルドヤンキー」といった表現である。斎藤環は「ヤンキー的なイメージ」の代表例としてEXILEを挙げ、天皇即位二〇周年記念式典でのEXILEの演唱に例示されるように、かつては一〇代の不良文化に限定されていたファッションや価値観が二〇〇〇年代末の日本において国民的なものとして広く一般的に受け入れられるようになったことを示した。[13] 彼らの音楽は二〇〇八年、二〇〇九年、二〇一一年のオリコン年間ランキングでCDアルバムアーティスト別売上金額ランキングで一位となるなど国民的な人気を博しながらも、特にヤンキーがよく聴く音楽として言及されることが多い。[14] 映画においても、三代目J SOUL BROTHERSのリーダー登坂広臣が主演した一九八〇年代の暴走族を描いた人気漫画を原作とする映画『ホットロード』（三木孝浩監督、二〇一四年）のヒットが二〇一〇年代の「マイルドヤンキー」と称される観客層と関連づけてとりあげられている。[15] また、不良高校生グループの抗争を描いたLDH JAPANと日本テレビ製作のテレビドラマ『HIGH & LOW ～THE STORY OF S.W.O.R.D.～』（久保茂昭ほか演出、二〇一五年）が二シーズンにわたって放映され、同作の映画版はシリーズ化された。近田春夫が指摘するとおり、LDH JAPANが自社に所属するアイドルグループに「ヤンキー系ミュージシャン」のイメージを与えるブランディングをメディア横断的に展開してきたことがわかる。[16]

ニューイングランドを中心とするアメリカの北部州の人間ないしアメリカ人全体に対する蔑称として用いられる英語のyankeeが、日本で原義を離れて暴走族など不良の若者を指すようになったのは一九八〇年代であるとされる。[17] 当時は一〇代の非行や暴走族がメディアで話題となっていた一方、横浜銀蝿や一世風靡セピア、尾崎豊といった歌手から前出の『ホットロード』（一九八六年）や『ビー・バップ・ハイスクール』（一九八三年）などの漫画にいたるまで大衆文化の中で不良少年少女のイメージが幅広く流布していた。難波功士はこれらの「ヤンキー」像が「旧来型の男女性役割《ジェンダー・ロール》」「［社会］階層的には下（と見なされがち）」などといった特徴を有することを示している。[18] 勉強が苦手で異文化や価値の多様性には興味を示さない一方で家族や仲間を愛し、ときにはやんちゃに羽目を外しつつも男らしさ・女らしさといったジェンダー観や、男が女を守るなどの伝統的な意識を受け入れ、積極的に再生産する保守的な若者像としてとらえることができる。

特に漫画においては、「ヤンキー男子」が「俺の女」を守る「男気」と「母性本能がくすぐられる」性的魅力を兼ねそなえたキャラクターの類型として定着している。[19] もちろん、このようなヤンキー表象やヤンキーをめぐる言説に対しては、現実にヤンキーと見なされる若者へのフィールドワークなど十分な実証的調査研究にもとづいていないという批判がこれまでにも社会学の分野から挙がっている。[20] しかし、メディアに表象されるイメージとしてのヤンキーを理解するうえで、ジェンダーや社会に対するヤンキーの保守性についての指摘は有益な示唆に富んでいる。

一九九〇年代以降の経済不況と大学進学率の上昇とともに現実の暴走族や非行少年がしだいに下火になっていったことに呼応するかのように、二〇一四年には「マイルドヤンキー」という用語が注目され、同年の流行語大賞の候補の一つに挙がった。この語を提唱した原田曜平にとって、マイルドヤンキーとはリーゼントなどのかつて典型的だったファッションや非法行為からは離れた、教育水準の比較的低い郊外の若年保守層を指す。原田によれば、EXILEを中心とするLDH JAPANのアイドルグループがとりわけこの層のあいだで人気が高いのは、「日焼けした肌、黒を基調にした悪羅悪羅《オラオラ》系のファッション、肉体を誇示するマッチョ性、メンバー間の仲の良さ、仲間と家族を何よりも大切にする歌詞や言動」といった特性への憧れや共感が大きな要因であるという。[21] つまり、マイルドヤンキーはヤンキーとは異なり社会システムに順応している一方で、ヤンキーがもっていた保守的な価値観を継承した存在である。LDH JAPANの男性アイドルはファッションや音楽を通して旧来の「男らしさ」を誇示する男性性や家族、仲間に関する伝統的規範を体現する存在である。実際、彼らは「肉体美にヒゲ面で、ワイルドで男性的な魅力」をセールスポイントとし、比較的小柄で中性的な外見をもつ旧ジャニーズ事務所のアイドルとの差別化を行ってきた。[22]

村上春樹の文学は、このようなヤンキー像からはかけ離れているように思われる。ヤンキーについて積極的に発言を続けてきた斎藤環も、アメリカ文学を取り入れた村上と黒人音楽の影響を受けたEXILEのあいだにアメリカからの影響という共通項を認めながらも、トラウマ的体験にさえ肯定的な意味を与えて成長の糧とするヤンキー文化と村上が描く喪失のテーマはあいいれないものであると断言している。[23] たしかに、文化的に洗練された孤独な都会人が頻繁に登場する村上の小説と、地縁や血縁を重視するヤンキーの価値観との親和性は低いといえるだろう。また、女性が男性主人公を導く神秘的な存在として類型的に描かれることに対するフェミニスト批評の観点からの批判は受けることがあるものの、[24] 村上の男性登場人物は家父長制に代表される伝統的家族観やマッチョイズムを信奉しているわけではない。短編小説の「ハナレイ・ベイ」は母子関係に焦点をあてているが、ヤンキー息子が思春期の反抗の末に素朴な母親への愛に目ざめるといった典型的な家族愛の物語では決してない。それでは、どのように映画の男性表象がヤンキーの要素を村上の物語に導入しているかを次節では考えてみたい。

2　男性表象と人物造型——マイルドヤンキーとしての若者

映画『ハナレイ・ベイ』におけるヤンキー表象は、GENERATIONSの男性アイドル佐野玲於のスペクタクルとしての身体の提示、さらに村上虹郎演じる大学生の若者、高橋の人物造型の変更に色濃く見ることができる。映画において男性の身体が繰り返しスペクタクルとして表象されるのは、本作がLDH JAPANの製作による男性アイドル映画としての側面をもっているためだけでなく、監督である松永がこれまでに男性同性愛の主題を繰り返し描いてきたことも関係しているだろう。長編映画デビュー作であるドキュメンタリー映画『ピュ~ぴる』(二〇一一年)ではトランスジェンダーの美術家ピュ~ぴるに取材し、初期の短編映画『おとこのこ』(二〇一一年)においても思春期の主人公が抱く性への関心の一側面として同性愛的要素が描かれる。高山真の小説を原作とする『エゴイスト』(二〇二二年)では、ゲイ男性の恋愛が物語の中心となる。『ハナレイ・ベイ』では同性愛が明示されることはないものの、死んだタカシが宿泊していたホテルの経営者がイラクで戦死した共同経営者の思い出をサチに話すシーンで同性間の親密な感情が描かれる。また、同じホテルにサチが日本人大学生を連れて行くシーンでは若い男性二人が並んで歩きながらサチたちとすれ違う。このシーンによって、ゲイフレンドリーなホテルであることが示唆されている。

小説は「サチの息子は十九歳のときに、ハナレイ湾《ベイ》で大きな鮫《さめ》に襲われて死んだ[▽25]」というサチの息子、タカシの死の報告ではじまる。これに対し、映画のオープニングはその直前、夜明け前にタカシがホテルを出て海に行き、サーフィンに興じる様子を描いている。タカシが浜に出るシーンでは彼の視点ショットが用いられて観客を彼の目線に同化させる一方で、海に入ってからはスローモーションが用いられるほか、時間や空間のコンティニュイティーが放棄され、タカシの動きや泳ぐ方向を無視した断続的なショットが連なる。また、環境音は一切排除されており、その代わりにイギー・ポップの「ザ・パッセンジャー」（一九七七年）が映像に重ねられることから、ミュージック・ビデオのような印象が強められている。このような俗に「MTVスタイル」と呼ばれる編集技法は、一九七〇年代以降のアメリカにおける企業の自由化がもたらした商業主義のもと、テレビコマーシャルからの影響を強く受けたものである。[26] このシークェンスが魅力的なものとして売りこむ〈商品〉はスペクタクルとしての男性アイドルの身体であり、彼の演じる人物に重点がおかれている。さらに、ヒロインであるサチが目にしていないシーンを映画の冒頭に配することで、本作が全編を通してサチの視点にそって展開する村上の原作とは一線を画したものであることが示されている。

タカシと同様に劇中における比重が原作よりも増しているのが二人の男子大学生である。彼らが最初に登場するシークェンスは、冒頭のタカシのシークェンスと多くの類似が見られる。サチが息子の死後の事務処理を行う様子が描かれたのち、「十年後」という中間字幕が挿入されるとともに映画は再びサチの視点を離れる。空港に駐機している旅客機の短いショットを挟み、二人の日本人青年がテントを張って野宿をしている夜明け前のシーンに切り替わる。目ざめた二人が短い会話を交わすと、彼らが朝日を浴びてサーフィンに興じるシーンに切り替わる。半野喜弘によるテクノポップ風の軽快な音楽に載せて、タカシのサーフィンのシーンと同様にサーフボードを乗りこなす二人の姿がスローモーションによって映しだされる。こちらもまた、コンティニュイティーの放棄、スローモーションや音楽などの使用の点において、ミュージック・ビデオ風の演出である。タカシと青年の登場シーンを相似的なものにすることにより、本作は両者のパラレルな関係を際立たせている。

村上の小説では二人の大学生は名前をもたず、それぞれ「ずんぐり」と「長身」と呼ばれる。メトニミーを用いた呼称はサチの目を通した主観的な印象を物語るだけでなく、体格差を強調することで喜劇性を生みだす効果がある。コメディアンのローレル&ハーディのような凸凹コンビとして形象される二人は、小説では終始「なんにも知らないぽけっとしたの」[27]、「二人のろくでもないサーファー」[28]として描かれる。しかし映画では、村上虹郎とプロサーファーの佐藤魁《がい》が演じる二人の大学生はどちらも筋肉質で健康的な体型であり、身長にも差はほとんど見られない。また、劇中で直接言及されることはないものの、二人には原作にない「高橋」と「三宅」という名前が与えられており、映画の劇場用プログラム等に明記されている。[29]この命名については、佐野玲於と村上が雑誌の対談の中で、撮影現場のアメリカ人スタッフが二人の役名「タカシ」と「高橋」を区別できずに混乱した逸話を紹介している。[30]村上の小説が「テカシ」[31]という表記でアメリカ人の発音を表現したのとは違ったかたちで英語発音の訛りを活用し、映画はタカシと大学生の高橋との対応関係を示唆していると考えられる。原作の「ずんぐり」がタカシと重ねられた存在であることは小説内でも示唆されており[32]、映画における命名はそれを補強するものだといえよう。

さらに映画は「ずんぐり」に相当する高橋の人物造型に大幅な変更を加えている。特に物語に大きな影響を与えている変更は、彼が実は英語を理解できるという点である。高橋はホテルのオーナーから、サチがハナレイ・ベイで一〇年前に息子を亡くして、それ以来毎年やって来ては同じ場所に座っていると聞きだす。その直後には、木陰に座って本を読むサチを高橋が浜辺から見るシーンが挿入され、高橋がサチの事情を理解して同情を寄せていることが暗示される。以降、高橋はサチをひそかに守り、助ける庇護者としての役割が強調される。高橋が酔っ払いの元海兵隊員に売られたケンカを中指を立てて買い、激しく殴られて警察の厄介になるシーンでは、サチに対する中傷を受けて、あえて体格差のある元軍人のケンカを買ったことが示される。また、青いビニールシートを波に見立てて若者たちがスケートボードをするシーンでは、高橋がビーチの駐車場にいたサチに駆け寄ってきて帰りがけの彼女を誘い、「やってみたら、サーフィンじゃないけど」と彼女を参加させる。これはホテルで高橋とサチが会話する中盤のシーンで「一度ぐらいサーフィンやってみてもいいかな」とサチが言ったことを受けてのものであり、高橋がサチの何気ない発言を記憶にとどめて彼女を喜ばせようとしたことがわかる。村上の原作にないこれらのシーンは、どちらもサチの名誉を守り、彼女に笑顔をもたらす庇護者としての高橋の役割を例示する挿話である。

村上の小説『アフターダーク』（二〇〇四年）にも「高橋」という名前の男が登場し、主人公の大学生マリを庇護する役割を果たす。しかし、音楽や映画に関する教養をもち、みずからの知識を饒舌にマリに語る『アフターダーク』の高橋と映画版『ハナレイ・ベイ』における高橋は大きく異なる。彼は自分が英語を話せることをサチに対して隠し、サーフィンをする動機についても「モテたくて」と答えて思い入れを表に出そうとしない。彼は粗野で無知な男という男性性を積極的に演じているのである。彼はあくまでサチに気づかれないところで彼女を庇護するという旧来型の男女性役割を徹底し、そのためには暴力も辞さない。これらの点は、高橋が現代のヤンキーのイメージに通じる特徴を与えられていることを示唆している。また、もう一人の大学生である三宅が外見をのぞけば原作に近い愚かな登場人物として造型されている点も、社会階層的に下と位置づけられるヤンキーのイメージを高橋に投影させるものである。高橋は仲間として三宅と対等に接しているが、二人の間に社会的な格差があることは小説のずんぐりのセリフ「あいつは超気楽なんですよ。就職の心配ありません。親は赤坂でけっこうでかい洋菓子屋をやってんです。うちを継いだらBMW買ってくれるんだって。いいっすよね。俺の場合、そうはいきませんから」に示されている。[33]高橋のサチに対する思いやりや聡明さを裕福な三宅の愚鈍さと対比させることで、映画はヤンキー男子である高橋を魅力的な存在として描きだしている。

これにより、小説における「奇譚」の部分にあたる、二人の大学生が「片脚の日本人サーファー」[34]を見たという証言に対して映画では異なる解釈が可能になる。小説では、ずんぐりが実は英語がわかるという描写がないため、大学生二人はサチが息子を亡くした母親であるという事実を知りえない。そのため「片脚の日本人サーファー」を見たとする二人の証言は、サチとは無関係にタカシの幽霊を見たものとして受け入れられる。タカシの幽霊が自分に見えず、若者たちには見えたという事実に対してサチが涙を流すのは、同世代の大学生と共有する若者としてのタカシの生き方をサチが受け入れられなかったことに気づくためだと解釈されている。[35]しかし、映画では高橋がサチの息子の死について知っていて一〇年間カウアイ島に通いつづける彼女に同情していることがすでに示されているため、過去にとらわれたサチに慰めを与えるために高橋が三宅を巻きこんで虚偽の目撃証言をしたという印象が強まる。そのため、涙を流すかたちでのサチの息子に対する感情の吐露は、映画では男子大学生二人の意図的な助けによってもたらされたものとして意味づけられることになる。つまり、映画においてサチは自分の気づかないところで男性に繰り返し助けられ、葛藤の浄化にも男性の介入を必要とする存在として描かれるのである。このような保守的なジェンダー観は、本作が漫画や映画における同時代のヤンキー表象の延長線上にあることを暗示している。

3 サチの認識の限界——アイロニーと視線の位置づけ

高橋が原作の「ずんぐり」よりもサチの事情について多くを知っていることが描かれる一方、サチの人物造型においては彼女の認識が限定的なものとして特徴づけられる。そのために活用されるのが「劇的アイロニー」（dramatic irony）である。劇的アイロニーにおいては、登場人物の限定的な視点から観客が引き離されることによって皮肉が生じる。[36] つまり、登場人物が認識していないことを観客が認識している状況が作られるのである。映画『ハナレイ・ベイ』においては、高橋が英語を話せる（ただし、サチに対しては英語を知らないふりをしている）、そしてホテルのオーナーに話を聞いてサチの事情を知っているという村上の原作にはない二つの事実が、本作における劇的アイロニーの下地となる。たとえば、前節でもふれたように、サチと大学生二人がレストランで岩国に駐留した経験をもつ元軍人にからまれるシーンの直後には、店の外に出た高橋と退役軍人が警察ざたのケンカをおこす映画独自のシークェンスが挿入される。店の前のシーンでは、退役軍人が「子供を1人亡くしたくらいで／毎年 ウジウジ来やがって／悲劇の母親気取んじゃねえ」と、高橋と三宅にむけてサチを侮辱する言葉を発する。三宅は英語がわからないものの、高橋は英語を理解していることが観客にすでに示されていることから、観客はサチに対する侮辱を聞いて高橋がケンカを仕掛けたことを理解する。しかし、店の前のシーンで不在だったサチはそのことを知らず、警察に大学生二人の身柄を引きとりに来たさいに「あんたたち男って本当にバカだよ」と非難する。小説では、治安の悪さを顧みずに安ホテルに泊まろうとする大学生に対してサチが「あんたたちみたいな、なんも知らないぽけっとしたのが、そいつらのいいカモになるのよ[37]」と同様の非難を浴びせる場面があるが、小説が大学生の軽率さに呆れるサチの視点に読み手が同一化するように書かれているのに対し、映画では事情を知らないサチの非難が一方的なものとして観客に示される。「分かってないのは おばさんだから」という映画独自の高橋のセリフは、登場人物間の認識の差を「あんたたち男」として一般化された大学生のほうが「おばさん」のサチよりも状況を正しく認識しているというジェンダー化された差異として特徴づけている。

また、セリフのやりとりの中でも、サチの認識の限界は観客に何度も強調される。レストランのシーンで高橋が発する「どうして一〇年も通ってるんですか?」という問いは、サチが息子が死んで以来一〇年間ハナレイ・ベイに通いつづけていることを高橋がホテルのオーナーから聞くシーンを踏まえたものである。このときはサチが答える前に元軍人が割りこんでくるため、サチの背景を知らないはずの高橋が自分が一〇年間通っていることを知っている不自然さにサチは気づきそこねる。同様に、退役軍人と高橋がケンカをしたあとの警察署のシーンでは、レストランの店長がサチに退役軍人が「あなたの悪口を言ってたらしい」と説明する。サチはその後のシーンで元軍人がどんな悪口を言っていたのか高橋に訊ねるものの、ここでも英語がわからないはずの高橋に退役軍人がサチの悪口を言っていた事実が理解できたという不自然さにサチが気づくことはない。ケンカのシーンでは、サチを中傷する退役軍人のセリフの途中で高橋の隣に立つ三宅が「意味分かんねえな」と高橋に言うショットが挿入されることで、退役軍人のセリフの内容は英語がわからない限り理解できないものであることが示唆されていた。結局、「忘れた／英語だから何言ってたか分かんなかったし」という高橋の虚偽の説明をサチは受け入れ、高橋が実は英語を理解できるという観客がすでに知っている事実に気づきそこねる。これらのやりとりは、登場人物の認識が観客よりも限られたものであることを露呈させ、観客と人物の間に心的な距離を作りだす劇的アイロニーの典型的な例であるといえる。

ジェームズ・マクダウェルは演劇と映画におけるアイロニーを区別し、観客がステージ全体を俯瞰できる演劇と、基本的にカメラがとらえたものしか見ることのできない映画では劇的アイロニーの働きが違ったものになりうることを指摘している。▽38 舞台作品の映画化である『ロープ』（アルフレッド・ヒッチコック監督、一九四八年）における死体が隠されたチェストのように、ほかの登場人物が気づいていない事物に舞台の観客はいつでも視線をむけることができるが、舞台を翻案した映画の場合は観客の視線の対象はカメラの恣意的な選択に委ねられる。『ハナレイ・ベイ』では、アイライン・マッチの放棄と逸脱を通して小説における視線のにない手であるサチが見ていないことを強調する演出が繰り返し行われる。これは映画の編集技法を通したアイロニーであるといえよう。

村上の小説では①サチの見る動作、②見られる対象の描写、③サチの反応というパターンの定着によって、全編を通してサチが見る主体として特徴づけられている。以下はそれぞれ、サチが息子の死の直後に海を眺めるシーン、サチと大学生の最初の出会いのシーン、大学生がサーフィンをする様子をサチが眺めるシーンである。①〜③のはじまりの部分にそれぞれ番号を振った。

①彼女は近くの駐車場に車を停め、砂浜に座って、五人ほどのサーファーが波に乗っている様子を眺めた。②彼らはボードにつかまって沖合に浮かんでいた。［…］③サチにはうまく理解できなかった。この人たちは鮫が怖くないのかしら。それとも私の息子が数日前に、この同じ場所で鮫に殺されたことを聞いていないのだろうか？▽39

①その日、具合のよくないレンタカーを取り替えてもらいにリフエ空港まで行った帰り、途中にあるカパアという町で、ヒッチハイクをしている日本人の若者二人を見かけた。②彼らは大

きなスポーツバッグを肩から下げて、「オノ・ファミリー・レストラン」の前に立ち、頼りなさそうに車に向かって親指を上げていた。［…］③サチはそのまま通り過ぎたが、しばらく進んでから思い直し、方向転換して戻った。[40]

①翌日の朝、サチがいつものように砂浜に座って海を眺めていると、②その日本人の若い二人組がやってきて、サーフィンを始めた。いかにも頼りなさそうな見かけに比べて、二人のサーフィンの腕は確かだった。［…］波に乗っているときの彼らは、とても生き生きとして見えた。目が明るく輝き、自信に満ちていた。弱々しいところはまったくない。③きっと学校の勉強なんかしないで、波乗りに明け暮れているのだろう。彼女の死んでしまった息子がかつてそうであったように。[41]

いずれの場合も「眺めた」「見かけた」「眺めている」というサチの見る動作が描かれ（①）、続いて彼女の視線の対象が描写される（②）。そして、かぎかっこのない一人称の心の声である自由直接話法、サチの行動の描写、あるいはサチの心の声を三人称で表現する自由間接話法によってサチの内的ないし外的な反応が表されている（③）。読者をサチの視線に同一視させるこの一連のパターンは短編小説「ハナレイ・ベイ」の文体的特徴の一つである。

一方、映画ではこのパターンを表現するにあたり、アイライン・マッチの手法がとられる。サ

図1-3『ハナレイ・ベイ』

チが息子の死の直後に海を眺めるシーンでは、①海を見るサチのショット［図1］、②見られる対象のショット［図2］、③サチへのカットバック［図3］を通して、小説における①サチの見る動作、②見られる対象の描写、③サチの反応というパターンを再現している。これは、文学から映画へのアダプテーションである本作においてアイライン・マッチが原作の視線の表現の「間記号的に置き換えられる形態での翻訳」▽42であることを示している。

ところが、二人の大学生が登場したとたん、サチを見る主体として位置づけていた原作のパターンは崩されていく。たとえば、サチと大学生二人の出会いのシーンはヒッチハイク中の二人をサチが見つけるシーンではなくスーパーマーケットでの衝突に変更され、アイライン・マッチも用いられない。スーパーで買い物をしている高橋と三宅が先に登場し［図4］、高橋が通路を歩いているところへカートを押したサチが背後からぶつかっていく［図5］。この瞬間にショットが切り替わり、サチは「ちゃんと前見て歩きなさいよ」と高橋をたしなめる［図6］。ここでは高橋と三宅がサチの視線の対象として描かれないばかりか、セリフとは裏腹によそ見をしているのがうしろから高橋にぶつかったサチであることが示されている。

また、大学生がサーフィンをする様子をサチが見るシーンは劇中では二つあり、どちらもアイライン・マッチのパターンを逸脱している。一つめのシーンは①読書中のサチが海を眺める動作［図7］、②見られる対象である大学生の描写［図8］、③サチの反応［図9］というパターンを維持したアイライン・マッチではあるものの、最初のショットにおいて極端に遠いロング・ショットが用いられることにより、サチが本から顔をあげて高橋と三宅を見る動作がほとんどわからない。そのため、二人がサーフィンをするショットがサチの視線の対象を表していることはサチにカットバックするまであきらかにならず、アイライン・マッチとしての機能がそこなわれている。

図 4-6 『ハナレイ・ベイ』

図 7-9 『ハナレイ・ベイ』

さらに、サチが大学生二人を捜していてサーフィンをする三宅と会うシーンでは一見アイライン・マッチの構成でショットが並べられているかのようであるものの、浜辺を歩くサチとサーフィンに興じる三宅は見る主体と見られる対象という関係にはない〔図10〜12〕。サチへのカットバックにあたるショット〔図12〕でサチはあたりを見回して大学生を捜し、ビーチにいる三宅にはじめて気づいて声をかける。図10のショットの時点でサチは三宅がサーフィンをしていたことに気づいていなかったことから、サーフィンをする三宅のショット〔図11〕はサチの視線を表したものでないことがわかる。

以上のように、原作では一貫してサチが見る主体として表現されていたのに対し、映画でサチの視線を表すアイライン・マッチは大学生二人を見るシーンにおいて放棄される。これにより、サチが見ているシーンなのに見ていないかのよう、あるいは本当は見ていないシーンなのに見ているかのようといった劇中での現実と演出が裏腹なものとなるアイロニーの効果が生まれている。一方、テントを張る大学生二人の前に椅子をおいて座って背後から高橋に見られたり［図13］、サチが見ることのできない息子タカシの幽霊に背後から見られたりする構図［図14］が劇中では繰り返される。これらのショットでは見る主体と見られる対象が同一のフレームに収められることで、視線の一方向性が明確に提示されている。

かつてローラ・マルヴィが視覚的快楽論の中で示したとおり、古典的ハリウッド映画において女性の身体は男性のまなざしの対象となるスペクタクルとして消費されてきた。[43] サチが一方的に大学生や幽霊の視線の対象となるこれらのショットは、本作における視線の表現がジェンダーをめぐる政治性をおびていることを象徴するものである。サチは男性登場人物に比べて状況の認識が劣った存在として描かれるのみならず、まなざしの主客においても優位に描かれることはない。この点

図10-12 『ハナレイ・ベイ』

図 13, 14 『ハナレイ・ベイ』

も、この映画におけるジェンダー観の保守性を露呈させる一面である。

4 父を悼む息子を悼む母

以上に見てきた映画『ハナレイ・ベイ』における原作からの人物造型の改変や視線をめぐる政治性は、本作が家父長制にもとづくジェンダー観に根ざしていることを示唆している。「家父長制」（patriarchy）という用語は本来封建社会における男性家長を中心とした家族制度を意味するが、フェミニズムやジェンダー批評の文脈においては広く社会における男性支配を示す語として用いられてきた。たとえば、ゲルダ・ラーナーは歴史のプロセスの中で形作られた、女性を周縁化し、男性に従属させる社会システムとして家父長制をとらえている[44]。家父長制を通して「ハナレイ・ベイ」の映画化を理解するうえでは、「常習的にドラッグをやり、女癖も良くな［く、…］家にいるときはしばしば暴力を振るった[45]」と描写されるサチの死んだ夫（タカシの父親）を含めた家族関係の描写に注意をむける必要がある。平野芳信は『ノルウェイの森』（一九八七年）などを例に挙げ、村上春樹作品に〈最初の夫の死ぬ物語〉という物語構造を見出している。〈夫〉に相当する人物の造型には大きな違いがあるが、小説「ハナレイ・ベイ」も過去に夫、さらには息子と死別した女性を主人公としている点で同じ系譜に属すると見なすことができる。

映画においては、物語がはじまった時点ですでに死亡しているサチの夫とタカシの類似性が繰り返し示される。村上の小説では「息子が高校をほとんどドロップアウトして、サーフィンに明け暮れていたときも、まあ仕方あるまいと思った。私だって若いときには似たようなことをしてたんだ。人を責めることはできない。たぶんこういうのが血筋なんだろう」とサチはタカシと自分自身の類似性を意識する。[47] しかし、映画ではサチがハワイの遺体安置所でタカシの死亡確認をした日の夜、サチがホテルの洗面所の鏡にむかっているシーンで夫の死体を確認するサチの短いフラッシュバックが挿入される。サチが息子の死から過去の夫の死を思いだしたと理解できるこの回想シーンでは、サチが小説とは異なりタカシを夫と重ねていることがわかる。また、タカシの葬儀を終えてサチが一人で自宅に帰ってきたシーンでは、サチは喪服を着たまま大きな段ボールを手にタカシの部屋に入り、あわただしく彼の衣服や所持品を段ボール箱に詰めてガムテープで閉じる。このシーンに先立ち、サチが夫の死後にも遺品を段ボールに詰めて押入れにしまったことが説明されていることから、息子の存在感をとどめる遺品を見えないところに隠そうとするサチの反応は夫の死にさいして彼女がとった行動と同じであったことが示されている。

さらに、映画では原作には登場しないカセット・ウォークマンをタカシと父親を結びつける象徴

図 15, 16　『ハナレイ・ベイ』

的な小道具として用いている。サチが生前のタカシを思いだす回想シーンの一つでは、カセット・ウォークマンで音楽を聴いているタカシの頭から彼女がヘッドフォンをむしりとる［図15］。これに対し、劇の後半では音楽を聴きながらコカインを吸っている夫の頭からサチがヘッドフォンをむしりとるシーンがある［図16］。二つのシーンではタカシと夫の体のむきや姿勢に違いはあるものの、画面の右側からサチの手が伸びて頭からヘッドフォンを外す動作が一致しており、タカシと夫の相似関係が表されている。

このうち夫が登場する回想するシーンでヘッドフォンからもれ聞こえるのはタカシが登場する映画の冒頭でも使用されたイギー・ポップの「ザ・パッセンジャー」であり、同じ曲によって夫と息子が関連づけられている。一方、タカシが登場する回想シーンでは、なぜカセット・ウォークマンをもっているのかと問うサチに対して彼は「押入れの段ボールに入ってた」と答え、「あの段ボールに入ってたのは全部親父の物？　親父のこと嫌いなんでしょ？　だったら全部捨てればいいじゃん」ととがめたてる。このことによりタカシのウォークマンが夫の遺品であり、サチが夫の存在を隠すかのように遺品をしまったことに対してタカシが不満を抱いていることがあきらかにされる。タカシは父親が死亡したとき幼児（小説によれば当時三歳）であり、父親の薬物使用やサチに対する家庭内暴力の直接の記憶はおそらく薄い。遺品であるカセット・ウォークマンを自分の物にしてハナレイ・ベイにも所持品としてもってくるタカシの行動は、父親に対する彼の追慕の念を含意している。

母親に反抗していたタカシが実は父親に対して追慕の念を抱きつづけてきたという事実は、サチがホテルの部屋でタカシの手形を前に「あなたに会いたい」とつぶやいて号泣し、続いて帰国後にカセット・ウォークマンで「ザ・パッセンジャー」を聴いて再び涙を浮かべる映画終盤のシークェンスに二重の意味を与えている。まず、このシークェンスにおいてサチは息子に対する思慕により涙を流している。手形はサチの意志に反して現地の人間が「今は必要ないと感じていてもその手形がいつか大きな助けになるはず」とタカシの遺体からとらせたものであり、カセット・ウォークマンはサチがハワイからもちかえったタカシの遺品の一つである。また、ウォークマンを聴きながら自転車で走る生前のタカシの映像が回想シーンとして「ザ・パッセンジャー」にあわせて挿入される点も、サチがタカシに思いを馳せながら曲を聴いているという印象を強めている。

しかし、カセット・ウォークマンを聴くサチのタカシに対する追慕がタカシの父親に対する追慕と重ねられていることもあきらかである。ウォークマンとイギー・ポップの曲がともに父親の回想シーンと関連づけられており、タカシがウォークマンを聴くことによって父親を追慕していることもすでに示されている。このため、ウォークマンを聴いて涙を流すサチの追悼の念は、タカシのみならず、彼女を虐待した夫も対象として含むと解釈することが可能になる。「あなたに会いたい」という代名詞を用いたサチのセリフにおいて、「あなた」が指す対象はタカシだけなく夫さえも含みうる。映画のサチがこのシークェンスの中で受け入れるものは、単に生前彼女と反目していた息子のみならず、自分を虐待した夫、さらには息子と父親を結びつける家父長制そのものであるといえるだろう。

また、自転車に乗ったタカシの映像にあわせて流れる「ザ・パッセンジャー」の歌詞には、「私は一人の乗客である／そして私は乗りつづける／街の路地裏を私は移動する／私は空に星が出るのを目にする／ああ、からっぽの空に星が明るく輝いている／今夜は夜空がとてもきれいだ」（I am a passenger / And I ride, and I ride / I ride through the city's backsides / I see the stars come out of the sky / Yeah, they're bright in a hollow sky / You know it looks so good tonight）および「私は乗客である／私はガラス窓の下にいる／私は明るい窓を通して見る／私は今夜、星が出るのを目にする／私はからっぽの明るい空を目にする／街の切り裂かれた空の上に／そして今夜は万事順調に見える」（I am the passenger / I stay under glass / I look through my window so bright / I see the stars come out tonight / I see the bright and hollow sky / Over the city's ripped back sky / And everything looks good tonight）という二つのスタンザが含まれる。移動の主体であることを示す「そして私は乗りつづける」と静止を示唆する「私はガラス窓の下にいる」という表現が二つのスタンザの中で対比されることにより、歌詞に見られる移動と静止のモティーフに託してタカシの生と死を表現していると解釈できる。そして歌詞では視覚動詞の「see」と「look」の反復によって移動の主体が視線のにない手として特徴づけられていることから、自転車を乗りながら笑みを浮かべて空をあおぐタカシが視線をになう存在であることが強調されている。前節で論じたように本作における視線の表現はジェンダー間の優位性を決定づける政治性をおびたものであり、視線の主体となる男性を受け入れて涙を流すサチは、男性の優位性を象徴的に肯定しているととらえられる。

小説の終盤においてもサチは涙を流すが、その意味するところは映画とは大きく異なる。大学生二人に片脚の日本人サーファーの姿としてタカシの幽霊が見えたと聞いたサチは、帰国前夜のホテルのベッドで「どうして私には息子の姿を目にすることができないのだろう」「どうしてあの二人のろくでもないサーファーにそれが見えて、自分には見えないのだろう？　それはどう考えても不公平ではないか？」と自問し、声を押し殺して泣きつづける[48]。このように「見えない」ことに対する見る主体としての戸惑いというかたちで描かれるサチの動揺からは、映画における「あなたに会いたい」という率直な追慕の表現というよりは、生前十分にむきあってこなかった息子のことを自分がどうしても理解できないという事実への気づきが読みとれる。

こうして小説のサチは一晩泣きあかすものの、翌朝になると彼女は「健康な一人の中年女性として目を覚ま」[49]す。「私はここにあるものをそのとおり受け入れなくてはならないのだ。公平であれ不公平であれ、資格みたいなものがあるにせよないにせよ、あるがままに」[50]という言葉が示すとおり、ここで示されているのは現実を「あるがままに」受け入れて「一人の中年女性」として生きていくサチの決意にほかならない。映画のサチが「あなたに会いたい」という言葉でタカシおよび彼と夫が体現する家父長制に対する追慕の念を吐露するばかりであるのに対し、小説のサチは家庭にもはや男性がいないという事実を認め、自立した人生を送る女性像を体現している。小説とアダプテーションにおけるこのようなジェンダー表象の差異は、両作の家父長制に対する態度の違いを浮き彫りにしているといっても過言ではない。

本章は、女性主人公の主観を描いた短編小説「ハナレイ・ベイ」の映画アダプテーションにおいて変容を見せるジェンダー表象を、大衆メディアに登場する男性性のイメージとしてのヤンキー像という文脈の中に位置づけて論じた。息子が死んで一〇年後にサチがハナレイ・ベイで出会う若者は、決して村上の小説におけるような無知やむこう見ずさが強調された喜劇的な人物として描かれるわけではない。特に、タカシと重ねられていると見られる高橋は実は英語を話してサチの事情をよく理解しているという設定が加えられ、サチを庇護する役割が与えられている。これは旧来の男らしさや男女の役割意識といったヤンキー男性表象の特徴にもとづく人物造型である。他方、アイロニーと映像の分析によってあきらかになるとおり、映画におけるサチは認識の限界が強調され、視線のにない手ではなく男性の視線の対象として特徴づけられる。以上のような改変は、村上がつぶさに描写した女性の主観を保守的なジェンダー観に順応させるものである。これはアダプテーションが文学から映像へのメディアの移しかえであると同時に、同時代の社会文化への適応でもあることを意味する。本作の映画化によるジェンダー表象の変容は単なる文学と映像の差異の一事例にとどまらず、二〇一〇年代におけるより大きな日本社会の兆候として読まれるべきものであろう。

「ハナレイ・ベイ」は現在は、海外で再映画化の企画がもちあがっていると聞く。本作とは対照的に原作から大きく逸脱し、独自の要素を盛りこんだ作品を目ざしているらしい。たとえベースとなるストーリーは同じであっても、アダプテーションのアプローチや作品が作られるコンテクストが変わることでまったく異質の作品が生まれることになるだろう。

▽1 薮添隆一「村上春樹『ハナレイ・ベイ』─臨床心理学的一考察─」『京都光華女子大学京都光華女子大学短期大学部研究紀要』五七号、二〇一九年、一三七頁。

▽2 松崎建夫「REVIEW 日本映画&外国映画　ハナレイ・ベイ」『キネマ旬報』一七九三号、二〇一八年、九五頁。

▽3 山根由美恵「「世界文学」としての「バーニング」─村上春樹「納屋を焼く」を超えて─」『広島大学大学院文学研究科論集』七九号、二〇一九年、五二頁。

▽4 内田樹「column『ハナレイ・ベイ』」株式会社マンハッタンピープル編『ハナレイ・ベイ』劇場用プログラム、松竹株式会社事業部、二〇一八年、一四頁。

▽5 ただし、サチの遺体確認に付き添う警官の伯父が「1944年にヨーロッパで戦死した」（村上、五〇頁）という小説の設定が「1952年に朝鮮戦争で」の戦死に変更されている点、遺灰を手にいったん空港にむかうサチが乗るタクシーで流れるラジオ番組の中でバラク・オバマ大統領（任期二〇〇九～二〇一七年）の異父妹マヤ・ストロが言及される点などから、映画は小説が刊行された二〇〇五年よりも映画公開年である二〇一八年に物語の時代設定を近づけていると見られる。

▽6 G. M. Hansen, "Murakami Haruki's Female Narrative: Ignored Works Show Awareness of Women's Issues," *Japan Studies Association Journal*, no. 8, 2010, p. 231.

▽7 新谷里映『ハナレイ・ベイ』劇場用プログラム、松竹株式会社事業部、二〇一八年、一一頁

▽8 Marc Yamada, "Merging Matter and Memory in Cinematic Adaptations of Murakami Haruki's Fiction," *Journal of Japanese and Korean cinema*, vol. 12, no. 1, 2020, pp. 53-68.

▽9 松崎建夫「Interview 佐野玲於、心の扉をもう一枚開く」『キネマ旬報ＮＥＸＴ』二一号、二〇一八年、九二頁。

▽10 「佐野玲於の〝キュート過ぎる寝顔〟に思わず悶絶してしまう！――『ハナレイ・ベイ』〈場面写真〉解禁」『CINEMA Life! シネマライフ』二〇一八年〈http://www.cinema-life.net/p181013_hbsc/〉。

▽11 松崎「Interview」八六―九三頁。「【詳細】映画『ハナレイ・ベイ』佐野玲於インタビュー13」『Street Girls Snap』二〇一八年〈https://sgs109.com/n/8623/d/〉。

▽12 「ムビチケは"GENERATIONS LIVE TOUR 2018"会場限定版も発売！――『ハナレイ・ベイ』〈ポスター〉解禁」『CINEMA Life! シネマライフ』二〇一八年〈http://www.cinema-life.net/p181013_hbsc/〉。

▽13 斎藤環『世界が土曜の夜の夢なら　ヤンキーと精神分析』角川書店、二〇一二年、七頁。

▽14 磯部涼「ヤンキーとヒップホップ」五十嵐太郎編『ヤンキー文化論序説』河出書房新社、二〇〇九年、一

一八頁。

▽15 「能年玲奈「ホットロード」ヒットで注目されるマイルドヤンキー」『週刊朝日』一一九巻四一号、二〇一四年、一三二頁。

▽16 近田春夫「ヤンキー音楽の系譜　私のヤンキー観」五十嵐太郎編『ヤンキー文化論序説』河出書房新社、二〇〇九年、一〇五頁。

▽17 小谷敏／内藤理恵子「ヤンキーとは何か」小谷敏編『二十一世紀の若者論――あいまいな不安を生きる』世界思想社、二〇一七年、一六九頁。

▽18 難波功士『ヤンキー進化論　不良文化はなぜ強い』光文社、二〇〇九年、二五頁。

▽19 菅野綾子「熱論。だから彼らはかっこいい！〝ヤンキー男子〟の魅力に迫る。」『an an』四五巻二〇号、二〇一四年、六六頁。

▽20 知念渉『〈ヤンチャな子ら〉のエスノグラフィー　ヤンキーの生活世界を描き出す』青弓社、二〇一八年、一一頁。

▽21 原田曜平『ヤンキー経済　消費の主役・新保守層の正体』幻冬舎、二〇一四年、一一〇頁。

▽22 徳田真帆「ジャニーズファンの思考」『くにたち人類学研究』五号、二〇一〇年、二四頁。

▽23 斎藤『世界が土曜の夜の夢なら』一一八―一一九頁。

▽24 川上未映子／村上春樹『みみずくは黄昏に飛びたつ』新潮社、二〇一七年、二四三―二五〇頁。

▽25 村上春樹『東京奇譚集』二〇〇五年、新潮社、四五頁。

▽26 M. Calavita, "'MTV Aesthetics' at the Movies: Interrogating a Film Criticism Fallacy," *Journal of Film and Video*, vol. 50, no.3, 2007, pp.20-22.

▽27 村上『東京奇譚集』五八頁。

▽28 同、七五頁。

▽29 新谷『ハナレイ・ベイ』劇場用プログラム、四―五頁。

▽30 佐野玲於／村上虹郎「自然に身を委ね――『ハナレイ・ベイ』」『シネマ☆シネマ』七七号、二〇一八年、二八頁。

▽31 村上『東京奇譚集』五二頁。

▽32 葉夌「村上春樹小説研究―その作品の深層と二〇〇〇年代―」博士論文、熊本大学、二〇一四年、六五―六六頁。

▽33 村上『東京奇譚集』七七頁。

▽34 同、七三頁。

▽35 細谷博『所与と自由　近現代文学の名作を読む』勉誠出版、二〇一三年、四八六頁。

▽36 James MacDowell, *Irony in Film*, Palgrave Macmillan, 2016, p. 59.

▽37 村上『東京奇譚集』五八頁。

▽38 MacDowell, *Irony in Film*, pp. 45-48.

▽39 村上『東京奇譚集』五一頁。

▽40 同、五四頁。

▽41 同、六一頁。

▽42 リンダ・ハッチオン『アダプテーションの理論』片渕悦久／鴨川啓信／武田雅史訳、晃洋書房、二〇一二年、二一頁。

▽43 ローラ・マルヴィ「視覚的快楽と物語映画」斉藤綾子訳、岩本憲児／武田潔／斉藤綾子編『「新」映画理論集成①歴史／人種／ジェンダー』フィルムアート社、一九九八年、一二六―一四一頁。

▽44 ゲルダ・ラーナー『男性支配の起源と歴史』奥田暁子訳、三一書房、一九九六年。
▽45 村上『東京奇譚集』六五頁。
▽46 平野芳信『村上春樹と《最初の夫の死ぬ物語》』翰林書房、二〇〇一年。
▽47 村上『東京奇譚集』六四頁。
▽48 同、七五頁。
▽49 同、七六頁。
▽50 同。

第10章　バーニング 劇場版

曖昧さと不可視性

『バーニング　劇場版』（イ・チャンドン監督、二〇一八年）は村上の短編小説「納屋を焼く」（一九八三年）の映画化である。『ノルウェイの森』（二〇一〇年）のトラン・アン・ユンの場合と同様、国際映画祭やシネフィルのあいだで高く評価されている映画作家である韓国のイ・チャンドンを監督に起用した作品である。ひき逃げの加害者男性と脳性まひをもつ被害者家族の女性の恋愛を描いた『オアシス』（二〇〇二年）や中学生による集団強姦事件を描いた『ポエトリー　アグネスの詩』（二〇一〇年）などの作品を通して韓国社会に対する鋭い批評を行ってきたイは、村上作品のアダプテーションである本作においても韓国の社会的なコンテクストにあわせて大幅な改変を行っている。

コリン・マッケイブが「アダプテーション」という用語を生物学的な「適応」という本来の語義にさかのぼって論じたのは、新しい環境にあわせて生物が体の構造を変えていくように物語が調整と変化を加えられていくプロセスに焦点をあてるためである。[1] 国境を越えた小説の映画化においては、二種類のアダプテーションが同時に進行していると見ることができる。一つは文学から映画というメディアの変化、もう一つは原作をとりまく文化や歴史の環境から、新しいコンテクストが有する文化やイデオロギー、政治への適応である。このようなアダプテーションの過程における脱文脈化と再文脈化を理論的に把握するために、ローレンス・ヴェヌティは翻訳理論における解釈項という概念を導入する。ここでの解釈項とは文化のコードや社会で共有された価値観や信条であり、原作を改変するさいにそれらの解釈項が主題や形式面に影響をおよぼす。[2] アダプテーションをこのような文化的解釈としてとらえることで、ヴェヌティはアダプテーションに批評としての可能性を見出している。もちろん、原作からの差異は原作を批評的に理解することに役立つだけでなく、アダプトされた作品とそのコンテクストにも注目をむける。「解釈は先行する素材のみにはとどまらず、ひるがえって翻訳あるいは翻案されたもの、さらには作品を構成する文化の様式や実践、作品と結びついた伝統や制度に対しても精査が行われる」[3] とヴェヌティは主張する。

本章では『バーニング 劇場版』がまさにそのようなアダプテーションによる批評の実践であることをあきらかにしたい。原作小説は女性登場人物の消失という村上の典型的なモティーフを通して、物質主義がはびこる一九八〇年代日本のバブル経済下の社会における男性主人公の喪失感を描きだした。これに対し、イが手がけた映画版は同じヒロインの失踪の物語に二つの大きな改変を加えることで、現代の韓国の社会的状況に対する応答として機能する。一つめの改変は物語の舞台を北朝鮮との非武装地帯に面した町であるパジュに移したこと、もう一つはヒロインの性的な対象としての側面を前面に出し、彼女をめぐる男性登場人物同士の緊張関係を最終的に報復殺人にいたる激しいものとして際立たせたことである。唐突に途切れる電話やスピーカーから流れるプロパガンダ放送といった物語上の要素によって、連続殺人の犠牲となって消息を絶ったと見られるヒロインと見えざる敵国たる北朝鮮の両者を映画は不可視の存在として特徴づける。本章では、このような可視性と不可視性をめぐる映画のモティーフが、登場人物同士の対立と韓国と北朝鮮とのあいだの政治的な緊張関係を相似関係においていることを示す。殺意にいたる主人公の敵対心が確固たる根拠を欠いた妄想にすぎないことを示唆することで、イの映画は政治的な緊張関係に批評を加えているのである。

1　アダプテーション――村上文学をとりまくコンテクストの複数性

村上の作品で最初に韓国語に翻訳されたのは『ノルウェイの森』(一九八七年)で、二種類の異なる翻訳版が一九八八年と一九八九年に刊行されている。▽4 以来、村上は韓国において高い人気を維持してきた。金春美《キムチュンミ》によれば、韓国で最初に村上を受け入れたのは、一九六〇年代に生まれて一九八〇年代の民主化運動に参与した当時三〇代の「386世代」にあたる年齢層であったという。▽5 日本で学生運動に辟易した一九七〇年代以降の若者世代が村上の作品に描かれる喪失感や孤独に共感を抱いたように、一九八〇年代末まで続いた政治的な動乱を経験した一九九〇年代初頭の韓国の若者たちにとって、村上の文学は同様の訴求力をもっていたといえる。一方、以後の世代のあいだでの村上の人気について、趙柱喜《ジョジュヒ》はリーダビリティや文体の「軽さ」にその理由があるとし、日本におけるヤングアダルトむけ小説である「ライトノベル」や韓国のウェブトゥーンと比較している。▽[6] 人気の要因を主題におくか文体におくかについては評者のあいだで相違はあるものの、韓国において村上が「日本文学」としてではなく「文学そのもの」▽[7] として受容されていたという点では見解が一致している。植民地統治の歴史に由来する日本に対する反感は、村上作品の受容においてはほとんど妨げにならなかったといってよい。

今日まで続く韓国のポピュラー文化における村上の広い認知を示す例の一つとして、日本でもリメイクされたテレビシリーズ『彼女はキレイだった』(チョン・デユン演出、二〇一五年)が挙げられる。ファッション誌の編集部を舞台としたロマンティック・コメディーであるが、作中で絶大な人気を誇る覆面作家の正体を登場人物たちが推測するシーンで村上の名前が候補の一人として言及される。韓国語でベストセラーを出版する人気作家として村上の名前が挙がるというジョークの前提には、国籍が問題とならないほど身近な存在となった韓国ポピュラー文化のアイコンとしての村上の地位がある。第8章でも見たとおり、戦争の歴史をめぐる村上の認識を問題視し、日本文学として意識されることなく村上作品が読まれていることに対して警鐘を鳴らす動きも一部では見られる。▽[8] それでも、グローバル化の後押しを受けて村上文学が国籍をもたないコンテンツとして韓国のポピュラー文化の中で広く流通していることは否定できない事実である。

村上の短編小説の映画化をイ・チャンドンにもちかけたのは、かつて『ペパーミント・キャンディー』（イ・チャンドン監督、一九九九年）の共同製作に携わった日本放送協会（以下、NHK）である。そのため、全編韓国を舞台としながらも『バーニング』は日韓共同製作映画である。NHKはテレビやラジオの公共放送局として知られるが、これまでに数多くの国際共同映画製作を手がけてきた。特に注目すべきは日本以外のアジア諸国との共同製作事業である。映画の一〇〇周年を記念して一九九五年に設立され、二〇一一年まで継続したNHKアジア・フィルム・フェスティバルは「映画制作を通じ互いの文化を理解しあうと共に、アジアの映像文化の振興、発展に寄与する事」を目的に掲げ、二〇〇九年までに二九本の共同映画製作にとりくんだ。[9] 一九九九年の第三回NHKアジア・フィルム・フェスティバルにさいして製作されたイ監督の『ペパーミント・キャンディー』は日韓両国で劇場公開された共同製作映画としては史上初の作品として知られている。[10]

「納屋を焼く」の映画化にさいして、イ自身は当初NHKからのオファーに対して消極的であったものの、村上の物語に「現代人の怒り」を表現できる可能性を見出して受け入れた。[11] といっても、村上の「納屋を焼く」そのものにおいて怒りの主題が明示的に提示されているわけではない。むしろ、怒りの主題はウィリアム・フォークナーの同名の短編小説「納屋を焼く」（"Barn Burning," 一九三九年）においてより顕著であるといえる。フォークナーの短編では、少年時代のサートリスの父親アブナーが地主に対する怒りを爆発させ、地主の納屋を焼こうとする行為が父親の怒りの暴力的な発露として描かれる。息子や家族を当惑させるアブナーのやまない怒りは、作品の舞台である一九世紀のアメリカ南部における小作農と地主の階級差に由来している。イの映画では、主人公ジョンスの父親が警察官に暴力をふるって逮捕されて裁判が開かれるシーンが、地主のじゅうたんを馬糞とアルカリで台なしにしたアブナーが地主から求められた賠償を減免させるために裁判をおこすフォークナーの作品から着想されたものと解釈できる。プロット上での位置づけは大きく異なるものの、イの映画はフォークナーの作品における怒りと暴力の主題を取り入れ、経済格差と若者世代の不満という現代韓国のコンテクストに移植している。

村上はフォークナーの小説について、「当時の僕はあまり熱心なフォークナーのファンではなくて、この『納屋を焼く』という短編を読んだこともなかったし、それがフォークナーの短編の題であったこと自体知らなかった」と主張している。[12] だが、『新潮』一九八三年一月号の初出のあと、翌年単行本『螢・納屋を焼く・その他の短編』（一九八四年）に収録された版には、二つの作品の関連を示唆するかのように主人公が空港でヒロインを待つシーンで「フォークナーの短篇集《たんぺんしゅう》を読んでいた[13]」という描写が存在する。ところが一九九〇年に講談社が刊行した『村上春樹全作品 1979～1989③短篇集I』に同作が収録されたさい、村上は全面的な改稿を行っており、該当部分が「週刊誌を三冊読んだ」におきかわっている。[14] 両版の異同の研究において小島基洋はこの一見村上による隠蔽ともとれるフォークナーへの言及の削除を「フォークナーのあまりに巨大な影に隠れて、この短編の本質が見逃されてしまう危険[15]」を懸念してのものであると推察し、F・スコット・フィッツジェラルドの小説『グレート・ギャツビー』（一九二五年）との間テクスト性こそが論じられるべきであると主張する。[16]映画では、ベンが喫茶店でフォークナーの短編集を読んでいるほか、ジョンスが「韓国は〝ギャツビー〟が多い」という原作に若干アレンジを加えたセリフを発し、フォークナーとギャツビー両者への言及が残されている。韓国ではクォン・ナミの翻訳によって単行本版が二〇〇〇年、全作品版が二〇一〇年に訳出されているため、両方の版を韓国語で読むことが可能である。山根由美恵は映画の内容に単行本版、全作品版両方の要素が反映されていることをあきらかにし、イ・チャンドンと共同で脚本を執筆したオ・ジョンミが両方の版を確認したうえでそれぞれの要素を取捨選択し、監督と相談しながら脚本を完成させたと仮説を立てている。[17]

村上の「納屋を焼く」では、暴力は示唆的に描かれるのみである。若い男が一人称の語り手「僕」に何度も納屋を焼いてきたことを告白するが、「僕」は男の放火を決して確認できない。男が語る納屋への放火は、実際には連続殺人の比喩であって作中で消息を絶つ「彼女」も犠牲者の一人となったという読みは複数の先行研究によって指摘されているが、物語自体は曖昧さを保ったまま解釈の余地を開いている。[18]登場人物が感情の表出を避けていることに、川本三郎はデタッチメントの姿勢を見出している。[19]山根由美恵は「シラけ」をめぐる浅田彰の議論を援用し、村上作品におけるデタッチメントを一九八〇年代の若者文化のコンテクストに位置づける。自分の生活から距離をおいて相対化する若者世代のデタッチメントに浅田が批評の可能性を見出している点を踏まえ、山根は単一の解釈へのコミットメントにあらがい、複数の読みを許す物語の曖昧性を同時代のデタッ

チメントの具現化であるとする。▽20

一九八〇年代日本のシラけ／デタッチメントから現代韓国における怒りという異なるコンテクストに移しかえるために、映画は物語を作りかえる。村上が描いた三〇代で経済的に不自由のない「僕」は、肉体労働に従事して日銭を稼ぐ若い作家志望のジョンスとなる。一六年前に母親に捨てられた過去をもち、今は父親の裁判に煩わされる彼は、好景気だったかつての日本で暮らす村上の主人公に比べると経済的にも精神的にも不安定な状況におかれている。原作からのさらなる変更点としては、ジョンスがヒロインのヘミに対して抱く恋愛感情がより強調されている点が挙げられる。原作における「僕」と二〇歳の「彼女」との関係は「だいたい月に一回、多くて二回くらい」▽21会う程度であると語られ、カジュアルなものであることが作中で繰り返し示される。二人のデートは、「僕」がディナーをおごる代わりに「彼女」が会話を通してくつろぎを与えるという経済的交換として説明される。「僕は相槌を打ちながらその内容をほとんど聞いていないこともあった。でも、それに耳を傾けていると、遠くを流れる雲を眺めている時のように、ぼんやりと心地良かった」▽22と「僕」が雲の比喩を用いて語るとおり、彼にとって「彼女」が話す内容を理解することは重要ではない。「彼女」が失踪したことを若いボーイフレンドに告げられるまで「僕」が一か月間気づかないのも、「僕」の「彼女」に対する無理解ないし無関心からくるものである。

『バーニング　劇場版』のジョンスはヘミと幼なじみで元クラスメイトであり、村上の「僕」とは対照的に世代的にも心理的にも彼女に近い存在として特徴づけられる。このような親しさは、へ

ミが親しい間柄で用いられる話し方のパンマルや名前に愛称の呼格「ヤ」（야）をつけた呼び方をジョンスに対して使う点にも表れている。これに対し、原作の若いボーイフレンドに相当するベンは二人よりも裕福な年上の男性として描かれる。原作では直接的な言及が避けられている「僕」と「彼女」の性的な関係もジョンスとヘミのセックスやヘミの部屋でジョンスが行うマスターベーションのかたちで描かれるほか、ヘミを愛していると打ち明けてベンと対峙するシーンさえも加えられる。このようにジョンスを経済的に困窮しながらもヘミに恋する男として特徴づけることで、彼のベンに対する疑惑と怒りをヘミをめぐる対立関係から生じるものとして描いている。裕福なベンこそがヘミを殺した快楽殺人者であるとジョンスが確信を抱くのも、この対立関係が前提となっている。

このようなジョンスとヘミの恋愛や彼女をめぐるベンとの対立の強調は、村上による原作の改稿のプロセスに逆行するものである。『全作品』収録時の改稿において、村上は「僕」と「彼女」の性関係の示唆を抑えている。たとえば、「僕らはまあ友だちのようなものだった」というカジュアルさを示す説明が挿入された一方で、[23] 短編集版に見られる「僕のガール・フレンド」は単なる「彼女」におきかえられ、[24]「彼女」が主人公の目の前で服を脱ぐシーンでは「パンティー」という直接的な表現が「下着」にぼかされる。[25]「僕」による性的搾取の示唆をトーンダウンさせることで、改稿は語り手の加害性を希薄にし、「僕」を冷淡な傍観者として特徴づける。これに対し、映画のジョンスは恋愛感情や怒りに突き動かされる衝動的な青年として描かれる。

監督のイ自身は映画公開時のインタビューにおいて、若者の怒りを現代社会における普遍的な現象として語っている[26]。新自由主義がもたらした貧富の格差の拡大や労働者階級の疎外はグローバルな影響を有する現象であるといえる。劇中でも、韓国の若者世代の失業率の高さを示す国内ニュースと、移民排斥、米国メキシコ間の壁の建築、オバマケアの廃止といったドナルド・トランプ大統領（当時）の政権公約実現に対する支持を報じる国際ニュースがテレビから流れている。ジョンスの実家のシーンにおいて、トランプ大統領の歪んだ顔が映しだされるテレビ画面のショットを挿入することで、グローバルとローカルの連続性が示唆されている。だが、映画の作り手が自作の普遍的な側面を必要以上に強調し、国に固有の時事性をもつ部分について語りたがらない傾向が強いことは、メッテ・ヨルトによって指摘されている。ヨルトによれば、国家をめぐるテーマは時事的な問題にすぎず、そのテーマの歴史的・文化的意義は限られた時代に特定の集団に属する観客にしか関連を感じにくいものである[27]。だからこそ、映画の作り手はより多くの観客に訴求するために時代によって変わることのない普遍的な問題を扱っていると主張し、国に関係するテーマを二次的なものとして位置づけがちである[28]。国際映画祭という文脈での海外メディアにむけた発言において、イが映画の主題である怒りを普遍的な事象として語るのは無理からぬことである。

しかし、ジョンスの怒りとベンを殺人犯と見なす彼の早急な判断は、むしろ現代韓国のローカルな社会的なコンテクストの中で理解されるべきものである。東京郊外から北朝鮮の存在を常に感じさせる国境の町に舞台を移した点などを見れば、『バーニング　劇場版』が若者の怒りという普遍的なテーマに韓国と北朝鮮をめぐる地政学的なニュアンスを与えようとしていることはあきらかである。二〇一四年に実施された調査によれば、北朝鮮に対する反感や二つの国の統一について否定的な感情をもっとも強く示しているのは二〇代であり、その反感は北朝鮮やその人民に対する無関心や無知に由来するものと見られる。▽29 二〇一〇年代なかばに文在寅《ムンジェイン》大統領（当時）は朝鮮半島の緊張関係の緩和に努め、二〇一八年の平昌冬季オリンピックでは女子アイスホッケーを南北合同チームとしての参加が実現した。にもかかわらず、オリンピック開催後に行われたフォローアップ調査によると、若者層の保守的な傾向に変化は見られず、文大統領による北朝鮮よりの政治的方針に対する反発は若年層にもっとも強く表れている。▽30 このような社会的コンテクストを踏まえると、映画における主人公の怒りの発露は韓国の若者世代に見られる不満や不寛容と地続きのものとして把握されるべきものであることがわかる。次節では、映画と韓国における社会的コンテクストとの関連性を映像表現、とりわけ可視性と不可視性の対比に注目して論じたい。

2 不可視性――イメージ、響き《サウンド》、そして怒り

不可視性をキーワードとして用いるにあたり、第4章でも扱った社会学者アンドレア・ムビ・ブリゲンティによる可視的（the visible）と視覚的（the visual）の区別が役に立つだろう。ミシェル・フーコーによる可視的なものと言表可能なものの区別にあらがい、ブリゲンティは可視的なものを

「視覚的なものの延長概念であり、象徴性をはらんだもの」[31]と定義する。視覚的に提示されるものの意味は必ずしも理解可能とは限らないが、可視的なものは既存の認識の枠組みに収まるものであり、その意味は表象、象徴化、コード化などを通して固定されている。可視的なイメージは社会や文化の価値観にもとづくアイデンティティーを与えられているともいえる。以下では、不可視性をそのような視覚表象にあらがうもの、可視なるものにおける不在や音響によって特徴づけられたものとして議論を展開したい。『バーニング 劇場版』において不可視性の表現手法は、女性と北朝鮮という現代韓国社会において他者として位置づけられるものを表象するために用いられる。映画がそれらの他者を不可視のものとして表象することは、映画による社会的アイデンティティーの剥奪として誤解されてはならない。むしろそれは男性主人公が他者を認識の外側に押しやり、理解しそこなうさまを表すものである。

劇の中盤で説明のないまま姿を消す以前、ヘミは当初は視線の対象として特徴づけられた可視的な存在である。その特徴は彼女のアパートメントが南山にあるNソウルタワーの展望台から見おろされる場所に位置することや、マリファナを吸ってトップレスで踊るシーンなどでも象徴的に見られるが、映画冒頭の長回しのショットにおけるヘミの対象化において特に顕著である。ショットの冒頭、トラックの後部ドアが背後に立つ人物の姿をカメラの視界からさえぎっている［図1］。燃えたつ火のモティーフを示唆しながら、タバコを吸う人物が吐く煙だけが映しだされる。タバコを吸い終えたジョンスがフレームに登場するが、すぐに配達物の衣服をトラックから出して肩にかつい

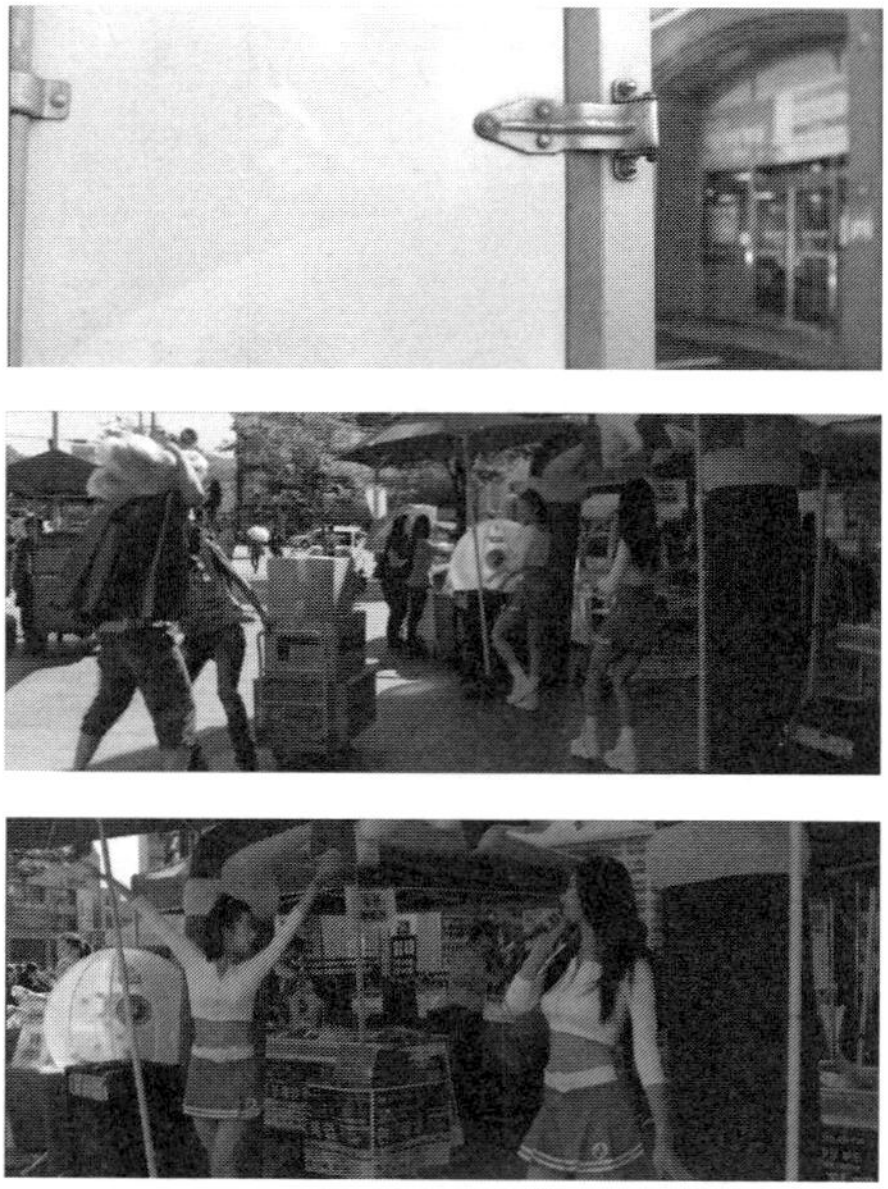

図1-3『バーニング　劇場版』

で運びはじめる。うつむいてカメラに背をむけながら雑踏を歩く彼の顔はほとんど見ることができない。陳腐なポップソングとともに、露出の多い服を着たヘミが客よせのために店の前で踊っている様子が見えてくる〔図2〕。ジョンスがヘミのわきを通りすぎて店に入ったあとも、カメラはヘミの膝から上のほぼ全身を映したフレーミングにとどまり、彼女がジョンスに気づいて彼が再び店を出てくるまでの様子をとらえつづける〔図3〕。ここではヘミがジョンスを見て認識する側であるものの、皮肉なことにカメラのフレーミングは彼女を観客の視線の対象として位置づける。ジョンスは整形した幼なじみを見ることも認識することもなく、カートを引く男性と衝突しかけることで彼の不注意さが強調されている。にもかかわらず、このロング・テイクではカメラが彼の動きのあとを追うことで観客を彼の目線に同一視させようとする。ヘミがジョンスを見るという劇中のアクションとは裏腹にヘミを対象化する撮影スキームは、男性の視線の優位性を強調する。周囲が目に入っていない男性であるジョンスの視線が、彼に目をむけて誰であるかすぐに認識する女性のヘミの視線よりも優先させられることで、可視化された男性の視線に対して疑念を投げかけている。

キム・キュンヒュンは韓国の民主化以降の一九八〇年代末に映画界に台頭した韓国ニュー・ウェイヴに男性性の回復の主題を見出している。ニュー・ウェイヴ作品の中で、韓国は日本による植民地化、朝鮮戦争、二〇年にわたる朴正熙《パクチョンヒ》の軍事独裁政権、一九八〇年五月の光州事件といった二〇世紀における数々のトラウマによって去勢された国家として認識される。[32] 韓国ニュー・ウェイヴの映画は、若者の社会的な疎外をはじめとする社会に意識をむけた作品を通して男性性の回復という主題を描いた一方で、女性の主体性の表象は不十分なものにとどまっていた。一九九〇年にデビューしたイ・チャンドンはしばしばニュー・ウェイヴの第二波と見なされ、実際『ペパーミント・キャンディー』では一九八〇年代のナショナル・ヒストリーにおけるトラウマを男性主人公の目を通して描いている。[33]『バーニング　劇場版』は、ヘミをめぐるジョンスとベンの対立に見られるような男性性をめぐる不安をとりあげている点にニュー・ウェイヴ作品との連続性を見出すことができる。

また、ヘミを過度に性的な男性のまなざしの対象としている点も、男性性の主題の延長線上で把握できる。この点については、村上の原作における女性表象に由来する部分も大きい。作中、「彼女」は「僕」の目を通して次のように描写される。

そのあけっぴろげで理屈のない単純さがある種の人々をひきつけたのだ。彼らはその単純さを目の前にしているうちに、自分たちが抱えている込み入った感情を、そこにふとあてはめてみたくなってくるのだ。うまく説明できないけれど、要するにそういうことだと思う。彼女は言うなればそんな単純さに支えられて生きていた。[34]

ここで「僕」自身を含めた「ある種の人々」は「込み入った感情」を抱えている存在として特徴づけられる一方で、「彼女」の内面は問題視されていない。このようなジェンダーの対比は一見性差別的とさえとらえられるものであるだろう。「彼女」の可視化された外見だけに着目する「僕」は、「あけっぴろげで理屈のない単純さ」に特徴づけられる彼女の特質を「目の前」で見ることができるものとして語る。「僕」は「彼女」の存在が男性に与える癒しの効果だけを強調することで、「彼女」を単なる慰安の役割におとしめる。

村上の作品を性差別主義的と非難する風潮は決して新しいものではないものの[35]、本作の女性表象を性差別的とするのは性急である。西田谷修は、語り手である「僕」の「彼女」に対する認識と作者自身の女性観を混同するほかの論者を批判し、村上の物語は、女性に目をむけようとせず、その結果彼女を一面的にしか見られない男性主人公の認識の限界を浮かびあがらせていると指摘する[36]。同様に、イの映画も文学における一人称小説のように観客を強制的に男性主人公の視点に位置づける一方で、不可視性の表象を通してジョンスがヘミを理解しそこねるさまを描きだしている。

このような不可視性は、ヘミがパントマイムで架空のみかんをむくシーンにも見受けられる。原作にも「彼女」による「蜜柑むき」のシーンがあるが、映画はこの会話を押し広げてヘミの内心の苦悩をほのめかしている。見えないみかんをむいて食べながら、ヘミは「大事なのは食べたいって思うこと／そしたらツバが出て本当においしい」と言う。そして、カラハリ砂漠における飢えの種類を、ひとつは「リトルハンガー」（小さな飢え＝文字どおりの空腹）、もうひとつは「グレートハンガー」（大きな飢え＝生きる意味に対する飢え）と区別して説明し、ヘミがアフリカに行く理由が後者に相当する生きる意味への飢えであることが暗示される。想像上のみかんを欲し、具体的にイメージする彼女のパントマイムは、彼女の欲望を象徴していると見ることができる。しかし、ヘミの手には何もないことが伝統的な切り返しショットで示されるため、ジョンス（と観客）が見ているのは単なるパントマイムにすぎない［図4］。したがって、このシーンではヘミが目にし、想像の中で味わうことさえできるものを、ジョンスは見ることができないのである。このシーン以降、ジョンスは、ヘミのアパートでジョンスに隠れているペットのネコ、ヘミが幼少期に落ちたと主張するが彼女の家族によって否定される古井戸、そしてヘミ自身の失踪とそれにともなう後半での不在など、ヘミをとりまく不可視の出来事に困惑しつづける。そのいずれについても、ジョンスは決定的な根拠や痕跡を見つける

図4『バーニング　劇場版』

ことができず、見えない物事に対して無力なままである。

不可視のものに対する無力感をさらに表現しているのが、劇中で繰り返し提示される出どころの特定できないサウンドである。たとえば、ジョンスの父親の農家には匿名の電話が鳴りひびき、居場所のわからないヘミの携帯電話から突然かかってきた電話をとったジョンスは不穏な物音を耳にする。これらの音の中でも特に政治的な含意をもっているのが、パジュの農家で頻繁に聞こえてくる北朝鮮の宣伝放送である。ジョンスがパジュに来て最初の日、カメラは放送がどこから流れてくるかを探して彼が首を回すところを三回にわたって映しだし、彼が放送を気にしている様子を強調する。北朝鮮は非武装地帯のむこう側にある見えない存在であるが、ジョンスにとって滞在初日であるこの日の厚い雲と雨によって不可視性が強調される。農家の前に韓国の太極旗が大きく掲げられているのは、見えざる敵国の脅威を前にした韓国の民族主義の象徴である。ジョンスの父が熱心な愛国者であることは、農家の壁にかけられた父の兵役時代の古い写真によっても示されている。しかし、北朝鮮が不可視の他者として表象されることにより、見えない敵に対する敵意がその敵に遭遇した具体的な経験によるものではなく、理解不足あるいは無関心からくるものであることを映画は示唆している。この点にこそ、『バーニング　劇場版』の社会政治的な意義がある。

北朝鮮の不可視性と同様に、殺意にむかって高まるジョンスの怒りもまた可視性の低下によって特徴づけられている。このことがわかるのがヘミとベンがパジュにいるジョンスを訪ねてくるシークェンスである。このシークェンスは昼下がりから夕暮れまでの連続した時間を描く屋外のシーンである。夕日を前にデッキチェアを並べて座る三人はワインとチーズに舌つづみを打ち、大麻を吸いはじめる。シークェンスは明るい夕日を浴びた三人の和やかなムードではじまるが［図5］、マイルス・デイヴィスによる『死刑台のエレベーター』（ルイ・マル監督、一九五八年）の音楽にあわせてヘミが踊るのを見てジョンスが顔をしかめたところで緊張が少しずつ高まり、彼は怒りを噴出させる［図6］。このときすでに太陽は沈んでおり、ヘミは残照を背にシルエットで撮影されている［図7］。ヘミが泣き崩れ、踊りを止めると、カメラは北にパンし、迫ってくる夕闇と遠くの地平線

図5-9『バーニング　劇場版』

図 10-12 『バーニング　劇場版』

を映しだす［図8］。

ヘミが眠り、二人の男が彼女を家の中に運んだあと、ジョンスとベンは会話をはじめ、ベンはビニールハウスを燃やすことを趣味にしていると告白する。しだいに闇に包まれていくなかでベンがビニールハウスを燃やす行為について語る様子は不吉なニュアンスを漂わせる。ジョンスはベンにむかって「チクショウ　ヘミを愛しているんだ」と悪態をつく。この言葉からは、彼がベンをヘミをめぐる競争相手と考えていることがわかる［図9］。その後、完全に日が暮れたヘミとベンの帰りぎわには、ジョンスはヘミに対しても怒りをむけ、「なんで男の前で服を脱ぐんだ？　服を脱ぐのは娼婦《しょうふ》だ」と彼女を叱責する。朝鮮半島の二つの国のあいだという地政学的境界と、昼と夜のさかいめという時間的境界を背景に、登場人物間の緊張の高まりが夕方から夜にかけての闇の深まりによって際立たされている。

ジョンスの怒りが最大限に表現されたラストの殺人シーンは、視覚的なインパクトの強さが特徴的である。殺人は昼間の明るさと白い雪によって彩られる。カットを挟まない六分間のシークェンス・ショットの冒頭では、明るさを強調するかのように空に浮かぶ太陽が映しだされる［図10］。ベンを刺殺したあと、血で汚れた衣服を燃やそうとジョンスは全裸になり、ヘミのヌード・シーンと同様に観客の視線の対象となる［図11］。そして映画の最後のショットで炎に包まれるベンの車のイメージ［図12］は、このシーンの強烈な視覚性に貢献するもう一つの要素である。

しかし、このシーンの視覚性な強烈さとは裏腹に、この殺人が実際に行われているかどうかを観客に疑わせるような演出が採用されており、その物語上の意味は曖昧なままにされている。山根由美恵は、この映画の構造と作中に見られる「同時存在」の概念とのあいだに並行関係があるとし、このエンディングを理解するためには曖昧さが鍵になると主張している。山根はこのエンディングが以下の七通りに解釈できると示す。[37]

I-1　ベンがヘミを殺し、ジョンスはヘミの復讐のためベンを刺殺。
I-2　ベンはヘミを殺していないが（たんなる失踪）、ジョンスはベンが殺したと思い込み、ベンを刺殺。
I-3　ヘミは自殺をした（もしくはベンの手を借りて自ら死を求めた）が、ジョンスはベンが殺したと思い込み、ベンを刺殺。
I-4　人生を倦んでいたベンは消滅願望があり、ヘミを失踪させる（殺す）ことで、ジョンスに自らを殺させた。

Ⅱ　ベンの刺殺シーンは全てジョンスの妄想（直前にパソコンで執筆する姿）。小説家としての想像。

Ⅲ-1　ジョンスとベンは同一人物（ベンはジョンスの影）、ジョンスの暴力性を体現するのがベンであり、そういった暴力性を排除する物語。

Ⅲ-2　ジョンスとベンは同一人物（ベンはジョンスの影）、ジョンスの暴力性を体現するのがベンであり、ベンを刺殺することで自らの暴力性を自覚する物語。

以上のリストはもう少し整理が必要だろう。映画は失踪後のヘミについて一切描いていないため、解釈Ⅰ—2とⅠ—3の区別にそれほど意味があるようには感じられない。Ⅰ—1とⅠ—4の違いは動機が説明されているかどうかのみであり、どちらもベンがヘミを殺した点には変わりがない。Ⅲ—1とⅢ—2は物語の内容というよりは純粋に読み手側の読解に属する部分であり、ほかの五つとは区別されるべきものである。ここで注目に値するのは、山根の解釈Ⅱである。強烈な視覚的印象を与えるシーンが現実の出来事ではない可能性を示唆することで、映画は視覚の優位性をゆるがしている。

このエンディングに先立ち、劇中では現実と夢の境界を曖昧にする夢のシーンが導入されている。まず、映画はジョンスの子ども時代のフラッシュバックを挿入し、その後、大人になったジョンスがソファで目をさます夢のシークェンスが提示される。ここでは夢の内容と目ざめのショットが並置されることにより、夢と現実が明確に区別できる。しかし、映画の後半にある、トラックに乗ったジョンスがベンのポルシェを尾行するシークェンスでは同様の並置が夢か現実かを曖昧にするために用いられる。ベンを追うジョンスが貯水池に到着すると、彼は水面を見つめるベンを目撃する。ベンの行動は、一見彼が以前に被害者の死体を水中に捨てたかのように見える。だが、この貯水池のシーンの直後のショットで、ジョンスはソファで目をさます。このショットが挿入されることにより、それまでの尾行のシーンがすべてジョンスの夢である可能性が暗示される。現実とジョンスの主観の区別を複雑にすることで、この夢のシークェンスは、現実の出来事ともジョンスの妄想とも解釈できるエンディング・シーンを見るうえでの伏線として機能している。

この夢のシークェンスと同様の機能を映画のエンディングにおいて果たしているのは、殺人シーンの二シーン前に挿入されたジョンスがパソコンで書きものをするシーンである。ヘミのアパートの部屋の窓辺で執筆にとりくむベンの姿が映しだされたあと、カメラは窓からしだいに離れてソウルの街並みの中にあるヘミのアパートの外観を映しだす。それはあたかも、映画の序盤に登場したNソウルタワーの展望台からジョンスが見られていることを示唆するかのようですらある［図13］。

山根の解釈Ⅱに従えば、最後の殺人シーンを含めたこれ以降のシーンはすべてジョンスの妄想と見なすことができるだろう。このシーンの直後は、江南《カンナム》にあるベンの高級マンションが舞台となる。まず、ベンがバスルームで鏡を見ながらコンタクトレンズを装着する様子が映しだされる［図14］。

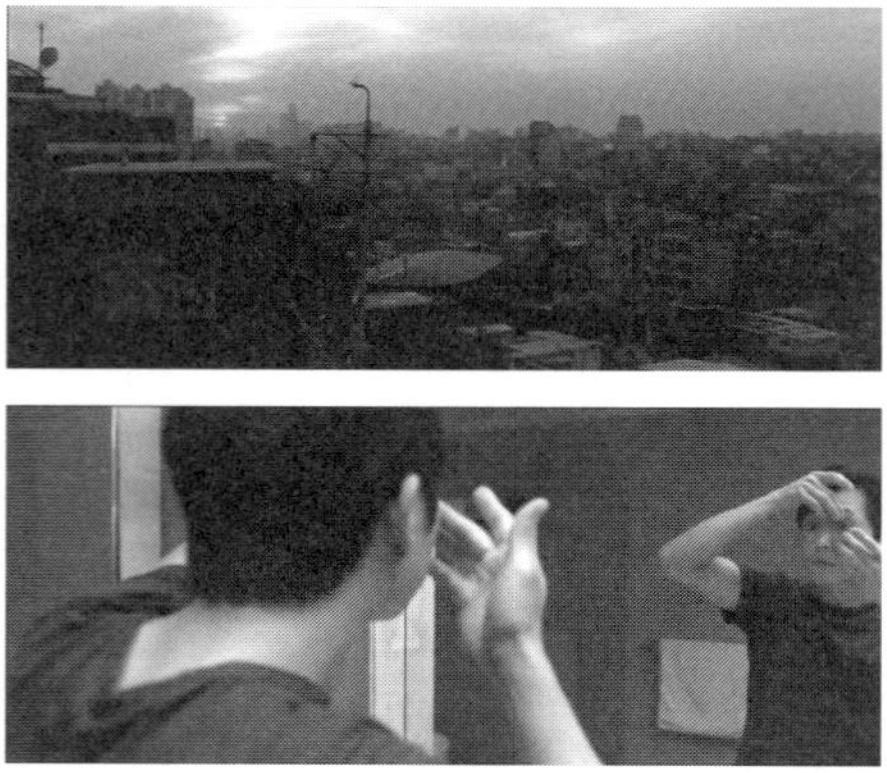

図 13, 14 『バーニング　劇場版』

続いて、リビングルームで彼が新しいガールフレンドとおぼしき女性とむかいあって座り、彼女の唇にルージュを塗る姿が描かれる。このシーンがジョンスの妄想であるとすれば、ベンが連続殺人犯であるというジョンスの疑念を視覚化するものである。コンタクトレンズをはめる動作を通して観客の注意はベンの目に注意がむけられる。レンズをはめた彼の目は女性を対象化する男性のまなざしを象徴的に表現するものである。また、このシーンでの女性のおびえた表情は、彼女がベンの次の犠牲者になることを暗示する。窓辺のジョンス、ベンのバスルームとリビングのシーン、ジョンスによる殺人シーンと並置される終盤の流れは、見る者と見られる者の転換をさまざまなレベルで描きだしている。映画の冒頭では観客の視線として位置づけられたジョンスが窓辺のショットでは視線の対象となり、連続殺人犯としてまなざしのにない手として描かれたベンが結果的に殺される。そして最後に、観客の視線はジョンスによるベンの殺害を目撃するにもかかわらず、映画は殺人シーンの鮮烈なイメージが真実ではないことを示唆し、視覚の信頼性を覆すのである。

ジョンスによるベンの敵視とあまりにも性急な殺人は、韓国の若者の北朝鮮に対する恐怖と敵意に対する寓意として読みとくことができる。映画はヘミの失踪を可視性から不可視性への移行として描き、北朝鮮を音によってしか表象されない不可視の他者として特徴づける。このような不可視性を用いた表現を通して、映画はベンがヘミを殺したという結論にいたるジョンスの推理の大部分が、視覚に大きく依存しているために怒りと敵意が確固たる根拠を欠いていることを示唆している。エンディングにおける見る者と見られる者の転換は、他者を対象化し、他者の内面を理解しようとしない男性の視線の優位性に疑問を投げかけている。

『バーニング　劇場版』におけるヘミの失踪は、本章で分析した可視性と不可視性の表現に目をむけることで新たな視点で把握することが可能になる。村上の原作が「彼女」の失踪を通して描いた主人公の喪失感も、ジョンスの推理が結論づける復讐されるべき殺人という筋書きも、どちらも男性主人公が一方的に与えた意味にすぎない。ヘミが男性から見えない存在となることは、他者として見られることに抵抗し、男性の視線の存在をあばいているといえる。作中でヘミがジョンスの視点から過度に性的な対象として描かれていることは、皮肉として受け止めるべきだろう。視線を通して本作が描出する登場人物同士の関係は、現代の韓国という社会的な文脈の中で批評性をもちうる。国境の町を舞台にしたジョンスとベンの対立関係は、朝鮮半島の二つの国の地政学的緊張とパラレルなものとして描かれる。映画が示す男性の視線の限界は、男性の視線に体現される既存の認識の枠組みの限界を指し示す。

韓国のコンテクストの外において、本作はどのような意義をもっているだろうか。二〇一八年五月に第七一回カンヌ国際映画祭でプレミア上映され、国際批評家連盟賞を受賞して以来、本作は国際的なアート・シネマのネットワーク上にいる批評家や観客に好意的に受け止められてきた。しかし、本章で論じたような、物語に盛りこまれた曖昧さや社会政治的な含意が、海外の観客にどれだけ伝わっているかについては疑問が残る。たとえば、『バラエティ』や『サイト・アンド・サウンド』といった業界誌の批評家は、若者の失業や階級闘争をこの映画のテーマとして簡単にとりあげているが、どちらの批評家もジョンスの視点の信頼できなさの問題にはふれていない。[38] 一方、日本では劇場公開の二か月前に九五分に短縮されたバージョンがテレビで放映された。このあとの補章③で詳しく論じるとおり、この再編集版は短編小説の結末と同じようにヘミの謎の失踪で終わっており、この映画を村上春樹の作品として再文脈化している。このように本作が多様な受容のされ方を許すことについては、異なるコンテクストにおいて映画の多様な可能性が同時に存在し、単一の解釈が「正解」とされるべきではないことを意味している。映画の内容が投げかけた曖昧さをめぐる問いは、映画そのものの受容についてもあてはまるといえるだろう。

▽1 Colin MacCabe, "Bazinian Adaptation: *The Butcher Boy* as Example," *True to the Spirit: Film Adaptation and the*

Question of Fidelity, edited by Colin MacCabe, Kathleen Murray and Rick Warner, Oxford University Press, 2011, p. 3.

▽2 Lawrence Venuti, "Adaptation, Translation, Critique," *Journal of Visual Culture*, vol. 6, no. 1, 2007, p. 31.

▽3 Ibid., pp. 38-39. 以降、外国語文献の日本語訳は引用者によるもの。

▽4 趙柱喜「ライトノベルとして春樹を読む」柴田勝二／加藤雄二編『世界文学としての村上春樹』東京外国語大学出版会、二〇一五年、一四四頁。

▽5 Kim Choon Mie, "The Sense of Loss in Murakami's Works and Korea's 386 Generation," *A Wild Haruki Chase: Reading Murakami around the World*, compiled and translated by The Japan Foundation, Stone Bridge Press, 2008, p. 67.

▽6 趙「ライトノベルとして春樹を読む」一四六―一五九頁。

▽7 Kim, "The Sense of Loss," p. 65.

▽8 金良守「韓国における村上春樹の受容とそのコンテクスト」松崎寛子訳、藤井省三編『東アジアが読む村上春樹　東京大学文学部中国文学科国際共同研究』若草書房、二〇〇九年、二四―二五頁。

▽9 「「ＮＨＫアジア・フィルム・フェスティバル」とは？」ＮＨＫ、二〇一九年一二月一日閲覧、〈http://www.nhk.or.jp/sun-asia/aff/about/index.html〉。

▽10 Stephanie DeBoer, *Coproducing Asia: Locating Japanese-Chinese Regional Film and Media*, Kindle edition, University of Minnesota Press, 2014, chapter 4.

▽11 Lee Chang-dong, interviewed by Diva Veléz, "Interview: Lee Chang-dong at MoMA, Part 1 of 2—Burning Questions." *ScreenAnarchy*, ScreenAnarchy LLC., February 14, 2019, https://screenanarchy.com/2019/02/interview-lee-chang-dong-at-moma-part-1-of-2---burning-questions.html.

▽12 村上春樹「「自作を語る」短篇小説への試み」『村上春樹全作品１９７９～１９８９③短篇集Ⅰ』講談社、

一九九〇年、XIII頁。

▽13 村上春樹『螢・納屋を焼く・その他の短編』新潮社（新潮文庫）、一九八七年、五六頁。

▽14 村上春樹『村上春樹全作品1979～1989③短篇集Ⅰ』講談社、一九九〇年、二四一頁。

▽15 小島基洋「村上春樹「納屋を焼く」論――フォークナーの消失、ギャツビーの幻惑――」『札幌大学外国学語部紀要　文化と言語』六九号、二〇〇八年、五二頁。

▽16 全作品版の発行後に出版された「納屋を焼く」の英語版はいずれも全作品版からの翻訳であるが、ここでも注目すべき異同が生じている。一九九二年一一月に『ニューヨーカー』誌に掲載されたフィリップ・ガブリエルの英訳はおおむね原文に忠実であるが、翌年出版された英訳短編集『象の消滅』に収録されたアルフレッド・バーンバウムによる英訳版からは原文にあった「まるでフィッツジェラルドの『グレート・ギャツビイ』だなと僕は思った。何をしているかはわからない、でも金は持っている謎の青年とき た」（二四二頁）という記述に相当する箇所が一切削除されている。小島にならってギャツビーとの関連を「この短編の本質」とするならば、この引喩の抹消は村上の改稿意図に反するものであろう。英語圏の読者にとってフィッツジェラルドのあまりにも有名な小説の内容の説明が不要だと判断したと見られるバーンバウムによるこの割愛は、図らずも二種類の決定的に異なる英訳版を生みだす結果となった。

▽17 山根由美恵「「世界文学」としての「バーニング」―村上春樹「納屋を焼く」を超えて―」『広島大学大学院文学研究科論集』七九巻、二〇一九年、六二―六六頁。

▽18 山根（田野）由美恵「二つの「納屋を焼く」―同時存在の世界から「物語」へ―」『広島大学大学院文学研究科論集』六九巻、二〇〇九年、六一頁。平野芳信『村上春樹――人と文学』勉誠出版、二〇一一年、一八〇頁。

▽19 川本三郎『村上春樹論集成』若草書房、二〇〇六年、九三頁。

▽20 山根「二つの「納屋を焼く」」六五頁。

▽21 村上『村上春樹全作品』二三九頁。

▽22 同。

▽23 同。

▽24 村上『螢・納屋を焼く・その他の短編』五九頁。村上『村上春樹全作品』二四三頁。

▽25 村上『螢・納屋を焼く・その他の短編』六三頁。村上『村上春樹全作品』二四五頁。

▽26 Lee, "Interview."

▽27 Mette Hjort, "Themes of Nation," *Cinema and Nation*, edited by Mette Hjort and Scott MacKenzie, Routledge, 2000, pp. 105-6.

▽28 Ibid., 107.

▽29 Kim Jiyoon, Karl Friedhoff, Kang Chungku and Lee Euicheol, *Asian Report: South Korean Attitude toward North Korea and Reunifcation*, The Asian Institute for Policy Studies, 2015, p. 14.

▽30 Kim Jiyoon, Kim Kildong and Kang Chungku, "South Korean Youths' Perceptions of North Korea and Unification," The Asian Institute of Policy Studies, April 20, 2018, http://en.asaninst.org/contents/43527.

▽31 Andrea Mubi Brighenti, *Visibility in Social Theory and Social Research*, Palgrave Macmillan, 2010, p. 32.

▽32 Kim Kyung Hyun, *The Remasculinization of Korean Cinema*, Duke University Press, 2004, pp. 9-10.

▽33 Jinhee Choi, *The South Korean Film Renaissance: Local Hitmakers, Global Provocateurs*, Wesleyan University Press, 2010, p. 65.

▽34 村上『村上春樹全作品』二三七—二三八頁。

▽35 上野千鶴子／小倉千加子／富岡多恵子『男流文学論』筑摩書房（ちくま文庫）、一九九七年、第五章。

▽36 西田谷洋『村上春樹のフィクション』ひつじ書房、二〇一七年、三八〇頁。

▽37 山根「「世界文学」としての「バーニング」」六六頁。

▽38 Peter Debruge, "Film Review: *Burning*," *Variety*, Variety Media, May 16, 2018, https://variety.com/2018/film/reviews/burning-review-beoning-1202812196/; Jessica Kiang "*Burning* First Look: Lee Chang-dong's Film Sets a Noirish Love Triangle Alight," *Sight and Sound*, British Film Institute, January 31, 2019, https://www.bfi.org.uk/news-opinion/sight-sound-magazine/reviews-recommendations/burning-lee-chang-dong-love-triangle.

補章❸ 特集ドラマ バーニング——国際共同製作の腹話術

二〇一八年五月にイ・チャンドン監督の『バーニング 劇場版』がカンヌ国際映画祭および韓国国内にて劇場公開されたあと、日本では同年一二月に本作の共同製作のパートナーであるNHKが『特集ドラマ バーニング』をテレビ放送した。初放映はBS4Kにて一二月二日二一時から、そして地上波での放映は総合テレビで一二月二九日二二時から行われた。[1] このとき放映されたのは日本語吹替版であり、工藤美樹が吹替演出、オ・ジョンチョルが吹替翻訳を担当している。吹替における演出とは、翻訳家が訳した吹替台本を適宜修正し、声優のキャスティングや演出、効果音の指示など日本語版の制作を統括する役割のことである。[2]

その後、本作は二〇一九年二月に本来のかたちで『バーニング 劇場版』という題で日本劇場公開された。このとき配給されたのは根本理恵による日本語字幕版である。さらに、二〇一九年八月に本作のDVDとブルーレイが日本で発売されたさいには、NHKのテレビ版とは異なる翻訳、演出、声優による日本語吹替版が収録された。テレビ版はNHKが運営する配信サイト「NHKオンデマンド」上で放送直後の一時期視聴可能であったものの、「劇場版」が公開された二〇二〇年二月時点ではすでに配信が停止されており、その後ソフト化もされていない。映画の邦題に「劇場版」とついているのは、劇場公開に先立ってテレビ放映が行われた以上のような経緯による。

劇場公開用に製作した自社の国際共同製作映画をNHKが国内公開前にテレビ放映むけに再編集して放送した例は、二〇一七年の日米合作映画『オー・ルーシー!』（平柳敦子監督、二〇一七年九月一六日NHK総合テレビにて放送）をはじめ少なくない。しかし約二〇分の短縮が行われた『オー・ルーシー!』では英語のダイアローグに日本語字幕がつけられたのに対し、『特集ドラマ　バーニング』は一四八分から九四分への大幅な短縮に加えて、ドラマ版独自の日本語版が作られた点において異彩を放っている。

テレビドラマ版の主な特徴を整理すると、まず映画化にさいして原作から改変されたヒロインであるヘミの失踪後から主人公のジョンスによる殺人にいたるまでの展開を大幅に割愛することによって、村上春樹の短編小説に一見より忠実に作りかえようとしている点である。このことにより、山根由美恵はドラマ版『バーニング』を「原作の世界観を壊さないドラマ」と評している。[3] 村上の「納屋を焼く」により即したストーリー展開への再編集は、人気作家である村上の原作との関係をより明確にする効果がある。また、劇場版ではソフト化にさいして専業の声優が日本語吹替を務めたのに対し、ドラマ版では柄本時生や高梨臨といった俳優を起用している。このキャスティングは、彼らの日本国内での知名度に頼るねらいがあったと考えられる。特に、スティーヴン・ユァン演じるベンの声を吹き替えた萩原聖人は、韓国のテレビドラマ『冬のソナタ』（ユン・ソクホ監督、二〇〇二年）が二〇〇三年から二〇〇四年にかけてＮＨＫで放映されたさいに主人公チュンサンの声を務めて以来ペ・ヨンジュンの日本語吹替を継続的に担当しており、二〇〇〇年代の日本の韓流ブームに大きく貢献した人物の一人である。これらの例を見ても、ドラマ版はイ・チャンドンの映画を村上の人気や韓流ブームといった日本における既知の文脈に位置づけるものであることがわかる。

ここでは映画の吹替翻訳を「文化的腹話術」（cultural ventriloquism）に見立てて字幕翻訳と対比させたアンチャ・アシャイトを援用し、ドラマ版『バーニング』における再編集および日本語吹替を文化的腹話術の実例の一つとして検討する。[4] 文化的腹話術とは、外国映画という他者の体裁を演じつつも実際には音声の差しかえによって外国語の他者性や文化間の差異を覆い隠し、受け入れ側の文化や価値観、社会的文脈に順応させる吹替翻訳の性質を言い表す表現である。アシャイトの論点を簡単に整理すると、オリジナルの言語が音声のかたちで残る字幕は翻訳の過程そのものを異化し、観客が作品世界と一体となるのを妨げる一方、オリジナルの言語を受け入れ側の言語でおきかえる吹替においてはオリジナルの作品がもつ政治的な文脈や文化的固有性は抑圧され、超越文化的で国籍をもたない生の素材として順応化される。[5] 受け入れ側の国におけるスター俳優を吹替に起用、または同じ俳優の声に決まった声優をあてがう習慣は受け入れ側にとってのパラテクスト（テクストに付随する補助的なテクスト）を構成し、作品は受け入れ側の文化的文脈の中で本来のオリジナルとは別の新しいオリジナルとなる。[6] そのため、作家のオリジナル性が重視されるアート・シネマの翻訳には字幕が選ばれることが多い。[7]『特集ドラマ　バーニング』に見られる再編集や吹替のキャスティングの特徴は、日本の文化的文脈上でのパラテクストの構成という観点から理解可能であろう。アシャイトが主に論じるのは、一部のアートハウス映画館をのぞいて一般の観客が非英語圏の映画にふれることの少ないアメリカや、吹替が外国語映画の主流の翻訳手段であるドイツとイタリアを中心とするヨーロッパの国々の例である。なので、NHKによる『バーニング』の日本語吹替版を文化的腹話術として考えるうえでは、まず欧米とは事情の異なる日本の状況を確かめないといけない。

日本で公開される劇場映画の場合、字幕翻訳を介した外国語映画受容が一般的である。日本において字幕の習慣はサウンド映画の最初期にさかのぼる歴史をもつ。日本で公開された初の字幕つきサウンド作品である一九三〇年のジョセフ・フォン・スタンバーグ監督作『モロッコ』を配給したさい、パラマウントが当初日本語吹替を担当させようとした米国在住の日系人の広島弁の訛りが強かったために、字幕にするほかなかったという逸話が映像翻訳業界では都市伝説のように語り継がれている。▽8 真偽はともあれ、同作以来、日本の劇場映画配給では字幕翻訳が行われる習慣が定着した。アシャイトは大半の観客が字幕を読むことに抵抗を感じると指摘しているものの、▽9 識字率が高く字幕にも慣れている日本の観客にとって字幕を読むことが必ずしも作品世界への没入を妨げるものになるとは限らない。

他方、テレビでは映画であっても吹替翻訳での受容が主流である。これは初期のブラウン管の画質では字幕の文字が読みにくかったこと、一九五〇年代にはテレビがまだ個々の家庭に普及しておらず公衆の場で画面から離れて視聴するのが一般的であったことなどの理由が挙げられる。▽10 時代は下って二〇〇四年にはじまった日本における韓流ブームは映画よりもテレビドラマを通して広まったものであり、先述した萩原聖人や田中美里、高橋和也らが声優を務めた吹替版のドラマが人気を集めた。一般的にアート・シネマの監督として評価されるイ・チャンドンの監督作品が吹替として先に放送されたのはアシャイトの説から見れば不自然であるが、日本における映画とテレビドラマでの翻訳手法の区別、そして韓流ドラマブームの余波という要素を考慮に入れると説明がつく。

第10章では『バーニング　劇場版』が映像を通して表現した不可視性の主題と物語の曖昧性が映画の舞台となる現代の韓国においてどのような意味をもちうるかを検討した。これに対し、ここでとりあげる『特集ドラマ　バーニング』では、現代韓国の社会的文脈にあわせて村上の原作を換骨奪胎したイ・チャンドンの映画を日本の視聴者を意識して再び日本国内の文脈に引きもどす試みが見られる。以下、劇場版とテレビドラマ版における編集と吹替翻訳の異同の比較分析を通してこの点をあきらかにしたい。

テレビドラマとして放映された『特集ドラマ　バーニング』を劇場版と比較した結果、主に三種類の傾向が見られた。第一に性や暴力、薬物に関する表現の自主規制、第二に舞台である韓国の固有性の希薄化、そして第三に物語における曖昧性の縮小である。

まず、テレビドラマ版において注目すべきは性や薬物に関する描写の排除である。『バーニング　劇場版』は映倫によって「小学生には助言・指導が必要」という意味のＰＧ12のレーティングを受

けた作品である。レーティングの基準は明示されていないものの、本作については「薬物の使用並びに簡潔な性愛描写がみられるが、親又は保護者の助言・指導があれば、12歳未満の年少者も観覧できます」と説明されている。[11] 一方、韓国では、映像物等級委員会によって一八歳未満の視聴を禁止する「青少年観覧不可」（청소년관람불가）という、日本のR18に相当するより厳しいレーティングが与えられている。韓国のレーティングは主題、煽情性、暴力性、セリフ、恐怖、薬物、模倣の危険という七つの基準で決められており、これらはいずれも委員会のウェブサイトに明記されている。『バーニング　劇場版』については「三人の男女の秘密の関係を描いた映画で男女の性行為の場面と凶器殺害など煽情的で暴力的な内容が刺激的に描写され、殺人と放火の衝動という主題など青少年に有害な内容が含まれている青少年観覧不可映画」と、レーティングの根拠が説明されている。[12]

映倫のＰＧ12では実質的にすべての年齢の観客が見られるものの、ＮＨＫはテレビドラマ版の再編集にあたって自主的に最後の殺人シーンを含む暴力やヌード、薬物を削除した。その例の一つが、ヘミと友人のベンがパジュにあるジョンスの実家を訪ね、三人で夕日を眺めながら大麻を吸うシークェンスである。このシークェンスから大麻についての会話および一本のジョイントを回し吸いする特徴的な行動をカットすることで、登場人物が吸っているのが大麻なのかタバコなのかがわかりにくくなっている。さらにテレビドラマ版では映像の明るさも再調整されている。同じシークェンス内には、ヘミが夕日を背景に上半身裸になって踊る長回しのショットがある［図1］。このショットを劇場版よりもやや暗くすることで、乳首がはっきりと見えないように彼女の姿をシルエットに包んでいる［図2］。これらの編集はすべての世代の視聴者が見られるようにするために必要であるというNHKの判断にもとづくと考えられるが、一方で大麻を服用したジョンスの感情の変化はカットのために唐突になり、ダンスの最後に涙を流すヘミの表情が映像の暗さのために見えず、嗚咽の音声でしか泣いていることが示されないなど感情表現の細やかさも失われている。

　また日本語吹替のセリフからも興味深いことがわかる。劇場版のDVDおよびブルーレイに収録されている日本語吹替版で「グラスを吸いたくなった」と訳されるベンのセリフは、韓国語では「立ち去る、行く」などを意味する「떠나다」という動詞を用いて「지금 떠나고 싶은데」（今、行きたいんですが）と婉曲的に表現されている。劇中では大麻のことは一貫して「대마초」（大麻草）と呼ばれ、外来語の「グラス」は用いられない。「グラス」という言葉は村上の「納屋を焼く」で用いられる表現であるため、劇場版の翻訳では村上の原作にセリフの訳を近づける意図があったものと推察できる。これに対してセリフそのものがカットされているテレビドラマ版では村上の原作への忠実さよりも、大麻の使用シーンの自

図１『バーニング　劇場版』

図２『特集ドラマ　バーニング』

主規制を優先させていることがわかる。

さらに、ドラマ版の自主規制はセリフからの卑語の抹消という点にもおよぶ。ヘミが踊りを終えて眠ったあと、ジョンスとベンはデッキチェアに座ったまま会話を続ける。会話の中でジョンスは「씨발」（씹하다［セックスする］という意味の動詞に由来する卑語）を用いて「씨발 나 해미를 사랑한다고！」（チキショウ、俺、ヘミを愛してるんだって！）とベンに言う。このセリフは劇場版の日本語吹替では「ヘミを愛してるって言ってんだ、この野郎！」とほぼ忠実に訳されているが、テレビドラマ版では「俺は、ヘミを愛してるって言ってんだ！」と「씨발」にあたる部分の訳出を避けている。イ・チャンドンにとっては怒りがテーマであった本作において、日本語吹替からの卑語の抹消はジョンスの怒りの表現を左右しうる決定的な変更である。

二つ目の傾向である韓国の固有性の希薄化はまず固有名詞の訳出の違いに表れている。テレビドラマ版では概して韓国独自の文化や社会に根ざした固有名詞を避け、説明的に訳す傾向が見られる。たとえば、Ｎソウルタワー（南山展望台）は韓流ドラマに頻繁に登場するソウルの代表的なランドマークである。劇中ではヘミの北むきのアパートの部屋から展望台が見え、一日一回南山展望台の反射光が部屋の中に差しこんでくる。そのことを説明するヘミのセリフに出てくる固有名詞が劇場版では「南山展望台」（남산 전망대）と固有名詞のままで訳されている一方、テレビドラマ版では「展望台」という一般名詞におきかえられている。

オリジナル韓国語：남산 전망대 유리창에 햇빛이 반사되서 여기까지 들어와。
直訳：南山展望台の窓ガラスに日差しが反射してここまで入ってくる。
劇場版吹替：南山展望台のガラスに日が反射して入ってくるの。
ドラマ版吹替：あの展望台のガラス窓に日差しが反射して入ってくる。

別の例としては、北朝鮮のプロパガンダ放送の訳が挙げられる。ジョンスの実家の農家があるパジュは北朝鮮との軍事境界ぞいに位置しており、北朝鮮側から韓国の人々にむけてプロパガンダ放送が日常的に行われている。劇場版の吹替ではこれに漢字の発音をそのまま当てはめて「対南放送」（대남방송）という固有名詞として訳しているが、ドラマ版では「北朝鮮が、韓国にむけて放送している」と説明的に訳されている。

オリジナル韓国語：아 이거 북한에서 대남방송 쏘는 스피커 소리에요。
直訳：ああ、これは北朝鮮から対南放送を流しているスピーカーの音です。
劇場版吹替：ああ、これは、北朝鮮が南にむけてやってる対南放送です。
ドラマ版吹替：ああ、これは、北朝鮮が、韓国にむけて放送しているんですよ。

これらの固有名詞の回避は、視聴者が知らないものを事前にとりのぞこうとするＮＨＫ側の配慮の結果であると考えられる。しかし一方で、この傾向には例外もある。劇中でパジュという地名が出るさい、劇場版よりもドラマ版のほうが「パジュ」という固有名詞をそのまま訳出する傾向が見られた。これはおそらく、作品の舞台であるパジュという地名を視聴者に印象づけるために意図的に繰り返し提示しているためである。そのため、劇中でビニールハウスの位置を確認して回るジョンスが読む地番図に対して与えられたテロップでは、書かれた文字どおりに「コヤン市パジュ市地番図」と訳した劇場版とは異なり、テレビドラマ版は「パジュ市地図」という部分だけを訳出している。物語上で重要なパジュを何度も強調するＮＨＫの翻訳は、視聴者がパジュを知らないという前提にもとづいている。

韓国の固有性の希薄化はこうした部分以外にも、劇場版の吹替がバスのアナウンスなどの環境音に韓国語を残しているのに対し、テレビドラマ版がすべて日本語におきかえている点など、全編を通して見られる。さらに、日雇い労働の点呼のシーン、ジョンスの父親の幼なじみが一九七〇年代後半の韓国における中近東への出稼ぎブームや江南地区の開発について語るシーンといった韓国の現代社会や現代史に言及するシーンを削除している点にも同様の傾向が表れている。アシャイトの指摘のとおり、文化的固有性をもった元のテクストは吹替翻訳の過程を通して国の固有性を失った超越文化的な素材と化しているのである。▽13

最後に検討する第三の傾向は、物語上の曖昧性の排除である。これがもっとも顕著に見られるのは、ヘミからジョンスへの最後の電話のシーンである。劇中、ジョンスはヘミの携帯電話から無言電話を受け、その電話を最後にヘミは消息を絶つ。オリジナルの音声では、電話ごしに不明瞭な男性の声が聞こえる。男性の声はベン役のスティーヴン・ユァンのもののように聞こえるが、劇中でベンはヘミに対して一文目のセリフにあるような丁寧語のヘヨ体を交えることはなく、くだけた言葉遣いのパンマルを一貫して使って話しているため、これが本当にベンの声であるかどうかは不明である。さらに車のドアを開閉する音、走る足音、車のクラクションなどの環境音にかき消されており、セリフは以下の部分がかろうじて聞きとれるのみである。

オリジナル韓国語：거기 뛰면 안돼요。말이 안되네。[…] 가지마。
直訳：そこ、走っちゃダメです。話にならないね。[…] 行くな。
劇場版吹替：[なし。セリフの音声自体を削除]
ドラマ版吹替：ダメだ、行くな！　そこにいろ。[…] いいか？

二種類の日本語吹替版はこのシーンに対してオリジナルとはそれぞれ異なる処理をしている。まず、劇場版では男性の声を削除し、環境音だけが聞こえるようにしている。バスのアナウンス等の環境音ではオリジナルの韓国語をそのまま残している劇場版がこのシーンの電話から人物の声を削った理由は不明である。しかしベンの関与を色濃くするこの電話の声を削って失踪の真相をより曖昧にすることで、村上の原作に近づけていると解釈することは可能だろう。ジェイ・ルービンが示すとおり、原作の「納屋を焼く」は「最後に女の子がいなくなることを筆頭に多くのことを尻切れとんぼにしている」ことで混乱に満ちた作品世界を作りだしている。[14] そのため、事件の曖昧性を維持することは原作に忠実な姿勢と見ることができる。

これに対し、テレビドラマ版ではあきらかに萩原聖人とわかる声で「ダメだ、行くな！ そこにいろ。いいか？」というセリフが聞きとれる。環境音よりも明瞭に発音されるこのセリフによって、ベンがヘミの失踪に関与したことがほぼ確実になる。劇場版の物語では、ジョンスはベンがヘミを殺害したと信じこみ、結末では彼がベンを殺害する。ヘミの腕時計や飼いネコなどの手がかりが登場し、ジョンスはベンがヘミを殺したとほぼ確信するものの、彼女の失踪の真相は最後まであきらかにされない。だが、テレビドラマ版の吹替では、ヘミの失踪事件はベンが犯人であるという読みを補強することで、作品の曖昧性を縮小させている。

以上をまとめると、テレビドラマ版では、まず暴力、性描写、薬物、卑語の使用などがとりのぞかれた。この再編集にイ・チャンドン自身がどの程度携わったかは不明であるが、ＰＧ12という映倫のレーティングよりもさらに厳格な自主規制が徹底されたことはあきらかである。また固有名詞や韓国社会への言及の抑圧という点では、物語の理解に必要な最低限の部分を残して韓国の社会や歴史に対する言及が割愛され、パジュは単なる物語の舞台としてのみしか機能していないことがわかる。

この点に照らすと、ＮＨＫがアジア圏での共同映画製作を積極的に展開しはじめた当初に挙げた目的の一つである異文化間の相互理解には逆行するとさえいえるのかもしれない。かといって、村上の原作にテレビドラマ版がより忠実かというとそういうわけでもない。たしかにドラマ版のプロットは短編小説と同じ部分で終わるものの、大麻のシーンの削除やヘミの失踪をめぐる曖昧性の縮小から判断すると、原作への忠実さよりもテレビ放送上の倫理やＮＨＫ側の解釈を優先させているように見える。原作を踏まえた訳を行い、原作同様の曖昧さを強めているのはむしろ劇場版のほうである。このことから、『特集ドラマ　バーニング』は韓国という他者にも八〇年代の原作という他者にもむきあいそこねているのではないかと感じずにはいられない。

▽1　CINRA「村上春樹原作×イ・チャンドン監督『特集ドラマ　バーニング』がＮＨＫで放送」二〇一八年一一月二八日、〈https://www.cinra.net/news/20181129-burning〉。
▽2　市来満／石狩勇気「特別インタビュー：〈対談〉吹き替え演出家・市来満さん×声優・石狩勇気さん#1」Cinemart、二〇一七年三月二一日、〈http://www.cinemart.co.jp/saimdang/special/report/cat84/post-61.html〉。
▽3　山根由美恵「「世界文学」としての「バーニング」―村上春樹「納屋を焼く」を超えて―」『広島大学大学院文学研究科論集』七九巻、二〇一九年、六六頁。
▽4　Antje Ascheid, "Speaking Tongues: Voice Dubbing in the Cinema as Cultural Ventriloquism," *The Velvet Light Trap*, no. 40, 1997, p. 32.

▽5 Ibid., p. 33.

▽6 Ibid., p. 37.

▽7 Ibid., p. 39.

▽8 Fumitoshi Karima, "Subtitling in Japan," *Dubbing and Subtitling in a World Context*, edited by Gilbert C. F. Fong and Kenneth K. L. Au, The Chinese University Press (The Chinese University of Hong Kong), 2009, p. 24.

▽9 Asheid, "Speaking Tongues," p. 35.

▽10 Abé Mark Nornes, *Cinema Babel: Translating Global Cinema*, University of Minnesota Press, 2007, p. 199.

▽11 映画倫理機構「バーニング 劇場版（原題）BURNING」二〇一八年一〇月一一日〈https://www.eirin.jp/list/index.php?title=&eirin_no=47836〉。

▽12 映像物等級委員会（영상물 등급위원회）《[국내영화] 버닝》二〇一八年四月二三日〈https://www.kmrb.or.kr/kor/CMS/TotalSearch/gradeResultView.do?mCode=MN132&site_code=&ca tegory_code=ORS&category_code2=MV&category_code3=&grade_name=&rcv_no=2087357&retur n_url=&searchKeyword=%EB%B2%84%EB%8B%9D〉。以降、外国語からの訳は筆者による。

▽13 Ascheid, "Speaking Tongues," p. 33.

▽14 ジェイ・ルービン『ハルキ・ムラカミと言葉の音楽』畔柳和代訳、新潮社、二〇〇六年、一二五頁。

第11章　ドライブ・マイ・カー

他者性の構築と受容

二〇一九年一二月の中国湖北省武漢市での感染確認に端を発する新型コロナウイルスの世界的な蔓延は、グローバルな社会の相互交流に多大な影響を与えた。各国が行った入国制限措置や厳格な検疫により、それまで多くの人々が観光やビジネスで当たり前のように行ってきた国境を越える移動がきわめて難しいものになった。日本においても二〇二〇年一月末に湖北省に滞在歴のある外国人の上陸拒否を決定したのにはじまり、各地での感染拡大にともなって入国制限の対象を広げていった。[▽1] 同年四月には緊急事態宣言の発令により国外はおろか会社出勤や登校さえままならない状況におちいり、誰もがステイホームの孤立を経験したことは記憶に新しい。

このようなコロナ禍の幕あけのころ、新型コロナウイルスは外国からやって来た脅威として広く認識されていた。国内で最初に注目を集めたのは、二〇二〇年二月に横浜発着で香港、ベトナム、台湾を周遊したダイヤモンド・プリンセス号で発生した集団感染だった。また、中国では二〇二〇年一月二五日前後の春節の連休にあわせて二四日に国内、二七日に国外への団体旅行を禁止する措置をとったが、それでも春節の中国人旅行客が日本を含めた世界に感染を広めたと見なす論者もしばしば見受けられる。▽2 パンデミックは物理的な人の移動の制限にとどまらず、外国や外国人に対するイメージにも少なからず影響をおよぼしたといえる。

当初は二〇二〇年に予定されていた東京オリンピックの一年間の延期に代表されるように、コロナ禍により国際的な催しやビジネスも幅広い分野において支障をきたした。もちろん映画制作も例外ではない。ところが、二〇二一年の日本映画では、韓国でのロケーション撮影が行われた作品があいついで公開されている。『聖地X』（入江悠監督、二〇二一年）と『アジアの天使』（石井裕也監督、二〇二一年）はどちらもオール韓国ロケが敢行された作品であり、異国におかれた日本人を主人公としている。『聖地X』がコロナ禍以前の二〇一九年九月に撮影されたのに対し、二〇二〇年の二月から三月にかけて撮影された『アジアの天使』は韓国での新型コロナの蔓延と時期が重なり、撮影場所の変更などを余儀なくされた。一方、村上春樹の短編集『女のいない男たち』（二〇一四年）に収録された短編小説▽3を原作とする『ドライブ・マイ・カー』（濱口竜介監督、二〇二一年）はパンデミックの影響をより大幅に受けた作品である。主要なロケ地として最初は釜山が選ばれていたものの、二〇二〇年三月に東京のシーンを撮り終えたところで撮影が中断されることになった。その後一一月の撮影再開までの半年間のうちに脚本が書きかえられ、広島へのロケ地変更が行われた。

濱口の当初の計画の名残りは、劇中の韓国人出演者と韓国でロケが行われた短いエピローグにわずかに見られるばかりである。韓国を舞台にしたラストシーンのうち、渡利みさき役の三浦透子が出演する部分は茨城県でロケが行われたが、路上のショットはサーブ900を韓国に送り、スタントを用いて撮影された。

以上に挙げた三本の映画は、いずれも他者との対峙や共生が主題としてとりあげられている点で共通している。『聖地X』において入江悠は前川知大の戯曲の舞台を韓国に移すことで、不可知の他者である「聖地」に自己の想像を投影する者たちの物語に社会的な寓意を加味している。『アジアの天使』の石井裕也は互いに言葉の通じない日本人と韓国人の旅を描き、言語の壁を超えた共生の可能性を模索する。こうした作品は、日本と東アジア地域の隣国との緊張関係という近年の文脈に位置づけることができるだろう。二〇一〇年代は八重山諸島の北に位置する尖閣諸島をめぐる中国との長年の領土問題に関する衝突の激化で幕をあけ、韓国との関係では徴用工や従軍慰安婦問題といった長年の歴史問題がとりざたされた。このような外交的摩擦は政府レベルだけでなく、市民による日本製品のボイコットなどにも発展した。また、二〇一一年三月の東日本大震災後の日本ではナショナリズムが台頭し、隣国に対する日本社会の認識の変化にも影響がおよんだ。[4] SNS上において中国や韓国に対する差別的な言説がより一般的に見られるようになったことはその一例である。韓国経済研究院が実施した二〇二一年の世論調査において韓国と日本の一四三一人の回答者の半数近くが相手国に否定的な印象を抱いていると答え、日本人に好印象をもつ韓国人が一六・七パーセント、韓国人に好印象を抱く日本人が二〇・二パーセントにとどまったことも、この近年の流れを例示するものである。[5]

映画『ドライブ・マイ・カー』における韓国の表象は、入江や石井の作品に比べればごく限定的である。しかし、濱口の映画は〈他者〉というモティーフを通して同時代の社会政治的な文脈に応答している。「異質な他者たちとの共存の方法を実験的に模索しようとする姿勢」[6]に貫かれていると評される本作に登場する〈他者〉は必ずしも韓国人や外国人に限定されない。本章では自己、ならびに「同一であること」[7]を意味するラテン語の *idem* に由来する語であるアイデンティティー〈identity、自己同一性〉と対立する概念としての他者や他者性に注目したい。細見和之がエマニュエル・レヴィナスの他者論を踏まえて示したとおり、自己と他者という二項対立は容易に解体されうる主観的な境界にすぎない。[8]ほかの動物と同様、人の肉体は食物という他者を自己の中に取り入れて他者を自己化することで生命を維持し、成長するが、それは同時に外部の他者にむけて自己を開いて他者に同化していくプロセスでもある。また、精神面においても自我による統制をいとも簡単に裏切っていく欲望や無意識といった自己なのか他者なのか曖昧な領域を内部に抱えている。

他者によって書かれた言葉を別のメディアにおきかえる行為であるアダプテーションもまた、他者と自己の境界が曖昧になる領域と見なすことができる。劇中で他者が提示され、主人公と他者との対峙が描かれる『ドライブ・マイ・カー』は村上春樹作品のアダプテーションとしての自己言及的な側面も備えている。本作における他者をめぐる表現を読みとき、東アジアの現在という文脈に照らしてその意味を検討することは、濱口によるアダプテーションのアプローチをあきらかにすることにもなるだろう。

　数ある他者の形象の中で、細見が言語の他者性を大きくとりあげている点は注目に値する。母語は生得的に備わった能力ではなく、誰でも習得を必要とする他者として存在している。また一つの言語の中でも使われる状況によって言葉の使い方は異なっているため、特定の他者の集団内での言語の用法を必要に応じて模倣しなければならない。「自分の母語のある種の変形をつうじて他者の——少なくとも他者の集団の——具体的な「言語」へと同一化あるいは同化を遂げないかぎり，実際には「自己」を表現できない」という「逆説的な事態」として細見は言語をとらえる。[▽9] 細見はこの言語認識を出発点に植民地時代の朝鮮で支配者の言語だった日本語で詩作を行う金時鐘《キムシジョン》の作品論を展開するのだが、『ドライブ・マイ・カー』においては声や言語を通して他者が形象化され、戯曲のテクストやほかの登場人物のセリフを伝える〈声〉を聞く行為に他者との対峙や受容の意味が与えられている。以下では〈声〉さらには〈顔〉というかたちで現前する他者と、他者との遭遇を受けての自己の反応、さらにはそれが含む問題点にまで考察を巡らせたい。

1　他者の〈声〉を聞くこと

映画は冒頭から他者の不可知性を強調する。高層マンションの一室の広い窓から見える景色を背

図１『ドライブ・マイ・カー』

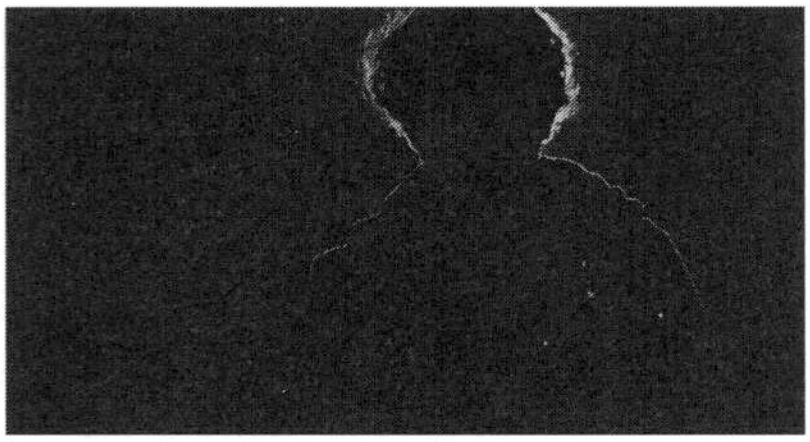

図２ 『不気味なものの肌に触れる』

景に裸身の女性がベッドから体をおこして画面に入ってくる〔図1〕。部屋の中は暗く、窓のむこうの山の稜線が赤く染まっているため、カメラに体をむけた女性の姿は完全にシルエットになっている。短編小説「シェエラザード」（二〇一四年）に材を得た内容の話を女性が語りはじめるが、女性の顔が見えないことからまるで彼女の声が肉体から切り離されたかのような不思議な印象を与える。これらの演出効果により、映画の冒頭において家福の妻である音は謎めいた他者として家福（および観客）の視線と対峙するかたちになっている。[10] 逆光で顔の見えない人物がカメラを直視するショットは濱口の中編映画『不気味なものの肌に触れる』（二〇一三年）の殺人シーンなどにも見られ、他者の得体の知れなさを演出する手法として用いられてきた〔図2〕。

一方、他者としての女性表象という観点からいえば、別の村上作品のアダプテーションである『バーニング　劇場版』（イ・チャンドン監督、二〇一八年）との関連が見えてくる。映画の中盤、ヒロインのヘミが失踪する前に主人公のジョンスの実家を友人のベンとともに訪れ、三人で大麻を吸うシーンで同様に逆光が活用される。四分間におよぶ連続したショットの中で、日没後の空を背景に服を脱いで踊るヘミはカメラが右側に回りこむわずかな時間をのぞいて、ほとんど終始シルエットに包まれた姿で映しだされる［第10章、図7］。『ドライブ・マイ・カー』の冒頭と同様に、ここでの女性は男性主人公の理解のおよばない他者として表象されている。ベンがカーステレオで流す「死刑台のエレベーター」が終わった直後、移動するカメラは背後から彼女を見るジョンスの目線を離れてヘミの右側に回るが、これは涙ぐみはじめた彼女の表情を映しだすためである。大麻に浮かされた高揚感から不意に訪れた悲しみへの彼女の気分の変化にジョンスが気づく様子は示されない。また、この後のヘミの失踪の伏線となるかのような、鳥を模したヘミのジェスチャーやダンスの動きに象徴的に表される、彼女のどこか別の場所に行こうとする切望をジョンスが理解することもない。村上が繰り返し描いてきた主題である男性の前から消える女性を描いている点で二つの原作は共通しているが、二本の映画はどちらも逆光の映像を通して他者である女性たちが男性主人公にとって不可知の存在であることを示唆している。

二本の映画のさらなる共通点は、どちらも音響が他者性を示す手段として用いられていることである。第10章で見たとおり、『バーニング』では北朝鮮のプロパガンダ放送や実家にかかってくるいたずら電話の音といった具合に音声が執拗に他者と関連づけられる。また、ヘミが最後にかけて来る電話でジョンスが耳にする不穏な物音も、最後まで知りえない彼女の失踪の真相の曖昧さが音によって特徴づけられている例である。劇中でこれらの音の物語上の意味があきらかにされることはなく、主人公はこれらの音を無視するか、あるいは物音の意味を理解できないまま疑念をつのらせていく。

これに対し『ドライブ・マイ・カー』では、他者の言葉を聞く行為に重点がおかれる。「音」という原作にない名前が与えられていることが露骨に示すとおり、家福の妻は音によって特徴づけられている。この点は情事のあとの彼女の語り、さらには他者の痕跡として死後も残りつづける、彼女が夫のためにカセットに吹きこんだ「ワーニャおじさん」（一八九八年）の録音に見受けられる。演劇祭の準備のために家福が車の中で彼女が読む戯曲の言葉を聞くのも、家福の意識の中で死後もなお音が存在感を保ちつづけていることを示している。そのため、アントン・チェーホフの戯曲は、家福がむきあうべき他者として提示されているといえる。

劇中、家福はワーニャを俳優として演じられなくなったことについて「彼のテキストを口にすると、自分自身が引きずり出される。［…］そのことにもう、耐えられなくなってしまった。そうなると僕はもう、この役に自分を差し出すことができない」と説明し、高槻に対して「君は相手役に自分を差し出すことができる。同じことをテキストにもすればいい。自分を差し出して、テキストに応える。［…］テキストが君に問いかけている。それを聞き取って応えれば、君にもそれは起こる」と助言を与える。▽11 本章のはじめに引いた、他者に属する言語を身につけて自己のものにする他者の自己化が、模倣によって自己を他者に同化させる自己の他者化と同一のものであるという細見和之の考察を思いだしてほしい。このことは言語習得一般にとどまらず、他者としての戯曲とそれを演じる人間の関係にもあてはまる。「自分を差し出す」という言葉で表現されているのは、他者にむきあうことで自己を開いていくこと、「引きずり出される」自分自身を理解すると同時に自己の変容を受け入れることだと解釈できる。したがって本作に描かれる舞台制作のプロセスは、他者との対峙の比喩として理解されるべきものである。

そのプロセスは、他者に耳を傾けることからはじまる。五時間の大作『ハッピーアワー』（二〇一五年）で演技経験のない出演者たちに演出を行うにあたり、濱口は『ドライブ・マイ・カー』の劇中で登場人物たちが行うのと同様に「ニュアンスを込めず、抑揚を排して読み上げてもらう」[12]台本の読みあわせを行っている。『ジャン・ルノワールの演技指導』（ジゼル・ブロンベルジェ監督、一九六八年）という短編ドキュメンタリー映画の中で紹介されている「イタリア式本読み」を参考にしたものであるとされるが、ルノワールの方法が「そもそもは「イタリア人のように」早口で読むこと」を意味するのに対し、濱口は日常的な会話の速度に近づけ、ゆっくり読ませる、二倍速で読ませるなどの独自の変更を加えている。[13]次の引用からは、俳優が日常で慣用的に親しんでいる話し方を離れて「テキストを聞く」[14]行為を濱口が特に重視していることがうかがえる。

彼女らは自分で自分の台詞を無色透明なまま「聞いて」覚える。芯の通った声自体、一つの判子のようであり、自分自身にテキストを判で押して行くようだった。彼女らもテキストを聞きながら、変わっていっているようだった。日常生活であれば、その言葉に付随してついてくるであろうニュアンスや抑揚を振り落とすことで初めて、その人がこんな声をしていたのか、と気づく。[15]

ここで「判子」の比喩を用いて濱口が説明する、俳優の身体にテクストが刻印される過程には、「テキストを聞きながら、変わって」いくという他者との対峙によって自己が変容する自己の他者化と、「その人がこんな声をしていたのか、と気づく」という他者を受け入れることで本来の自分自身が表現される他者の自己化が同時に見てとれる。濱口が俳優たちに課すテクストを「聞く」作業もまた、自己と他者との関係性の比喩として機能しているのである。『ドライブ・マイ・カー』において戯曲の読みあわせのシーンに大きく時間がさかれるのも、他者の言葉を聞き、他者とむきあうという本作の主題がテクストとの対峙というかたちで表現されているからである。瀬尾夏美が劇中の稽古のシーンの声を「複声」と呼び、演者の声とテクストの声の融合としてとらえているのも、[16]演者とテクストという他者との交流に着目したためであろう。

抑揚をおさえたセリフ回しは「ワーニャおじさん」の稽古のシーンや、家福が車内で聞く音による台本の録音テープ以外にも見られる。劇中劇に参加しているわけでもないみさきのセリフも「棒読みメソッドを完璧に実践しているかのよう」[17]と評されている。また、ユナが用いる韓国手話についても、濱口は手話の指導者に対し「手話にも感情を入れず、棒読み（のような表現）以外は教えないでほしい」[18]と注文しており、手話を理解しない観客には違いがわかりにくいものの「棒読み」

が意識的に採用されている。彼女たちの感情を大幅に排した発話は、彼女たちの〈声〉そのものを前景化させる。次節で紹介するレヴィナスの〈顔〉の概念を敷衍して、熊野純彦は〈声〉を他者のあらわれの一形態としてとりあげている。[19]〈声〉は聴覚刺激である音声や言葉で伝達される内容に還元されない身体性をおびている。このような意味伝達に寄与しない「音声に対する剰余」[20]の部分において、他者は聞き手である自己の前に裸形で現出する。他者は「語られたことの背後から避けがたくすがたをあらわす」[21]のである。コミュニケーションの剰余として自己による安易な理解や包摂を逃れていく不可知の他者としての声は、音声のみに限定されない。佐々木敦がユナの手話について「韓国語も手話も解さない者にも、彼女の「声」は届いた」[22]と印象を語るとき、それは日本語字幕で伝達される言葉の意味内容ではなく、コミュニケーションに還元されない身ぶりの身体性を指している。テクストが他者の言葉として提示されていたのに対し、〈声〉は他者のむきだしの身体としてフィルムに表出しているのである。

2 〈顔〉の他者性

声を聞くことを通した他者との対峙は、撮影技法によっても強調される。それがもっとも顕著に見られるのが、家福が走行するサーブの後部座席で高槻と会話をするシーンである。このシーンに用いられた撮影技法は、同年に公開された三話構成の映画『偶然と想像』（濱口竜介監督、二〇二一年）の第一話「魔法（よりもずっと不確か）」との比較対照によってよりわかりやすくなるだろう。同作には、友人同士である二人の若い女性が夜、タクシーの中で長い会話をする『ドライブ・マイ・カー』の家福と高槻のシーンときわめて類似したシーンが存在する。このシーンのはじめでは、ミラーごしに後部座席を盗み見る運転手のショットが短く挿入されるのをのぞけば、おおむね伝統的なショット／切り返しショットの技法で二人の話者の顔が交互に映しだされる。しかしショット／切り返しショットの連続はほどなく放棄され、座席に座る二人の姿を正面から撮ったトゥー・ショットによるロング・テイクに切り替わる［図3］。画面右側に座る女性つぐみは友人である芽衣子に最近知りあった男性について話しており、二人の雰囲気もなごやかである。トゥー・ショットのフレーミングは、一見彼女たちの親密さや仲の良さを示すものであるかのように見える。だが、ほどなくこの親密さは偽りのものであることがあきらかになる。つぐみがタクシーを降りた直後のシーンであきらかになるとおり、芽衣子は会話の途中でつぐみが話していた男性が自分の別れた恋人であることに気づくが、そのことをつぐみには伏せている。ここではトゥー・ショットは親密さの表現ではなく、相手との対立を避けて守られた表面上の良い雰囲気を表しているだけにすぎなかったことが暴露されるのである。

図3『偶然と想像』

家福と高槻の会話シーンも同様にショット／切り返しショットの連続からはじまる。また、みさきがミラーごしに二人を見るショットが短く挿入される点でも類似している。しかし『偶然と想像』の場合のようにトゥー・ショットに移行することはない。「音は別の男と寝ていた」[23]と家福がより踏みこんだ話題をもちだした瞬間、それまでのショット／切り返しショットは二人の登場人物の視点ショットの交錯へと切り替わる。そして、高槻が音の物語の続きを語る長い独白がはじまるとショットの切り替わりはしだいに乏しくなり、カメラをまっすぐ見る高槻の顔のクロースアップが延々と映しだされる［図4］。ここでの高槻のカメラの直視は、家福（および観客）の視点から高槻の顔を直視していることを意味し、視線の対峙が表現されている。

図4　『ドライブ・マイ・カー』

濱口は、このような直視による視線のやりとりを現実の日常を逸脱する瞬間としてとらえている。『ハッピーアワー』の稽古で俳優たちに互いに見つめあう練習をさせた彼は「既に隈なく見られているからこそ、演者たちはカメラの前では、社会的な慣習を超えて互いに見合うことも可能になる。そこでは演者は普段は押し込めている感覚の力を十分に発現させる」[24]と語る。『偶然と想像』のシーンにおける対立の回避とは異なり、直視によって高槻と視線を交える視点ショットは家福が他者と対峙し、率直なコミュニケーションが行われていることを示す。

「その〈声〉で語られると、語られたことがその人にとっては真実であると確信できる〈声〉が高槻によって発せられるこの車内のシーンは、濱口が村上の小説の中でもっとも惹きつけられた場面であるという。[25] そのためか、このシーンでは村上の原作小説がきわめて忠実に再現されている。以下の高槻のモノローグの終盤は、村上の文章をほぼ一字一句なぞるかたちになっている。

でもどれだけ理解し合っているはずの相手でも、どれだけ愛している相手でも、他人の心をそっくり覗き込むなんて無理です。自分が辛くなるだけです。でもそれが自分自身の心なら、努力次第でしっかりと覗き込むことはできるはずです。結局のところ僕らがやらなくちゃならないことは、自分の心と上手に、正直に折り合いをつけていくことじゃないでしょうか？　本当に他人を見たいと思うなら、自分自身を深く、まっすぐ見つめるしかないんです。僕はそう思います。[26]

このセリフでは「他人」を理解することの困難あるいは不可能性が提示されている。小説と映画の両方において、このシーンは、不貞を含めた亡き妻の他者性を受け入れるためには自己を知ることが必要であるという家福の気づきが示される瞬間である。また、このセリフを発する高槻の顔の提示では、背後から光があたって顔の見えなかった冒頭のショットの音とは対照的に正面から照明があてられ、高槻の涙でうるんだ目によって「お互いの瞳の中に、遠く離れた恒星のような輝きを認めあった」[27]という村上の小説の描写が視覚的に再現されている。カメラを直視する高槻のモノローグは高槻の視点による家福の短いクロースアップを何度か挟みながら七分弱にもおよび、観客の注意が否応なく画面中央に照らしだされる高槻／岡田将生の表情の機微にむくように作られている。ここでカメラの前に差しだされた岡田の顔は、ロラン・バルトが「人間の顔の差し押さえが群衆を最も大きな不安の中へ投げ込んだ時、また文字通り媚薬にのめりこむのと同じように、人間のイメージに没頭した時、また顔というものが、誰にも手の届かない、とはいえ諦めることもできない、肉体のある種の絶対的な状態を構成していた時」[28]に属すると評したグレタ・ガルボの顔に比することもできるだろう。バルトは彼の批評の中で映画スターの顔をプラトンのイデアのように観客の手の届かない超越的な存在であると同時に、観客の果てしない欲望の対象として論じている。その顔は、いかに私が欲望しようとも手をふれることも所有することも不可能な絶対的な他者性を有する顔である。得体の知れない他者であるからこそ、観客は魅惑されつつも不安を抱かずにはいられない。

「肉体のある種の絶対的な状態」としての顔の神格化を論じるバルトの批評は、彼と同時代の思想家であったレヴィナスによる他者性の顕現としての顔をめぐる議論に重なる部分が大きい。『全体性と無限』（一九六一年）の中でレヴィナスは、自己によって所有や権能のおよばない絶対的な他者が現前する様態として「顔」という表現を用いている。自己は他者にふれ、所有することで〈他〉ではない〈同〉のものとして包摂することを欲望するが、面前の他者の顔においては自己に対する抵抗が「無防備なその眼のまったき裸形のうちで煌めく」[29]。顔との対峙を通して「顔は私にことばを語りかけ、そのことで私はある関係へといざなわれる。その関係はしかも、享受や認識といったそれであれ、ふるわれる権能とはなんら共通の尺度をもたないような関係なのである」[30]。いわば、他者の顔とむきあうことは自分の認識やコントロールを超えた存在が顔を通して目の前に現れることで、自己の既存の枠組みを超えて他者と関わることを意味する。

顔をめぐるレヴィナスの思索を踏まえると、家福が音の話の続きを高槻から聞かされる車内の対話シーンは、まさに他者の顔との対峙として演出されていることがわかる。他者である高槻の顔を通して家福の前に表れているのは、もう一人の他者である音である。すでに死んでいる音を家福が理解しようとすることは「他人の心をそっくりのぞき込む」という不可能な行為であると気づかされる。野崎歓が高槻の顔を「深い表面」と呼び、「映画は表層に徹して深層に突き抜け、人物の魂の奥底にまで視線を届かせる」[31]とこのシーンを評したのは、ここで提示される顔が単なる俳優の顔面の表象である以上に他者の顔という役割をになっているからにほかならない。

しかし、ここで家福が他者の顔に直面する瞬間は、決して対話を通して自己と他者の心が通じあった瞬間や、自己が他者を理解できた瞬間といった類のものではない。「顔が現前すること——つまり表出——は、内部［内面］的世界を開示するものではない。［…］顔の現前は、これとは反対に、語られたことばによってすでに私たちのあいだで共有されている、与えられたものを超えて私に呼びかけている」[32]とレヴィナスが語るとおり、ここでは高槻の内面について何も示されておらず、彼が暴力で人を死にいたらしめた直後であることを家福は想像することすらできない。それでも、彼が真実を語っていると家福（および運転席で話を聞いていたみさき）が感じられるのは、家福が高槻の顔と声を通して他者に呼びかけられているからである。沼野充義が「木野」（二〇一四年）との関連で論じるように、家福も小説の木野と同様に、不倫を働く妻を問いつめて怒りをぶつけることをせず、彼女を理解しようともしなかった。[33] 高槻が示唆するとおり「音さんが聞いてもらいたがっていた」[34]にもかかわらず、家福は彼女からの呼びかけを無視していたのである。家福の視点ショットである高槻の顔からは、語られる内容を超えて家福に迫ってくる他者の呼びかけが表現されている。

3　主人公の罪の意識と責任

家福が演出する舞台の特徴は、多国籍の俳優がそれぞれの言語でセリフを言う多言語劇である点である。序盤で音が観劇する「ゴドーを待ちながら」（一九五二年）ではインドネシア語と日本語、音の死の直後、ワーニャを演じる家福が途中で芝居を放りだしてしまう最初の「ワーニャおじさん」の公演ではドイツ語とマレー語が用いられ、背景の壁に字幕が表示される。映画で中心的な位置を占める広島での「ワーニャおじさん」の公演は日本語、韓国語、韓国手話、北京語、フィリピノ語で演じられる。互いに異なる言語を話すためにほかの俳優のセリフが理解できないなかで役作りを行うこの状況を、大井浩一は「グローバル化し、多文化社会化が進む現代の縮図」[35]と解釈している。また、広島の「ワーニャおじさん」の出演者を演じる外国人キャストの出身地である韓国、台湾、フィリピンのうち、韓国と台湾は一九一〇年と一八九五年に日本が併合した植民地であり、フィリピンは第二次世界大戦中に日本軍によって占領された歴史をもつ。この点に着目して、この劇中劇に日本と周辺のアジア諸国との関係の寓意を読みとる解釈も、特に国外の評者において見受けられる。たとえば、アール・ジャクソンは日本人俳優が話す日本語のセリフと韓国人俳優が話す韓国語のセリフが自然に通じあう映画『悲夢』(キム・ギドク監督、二〇〇八年)と本作の劇中劇を比較し、前者にポストコロニアルな力関係の不均衡を見出す一方で、後者において手話を含めた多様な言語話者が自分の言語を対等に話している点を好意的に評価している。[▽36]

二〇二一年七月に開催されたカンヌ国際映画祭にさいして中国のメディアによって行われたインタビューの中で、濱口はロケ地が広島に変更になったことと物語の寓意性との関係について次のように述べている。

ただ広島っていう名前は怖くはあったけれども、この物語ってどこか、自分がどの程度被害者でどの程度加害者であるか、その正確な線引きを決めるようなところがあります。なので、広島という場所はすごくそれが複雑な場所ですよね。日本っていうのは数々の侵略行為を行っている。ただその原爆が落とされた広島っていうのは、圧倒的な無垢の、無実の市民たちが殺された場所でもある。なので、そういうバランスを探る物語の中ではすごく象徴的な場所になったということは感じています。[37]

濱口がこのように『ドライブ・マイ・カー』を日本の植民地進出をはじめとする東アジアの歴史と結びつけて語ることは、日本国内の主要メディアにむけた発言の中ではほとんど見られない。『シナリオ』に脚本が掲載されたさいに寄せた短文の中で「広島は『ヒロシマ』でもあり、そのコノテーションは映画にとって余分であるかも知れず決断には若干の勇気が必要だった」と原爆被害の歴史をもつ広島に舞台を移すことへの当初の逡巡を語っている程度である。[38] また日本語メディアの映画批評においても、村上のデンマーク人翻訳者であるメッテ・ホルムが「罪や責任、犠牲や贖罪」という映画のテーマと「被ばくという大きな犠牲を経験した広島」の重なりに言及しているのをのぞいては、東アジアの歴史のアレゴリーとして作品を見る評者は少ない。[39] まるでこういった歴史、とりわけ植民地主義や侵略という日本の加害性を映画と関連づけることを作り手が日本国内においては戦略的に抑制し、国内の観客もアレゴリカルな解釈をかたくなに否認しているかのようですらある。

「チェーホフは、恐ろしい」[40] という家福のセリフに重ねるかのような「広島っていう名前は怖くはあった」というインタビューにおける濱口の言葉は、あきらかに原爆被害という被害者としての歴史を東アジアにおける帝国主義の加害者としての歴史と並べて提示することへのためらいを示唆している。さらに踏みこんでいえば、歴史の加害者としての日本と被害者としての韓国との関係性を描こうとしていたところへ「圧倒的な無垢の、無実の市民」が被害を受けた広島が図らずも舞台となったことで、寓意がみずからの意図を超えて「複雑」になってしまうことへの懸念さえも感じられる。だが、日本の侵略と広島という、被害と加害の両面の歴史を寓意として引き受けることにより、単純に劇中の人間関係を加害国としての日本と被害国としての韓国の物語として読むだけの暗号解読ではなく、「自分がどの程度被害者でどの程度加害者であるか」を他者性の提示を通してより繊細に模索する物語になったといえるだろう。

作品の寓意をめぐる濱口の見解を踏まえると、「本当に他人を見たいと思うなら、自分自身を深く、まっすぐ見つめるしかない」という高槻のセリフは、日本がかつての被植民国である東アジア諸国とむきあうためにみずからの歴史を直視することとしてアレゴリカルに解釈することが可能になる。この点で注目すべきは、映画における登場人物たちの過去に対する罪悪感が原作よりも前面に押しだされる点である。映画では、音がくも膜下出血で倒れた晩に自分が帰宅をためらったことが彼女の死につながったのではないかと家福は悔やみつづけている。しかし小説における妻の死因は子宮がんである。子宮がんは生後数日で死亡した夫婦の子どもについての後悔を象徴していると も解釈できるが、家福が妻の死に対して映画のように直接的な罪の意識を抱くことはない。小説における家福の後悔はむしろ「どうしてうちの奥さんがその男と寝ることになったのか、なぜその男と寝なくてはならなかったのか」[41]を直接聞くことのできないまま妻と死別したことにある。また、みさきの母親の死因も小説での飲酒運転中の事故から、家を襲った雪崩による死へと大きく改変されている。映画のみさきはつぶれた家屋から母親を助けることができたにもかかわらずあえて助けなかったという思いを抱きつづけるが、小説の彼女は母親の死について「「自業自得です」とみさきはあっさりと言った。「いつかそういうことは必ず起こっていたでしょう。早いか遅いか、それだけの違いです」[42]ときわめて冷静であることが示される。映画における罪の意識をめぐる主題について、濱口は「木野」で描かれる夫婦生活の破綻に対する木野の責任を挙げている。[43]いわば、濱口は「木野」の作品解釈を主題としてふくらませ、『ドライブ・マイ・カー』全体に適用しているのである。

だからこそ、映画のクライマックスとなる北海道の旅のシークェンスでは、家福とみさきがみずからの「罪」とむきあう過程が描かれる。家福とみさきがみさきの故郷を訪れるのは映画独自の展開であるが、村上の小説にもみさきの本籍地として「北海道＊＊郡上十二滝《かみじゅうにたき》町」[44]（映画では「上十二滝村」）が登場する。この地名が『羊をめぐる冒険』（一九八二年）の舞台である架空の地名「十二滝町」と間テクスト性をなしていることからもわかるとおり、北海道は村上にとってキャリアの初期から注目してきた重要な場所の一つである。[45]『羊をめぐる冒険』は、国家の側からの北海道開拓史である「十二滝町開拓史」において隠蔽されたコロニアルな暴力の記憶を一九七〇年代末を生きる若者である「僕」が北海道への旅、そして徴兵忌避をしたアイヌ青年の亡霊である羊男という他者との遭遇を通してとりもどしていくアレゴリーとしての側面がすでに指摘されている。[46]北海道の道を走る車内で家福とみさきが互いの過去について語り、「君は母を殺し、僕は妻を殺した」と認めることもまた、開拓という帝国主義の暴力の歴史を覆い隠した土地でみずからの歴史に目をむける象徴的な行為としてとらえることが可能である。

しかし、ここで一つの疑問が浮かびあがってくる。たしかに家福とみさきの北海道巡礼は「本当に他人を見たいと思うなら、自分自身を深く、まっすぐ見つめるしかない」という高槻の言葉にある「自分自身を深く、まっすぐ見つめる」行為に相当するといえる。だが高槻のセリフでは、自分自身とむきあうことは「本当に他人を見」るための最初のステップであったはずである。だからこそ「結局のところ僕らがやらなくちゃならないことは、自分の心と上手に、正直に折り合いをつけていくことじゃないでしょうか？」と、自己とむきあうことは「やらなくちゃいけない」という義務の言葉で語られる。みずからの過去とむきあって「自分の心と上手に、正直に折り合いをつけていく」ことが可能になった家福は、はたして本当に他者にむかって応答する次のステップにまでいたっているのだろうか？　みさきのかつての家が埋まる雪原を前にして「音さんの、そのすべてを、本当として捉えることは難しいですか？」と訊ねるみさきの問いかけに「家福は答えられない」[▽47]。絶対的な他者である音はすでに死んでおり、今になってむきあおうにもむきあえないからである。だとすれば、雪原での家福の後悔の念の告白とみさきとの抱擁に自己慰撫以上の意味を見出すことはできるだろうか。

ナチスによるユダヤ人迫害を身をもって経験し、家族をホロコーストで失ったレヴィナスにとって、他者の存在は常に倫理的な問題と密接していた。彼は他者性を否定し、他者そのものを消し去る行為として殺人を挙げる。超越的な存在である他者を殺し、自己の枠組みの中で把握可能なものにすることによって他者は失われる。顔を通した他者の顕現は、そのような自己による他者性の否定に対する「倫理的抵抗」[48]である。レヴィナスは旧約聖書の十戒を引き、目の前に現れる他者の顔こそが「「あなたは殺してはならない」という最初のことば」[49]であると語る。他者は「その悲惨と裸形によって――飢えによって――私に訴える」[50]が、私は他者からの呼びかけに対して無関心でいることは許されない。他者と対峙し、関係性が生まれた瞬間から自己は他者に対して「責任」[51]（*responsabilité*、応答責任）が生じるためである。

しかし家福の場合は応答すべき他者がもはやいないため、彼の「責任」は他者ではなく自己の生き方の問題に帰結していく。「生き残った者は死んだ者のことを考え続ける。どんな形であれ。それがずっと続く。僕や君は、そうやって生きてかなくちゃいけない」と、みさきと抱きあいながら家福は語り「大丈夫。僕たちはきっと、大丈夫だ」と自分たちを慰める。[52]このシーンで家福とみさきは体を互いの方向にむけて会話をしているものの、カメラは二人の姿を終始トゥー・ショットでとらえている。そしてみさきの顔を覆い隠すように家福が彼女をきつく抱きしめるシーンの終わりでは、台本に書かれた指示により「二人は同じ方向にそっと目をやる」[53]［図5］。高槻との車内のシーンに見られたような他者との対峙が描かれることはない。ここでのみさきはレヴィナス的な絶対的な〈他者〉ではなく、フッサール哲学の概念である〈他我〉として見ることができる。内田樹によれば、他我は「自我の自己同一性を担保するものである」[54]点で他者とは区別される。他我は自己

図5, 6 『ドライブ・マイ・カー』

とは別の主観でありながらもあくまで自己の延長であり、自己と同じ世界を共有して自己が一つの視点から主観的にしか経験できない世界の認識を間主観的に肯定する。自己とは別の存在として装われた自己の表象（*représentation*、再現前化／身代わり）にすぎず、他者のように自己の理解を超えた対立的な存在ではない。渡邉大輔は劇中に繰り返し登場する鏡に濱口の映画に一貫して見られる「分身」の主題を見出しているが、[55] 他我としてのみさきもまた家福の自己認識を別の視点から補完する役割を与えられた家福の分身である。そのため、母親の死に対する彼女の罪の意識は、家福の音に対する罪悪感とパラレルなものとして意味づけられている。

終盤の公演でワーニャを演じる家福とともに舞台に立つユナもまた、家福の他我としての役割をになわされている。そのことはシーンの最初でステージ中央のテーブルを囲んではすむかいに座っていた二人のショット／切り返しショットがすぐに放棄され、同じ方向をむいた二人のトゥー・ショットに切り替わる構成にも暗示されている［図6］。濱口は野崎歓との対談の中で、チェーホフの戯曲でワーニャがソーニャのうしろに立っているのに対し、映画では「ソーニャのほうが後ろからワーニャを抱きかかえるようにして、手話による沈黙の台詞を言う」という野崎の指摘に対し、「方向付け」が演出において重要であるとして「二人が同じ方向を向く位置へと導いていきました」と答えている。[56] この答えは、体のむきがト書きに書き記されていた雪原シーンでの家福とみさきの場合と同様、このシーンにおいても濱口が劇中の俳優の体の方向づけを意図的な演出のもとに行っていたことを示唆している。

しかし、ここで濱口は野崎の指摘に対して十分な説明を与えているとはいいがたい。野崎が言及している戯曲と映画の劇中劇の違いはチェーホフのト書きの指示でワーニャがソーニャの背後に立っていることであり、ワーニャとソーニャの体のむき自体は戯曲と異なっているわけではない。公演のシーンに先行する雪原のシーンの最後のショットでみさきを抱きかかえていた家福は、今度はソーニャを演じるユナにうしろから抱きかかえられることで一方的に慰撫を受ける側に回っている。背後から彼の体を使って手話を語るユナの指先を目で追い、涙を流して笑みを浮かべる家福のワーニャはまるで幼児期に回帰したかのような無邪気な表情を垣間見せる。ユナは映画オリジナルの登場人物であるにもかかわらず、ここでの彼女は村上春樹の小説における女性表象の類型の一つである「巫女的な導くもの」[57] として特徴づけられているといえるだろう。

このようなかたちで自己のアイデンティティーを担保する目的で他者性の表象を利用することは、本作が一部で批判の対象となる要因にもなっている。劇中の障がい表象について、濱口が障がい者の生活の詳細に関心がなく、障がいという差異を文学的なレベルでしか機能させていないと指摘するエマソン・グの批判には、ユナがもつ他者性が家福という自己を支える他我として意味づけられてしまうことに対する懸念が見られる。▽58 日本に住む韓国人であるとともに韓国手話者の女性であるユナの他者性は劇中で繰り返し焦点をあてられてきた。しかし、自己との関係性の中で他我としての意味役割を与えられてしまうことにより、本来は自己の権能のおよばない領域にいるはずの他者は自己の認識の枠組みに包摂されてしまう。他者の声を聞き、他者とむきあったことで生じる応答責任は、少なくとも家福の物語においては果たされないまま積み残されている。

本章では、東アジアにおける同時代の文脈を糸口に映画『ドライブ・マイ・カー』の中で構築される他者性に注目してきた。家福にとってもっとも近くにいながらわかりあえなかった他者である音との関係に日本と隣国の対立を重ねることで、妻の死に対する家福の罪悪感に日本の歴史認識の問題が見えてくる。しかし、本作で他者は声と顔を通して家福の前に顕現するものの、家福の内省はあくまで自己のためのものとして完結し、彼は他者に対して応答しそこねる。他者は自己の救済と回復を演出する舞台装置の表象として利用されることで、本来の他者性がそこなわれる。

そんななかで、韓国にいるみさきを描いたエピローグが大きな意味をもつことになる。劇中では彼女が韓国で何をしているのか、このシーンが先行するそれまでのシーンとどう関連しているのかといった点について明示的な説明が与えられておらず、物語の帰着としては一見奇妙な印象すら与えるエピローグである。だが、彼女がナンバープレートの張りかえられた家福の赤いサーブ900

を運転し、ユナが夫のユンスと飼っていた犬によく似た茶色い犬を同乗させていることから、物語の因果関係よりも象徴的な面での関連が暗示されている。「モチーフの反復によって、みさきが他者との交流を通して変化していったさまが印づけられている」▽59と伊藤弘了が分析するとおり、ここでは家福と同様にみずからの過去とむきあったみさきの新しい姿が描かれている。しかし、家福の物語が自己救済のレベルにとどまるのとは異なり、みさきは韓国という新しい地平で車を走らせる。いわば、家福が果たすことのなかった他者に対する応答責任を、みさきが引き継いで応えようとしていると見ることができる。韓国に舞台を移すことで、「本当に他人を見」る可能性へむけて開かれた結末となったといえるだろう。

　映画によるアダプテーションは従来、原作に対する忠実さという観点から論じられることが多かった。▽60原作からの逸脱がファンや原作者から強く拒絶されたり、有名な原作への過度の配慮から単にプロットに忠実なだけの作品が生まれたりすることもアダプテーションにおいてはしばしば見られる。本書の第Ⅲ部でも見たとおり、村上春樹のように幅広い世代によって国内外で読まれている作家の作品の映画化の場合は、特にその傾向は強い。しかし、濱口竜介はプロットの面は独自の要素を多く盛りこみながらも、「ドライブ・マイ・カー」の高槻のセリフに見られた自己と他者の問題や「木野」で描かれた罪の意識といった主題を読みとり、音声、クロースアップ、トゥー・ショットといった映像メディア独自の表現技法で応答している。このような原作という他者との創造的な交流にこそ、アダプテーションの魅力があるのではないか。

▽1 川村真理「新型コロナウイルス感染症と入国制限」『杏林社会科学研究』三六巻一―二号、二〇二〇年、七一頁。

▽2 たとえば、中原圭介『疫病と投資　歴史から読み解くパンデミックと経済の未来』ダイヤモンド社、二〇二〇年。

▽3 同名の「ドライブ・マイ・カー」のほか、「シェエラザード」と「木野」の要素も取り入れられている。「シェエラザード」は、音《おと》と名付けた家福の妻の人物像をより立体的にするために。「木野」は家福が向かう、原作のその先を指し示している気がしました」と濱口は語っている。「Director's Interview」ビターズ・エンド編『ドライブ・マイ・カー』劇場用プログラム、ビターズ・エンド、二〇二一年、六頁。

▽4 金世徳／木村幹「政権交代への期待の消滅――民主党政権と李明博政権、二〇〇八～一二年」木村幹／田中悟／金容民編『平成時代の日韓関係――楽観から悲観への三〇年――』ミネルヴァ書房、二〇二〇年、二二七―二二九頁。

▽5 「韓国・日本国民「相手国に好感」2割のみ　多数が関係改善希望＝世論調査」聯合ニュース、二〇二一年五月二五日〈https://jp.yna.co.kr/view/AJP20210525001700882〉。

▽6 三浦哲哉「『ドライブ・マイ・カー』の奇跡的なドライブ感について」『群像』七六巻九号、二〇二一年、三三七頁。

▽7 小島義郎／岸曉／増田秀夫／高野嘉明編『英語語義語源辞典』三省堂、二〇〇四年、五五〇頁。

▽8 細見和之『アイデンティティ／他者性』岩波書店、一九九九年、二一八頁。

▽9 同、一三頁。

▽10 冨塚亮平が分析するとおり、本作のベッドシーンで濱口は『なみのおと』（酒井耕と共同監督、二〇一一年）などの作品で用いた「Z形式」と自身が呼ぶ撮影技法を応用し、登場人物同士の視線の交わりを巧妙

に回避している。Ryohei Tomizuka, "Looking and Touching: Bodies in *Drive My Car*," paper presented at *Drive My Car*: A Symposium on Hamaguchi's Cross-Media Vehicle, Keio University, June 18, 2022. ただし、ベッドに横たわって音の顔を見あげる家福のショットを見る限り、冒頭のショットは家福の視点ショットと解釈できる余地を残しているようにも見える。

▽11 濱口竜介／大江崇允「シナリオ　ドライブ・マイ・カー」『シナリオ』二〇二一年一一月号、六三頁。

▽12 濱口竜介／野原位／高橋知由『カメラの前で演じること　映画「ハッピーアワー」テキスト集成』左右社、二〇一五年、五八頁。

▽13 同、五八頁。

▽14 同、六一頁。

▽15 同、六四頁。

▽16 瀬尾夏美「聞くこと、演じること」『文學界』七五巻九号、二〇二一年、一一三頁。

▽17 野崎歓「赤いサーブと「声」のゆくえ　濱口竜介監督『ドライブ・マイ・カー』論」『芸術新潮』七二巻九号、二〇二一年、一一〇頁。

▽18 「時の人　各国に友人「意思通じる」「ドライブ・マイ・カー」で韓国手話の演技指導　桑原絵美さん」『沖縄タイムス』二〇二二年七月一四日、二四面。

▽19 熊野純彦『レヴィナス入門』筑摩書房、一九九九年、二〇四—二〇五頁。

▽20 同、二〇五頁。

▽21 エマニュエル・レヴィナス『全体性と無限』下巻、熊野純彦訳、岩波書店、二〇〇六年、三一—三二頁。

▽22 佐々木敦「言語の修得と運転の習熟——『ドライブ・マイ・カー』論」『文學界』七五巻九号、二〇二一年、一二〇頁。

▽23 濱口／大江「シナリオ」六四頁。

▽24 濱口／野原／高橋『カメラの前で演じること』六六頁。

▽25 濱口竜介／近藤希実「ドライブ・マイ・カー　現場で何かが起こる、その可能性を高めるにはできるだけ準備をすることにつきます」『映画芸術』七一巻三号、二〇二一年、五頁。

▽26 濱口／大江「シナリオ」六五―六六頁。映画のセリフでは小説では次のようになっており、文章語的あるいは古風な言い回しをより若者の自然な言葉に近づけている点以外は、小説とほぼ同じ内容である。「でもどれだけ理解し合っているはずの相手であれ、どれだけ愛している相手であれ、他人の心をそっくり覗き込むなんて、それはできない相談です。そんなことを求めても、自分がつらくなるだけです。しかしそれが自分自身の心であれば、努力さえすれば、努力しただけしっかり覗き込むことはできるはずです。ですから結局のところ僕らがやらなくちゃならないのは、自分の心と上手に正直に折り合いをつけていくことじゃないでしょうか。本当に他人を見たいと望むのなら、自分自身を深くまっすぐ見つめるしかないんです。僕はそう思います」村上春樹『女のいない男たち』文藝春秋（文春文庫）、二〇一六年、六〇―六一頁。傍点は原文どおり。

▽27 同、六一頁。

▽28 ロラン・バルト『ロラン・バルト映画論集』諸田和治編訳、筑摩書房、一九九八年、一九一頁。

▽29 レヴィナス『全体性と無限』下巻、四一頁。

▽30 同、三八頁。

▽31 野崎「赤いサーブと「声」のゆくえ」一一〇頁。傍点は原文どおり。

▽32 同、七二頁。

▽33 沼野充義「村上―チェーホフ―濱口の三つ巴――『ドライブ・マイ・カー』の勝利」『新潮』一一八巻一

○号、二〇二一年、二一六頁。

▽34 濱口／大江「シナリオ」六四頁。

▽35 大井浩一『村上春樹をめぐるメモらんだむ　2019—2021』毎日新聞出版、二〇二一年、二三二頁。

▽36 Earl Jackson, "Stage Whispers: Reflections on Theater in Film, Inspired by 'Drive My Car' Part 2," Asian Movie Pulse.com, March 3, 2022, https://asianmoviepulse.com/2022/03/stage-whispers-reflections-on-theater-in-film-inspired-by-drive-my-car-part-2/.

▽37 「滨口龙介：村上被问是否得奖的心情大概和我一样吧」澎湃新闻、二〇二一年七月一九日〈https://mp.weixin.qq.com/s/X8DGX64ZyJnLjtkR8qIboA?〉。

▽38 濱口竜介「脚本・監督ノート『ドライブ・マイ・カー』　あらゆる偶然に助けられて」『シナリオ』七七巻一一号、二〇二一年、三四頁。

▽39 中村千晶「映画『ドライブ・マイ・カー』はここがスゴい　読み解き&高評価の背景は?　徹底ガイド」『週刊朝日』二〇二二年四月八日、五六頁。

▽40 濱口／大江「シナリオ」六三頁。

▽41 村上『女のいない男たち』四六頁。

▽42 同、四三頁。

▽43 濱口／近藤「ドライブ・マイ・カー」五頁。

▽44 村上『女のいない男たち』三八頁。

▽45 ただし、この間テクスト性は最初から意図されていたわけではない。『文藝春秋』に「ドライブ・マイ・カー」が掲載された当初は地名が実在の町である「中頓別町」となっていたが、みさきが車の窓から煙草を投げ捨てるのを見て家福が「たぶん中頓別町ではみんなが普通にやっていることなのだろう」と考える

という記述に対して地元の市議が抗議したことから単行本収録時に「上十二滝町」に変更された。「村上春樹さん「町は別名に」　小説への質問状受け」『朝日新聞』二〇一四年二月八日朝刊、三七面。

▽46 松枝誠「『羊をめぐる冒険』論――北海道から満州、そして戦後――」『論究日本文学』八六号、二〇〇七年、五五―六八頁。山﨑眞紀子『村上春樹と女性、北海道…。』彩流社、二〇一三年。

▽47 濱口／大江「シナリオ」七〇頁。

▽48 レヴィナス『全体性と無限』下巻、四三頁。

▽49 同、四一頁。

▽50 同、四四頁。

▽51 同、四五頁。

▽52 濱口／大江「シナリオ」七一頁。

▽53 同。

▽54 内田樹『他者と死者　ラカンによるレヴィナス』文藝春秋（文春文庫）、二〇一一年、一〇五頁。

▽55 渡邉大輔『明るい映画、暗い映画　21世紀のスクリーン革命』blueprint、二〇二一年、二二三―二二五頁。

▽56 濱口竜介／野崎歓「異界へと誘う、声と沈黙」月永理絵構成『文學界』七五巻九号、二〇二一年、一〇八頁。

▽57 村上春樹／松家仁之「村上春樹ロングインタビュー」『考える人』三三号、二〇一〇年、四三頁。

▽58 Emerson Goo, "I'll Be Your Mirror: Disability in Ryusuke Hamaguchi's Films," Mubi, March 28, 2022, https://mubi.com/notebook/posts/i-ll-be-your-mirror-disability-in-ryusuke-hamaguchi-s-films.

▽59 伊藤弘了「よくばり映画鑑賞術：米アカデミー賞「ドライブ・マイ・カー」「回転」と「音」を起点に深読みして分かったこと　その2」ひとシネマ、二〇二二年四月六日〈https://hitocinema.mainichi.jp/

article/88b9ldvmwe6〉。

▽60 たとえば、Rick Warner, Colin MacCabe and Kathleen Murray, eds., *True to the Spirit: Film Adaptation and the Question of Fidelity*, Oxford University Press, 2011.

補章❹ めくらやなぎと眠る女——死の主題の希薄化と東日本大震災

二〇二三年三月、新潟市で開催された第一回新潟国際アニメーション映画祭で『めくらやなぎと眠る女』（ピエール・フォルデス監督、二〇二二年）がコンペティション作品の一本として上映された。映画祭のスタッフによれば、今回の上映がジャパン・プレミア（日本初公開）だという。村上春樹作品の映画化としては、最初の長編アニメーションによるアダプテーションである。といっても、年少者むけというわけでは決してない。手描きの背景にモーション・キャプチャを組みあわせたアニメーションの妙に生々しい人物の動きや、結婚生活の破綻や中年の危機といった内容は、本作が『ウェイキング・ライフ』（リチャード・リンクレイター監督、二〇〇一年）などの系譜に連なる大人むけのアニメーション映画であることを示している。もちろん、村上の原作に由来するセックス・シーンなどの性描写も遠慮なく盛りこまれている。

監督のピエール・フォルデスはハンガリー人とイギリス人の両親をもち、アメリカで生まれてフランスで育った多国籍な背景のもち主であるが、本作もフランス、ルクセンブルク、カナダ、オランダの国際共同製作である。カナダといってもクレジットされているのはフランス語圏であるケベック州のケベック文化産業促進公社（SODEC）であり、非英語圏の四か所の地域による合作と見なしてよいだろう。新潟の映画祭では会話も劇中およびクレジットの文字もすべて英語の版に東郷佑衣による日本語字幕のついたかたちで上映されたが、レザルク・ヨーロッパ映画祭などフランス語圏の映画祭では、キャストの異なるフランス語版が上映されている（ただし、英語版でもフランス語版でもかえるくんの声とモーション・キャプチャは監督のフォルデス自身が担当している）。日本を舞台に日本人の登場人物しか出てこない作品を英語作品として売りだすことは、村上の物語をグローバルで普遍的なものとして特徴づけるものである。英語版のセリフは、多くの部分においてジェイ・ルービンらによる英訳の文章を参照している印象を受けた。

映画の原作としてクレジットされているのは、村上の六つの短編「UFOが釧路に降りる」（一九九九年）、「かえるくん、東京を救う」（一九九九年）、「ねじまき鳥と火曜日の女たち」（一九八六年）、「めくらやなぎと眠る女」（一九八三年、一九九五年）、「バースデイ・ガール」（二〇〇二年）、「かいつぶり」（一九八一年）である。海外では後者の三作はショート・バージョンの「めくらやなぎと、眠る女」を表題作とする短編集 *Blind Willow, Sleeping Woman*（二〇〇六年、フランス語タイトルは *Saules aveugles, femme endormie*）に収録されている。フィリップ・ガブリエルによる英訳版もエレーヌ・モリタによる二〇〇八年の仏訳版も、一九八三年のロング・バージョン「めくらやなぎと眠る女」ではなく、一九九五年に村上が短く書きなおしたショート・バージョンの「めくらやなぎと、眠る女」である。村上自身も英語版のまえがきで本作が翻訳にいたる前に大きく書きなおされていることを認めている。▽1 しかし、映画では劇中の会話などにおいて二つのバージョンの要素が統合されており、フォルデスは何らかの手段で両方を参照したと考えられる。このほか、「UFO」と「かえるくん」は連作短編集『神の子どもたちはみな踊る』(二〇〇〇年、英訳 *after the quake* は二〇〇二年)、のちに大長編『ねじまき鳥クロニクル』(一九九四〜一九九五年)に発展した短編の「ねじまき鳥と火曜日の女たち」は海外では最初に出版された村上の英訳短編集『象の消滅』(一九九三年)で読むことができる。

このように村上の複数の作品にもとづくアダプテーションは、映画以外の分野ではこれまでにも何度か行われてきた。フランク・ギャラティが「かえるくん、東京を救う」と「蜂蜜パイ」(二〇〇〇年)を舞台化した『神の子どもたちはみな踊る　*after the quake*』(二〇〇五年、日本公演は二〇一九年)、サイモン・マクバーニーが手がけた「象の消滅」(一九八五年)、「パン屋再襲撃」(一九八五年)、「眠り」(一九八九年)の舞台化『エレファント・バニッシュ』(二〇〇三年)、同じくマクバーニーがBBCむけに「UFOが釧路に降りる」、「タイランド」(一九九九年)、「かえるくん、東京を救う」、「蜂蜜パイ」をラジオドラマ化した *after the quake*(二〇〇七年)などである。ただし、これらのアダプテーションにおいてそれぞれの原作の世界には明確に区別が見られる。ギャラティの作品では「蜂蜜パイ」の主人公である小説家の淳平が書く小説の世界として「かえるくん」のシーンが交互に挿入される。これに対して『エレファント・バニッシュ』は、出演者こそ一貫しているものの、「象の消滅」から「パン屋再襲撃」、そして「眠り」の順番で展開する。かたやマクバーニーのラジオドラマでは、オムニバス作品として個々の作品が完全に独立していて複数の作品のシーンが交わることすらない。

『めくらやなぎと眠る女』が採用した手法は、複数の物語の要素を織りまぜて一本の長編映画に仕立てることである。「UFO」の主人公、小村は「かえるくん」の主人公である片桐と銀行の融資課の同僚として設定されている。小林の妻キョウコは家を出ていく前、「ねじまき鳥」の妻のように飼いネコのワタナベを探してほしいと小村に頼む。空気のかたまりのようだという妻の糾弾の言葉にショックを受けた小村は、どこまでも降りていく階段や廊下のヴィジョンを見る（「かいつぶり」より）。小村は離婚の手続きや親戚関係の事情で一週間有給休暇をとって故郷に帰り、耳の悪い従弟を病院に連れて行く（「めくらやなぎ」より）。従弟と二人で訪れた病院はかつてキョウコが入院していた病院であり、バイク事故で死んだ学生時代の親友とお見舞いに行ったときのことを彼は思いだす。一方、家を出たキョウコは、滞在先のホテルがかつて勤務していたイタリア料理店を改装したものであると知りあいに話し、二〇歳の誕生日の夜にレストランのオーナーと交わした奇妙なやりとりを語りはじめる（「バースデイ・ガール」より）。

以上のように、六つの物語の要素を小村、キョウコ、片桐の三人の登場人物に振りわけてシーンを切り替えながら映画は一つの作品として物語を展開していく。その点ではレイモンド・カーヴァーの作品群を群像劇として映画化した『ショート・カッツ』（ロバート・アルトマン監督、一九九三年）を強く彷彿とさせる。特に映画のオープニングで黒画面の随所に浮かんでは消える製作会社の

図1 『めくらやなぎと眠る女』

図2 『ショート・カッツ』

クレジット〔図1〕は『ショート・カッツ』冒頭のキャスト・クレジット〔図2〕の提示方法ときわめて似ており、非直線的に話が広がる群像劇の迷宮的な構造を予告する。また、原作とされる六作以外にも「めくらやなぎ」に登場する名前のない従弟は「蜂蜜パイ」や「日々移動する腎臓のかたちをした石」（二〇〇五年）の淳平とおぼしき Junpei と名づけられ（ただし劇中では言及されず、エンド・クレジットに名前が出るだけである）、片桐に電話で金を無心する妹は「タイランド」の主人公と同じ「さつき」と呼ばれるなど村上のほかの作品を連想させる要素も見受けられる。「蜂蜜パイ」と「タイランド」はともに『神の子どもたちはみな踊る』の収録作であり、一九九五年に阪神大震災が遠く離れた土地で生きる人々の心にもたらした余波を主題とする『神の子どもたち』を基軸にフォルデスが村上文学の世界を包括的に描こうとしていることが想像できる。『ショート・カッツ』のクライマックスでは登場人物の共通体験として大地震が描かれるが、本作では地震が物語に先行する舞台背景となっているのである。

ただし、映画で物語の背景となるのは阪神大震災ではなく、二〇一一年三月一一日に発生した東日本大震災である。映画は地震発生数日後の東京で幕をあけ、被災地の様子を映しだすテレビに釘づけになったキョウコを気遣う小村の様子が描かれる。一方、仕事帰りに自宅のアパートで待ちかまえていたかえるくんと遭遇した片桐は、三月二三日にみみずくんが東京で再び地震をひきおこそうとしていると警告を受ける。みみずくんが長年にわたって地中で吸収した怒りを表現するシーンには核爆弾のきのこ雲のイメージが用いられ、福島の原発における放射能汚染との関連づけが意図されているようにも見える。阪神大震災よりも規模が大きく、当時世界的にも大きく報じられた東日本大震災におきかえることは、たしかにグローバルな観客に訴求する作品のコンテクストを提供できるだろう。しかし、それ以上の意義を私はこの映画オリジナルの要素に見出すことはできなかった。物語はしだいに妻にとって自分が「空気のかたまり」[2]でしかなかった夫婦関係を見つめなおす小村の物語に収斂していき、あくまで背景にとどまっている震災も、結局は主人公たちの存在そのものを覆すような大きな影響をおよぼすことはない。『神の子どもたち』に収録された作品群とは異なり、震災の衝撃を受けて無意識下の死の衝動や闇の部分をめぐる思索が展開されることは最後までないのだ。

そのため、本作においては原作の肝心な部分がどこか抜け落ちているという印象がどうしても拭えない。特に希薄なのが、死や異界に関する主題である。たとえば、補章②でも言及したように、短編小説の「めくらやなぎと眠る女」は『ノルウェイの森』（一九八七年）に発展していく系譜の作品であり、ほどなくバイク事故で死ぬことになる親友はキズキ、入院中である親友のガールフレンド「彼女」は直子と重ねることができる。物語としては独立していて『ノルウェイ』に組みこまれているわけではないものの、胸の手術を受けた「彼女」ははかないイメージを想起させる。「彼女」が語るめくらやなぎの物語も、不可視の部分である根の深さの描写やめくらやなぎによって眠らされた女性を耳の内側からむさぼる蠅の描写など、闇の部分や死を連想させるモティーフが畳みかけられる。ところが、映画では入院中の「彼女」が妻のキョウコとして描かれることにより、早逝しないことが最初からわかった状態になってしまっている。また、主人公と従弟とのやりとりにおいても、「一番痛かったことは?」という、ロング・バージョンの「これまででいちばん痛かったのって、どんなこと?」[▽3]にもとづく問いかけを従弟が発する場面で、キョウコが家を出ていくという最近の出来事のシーンが小村のフラッシュバックとして挿入される。学生時代の友人の事故死や、少し前に経験したばかりのはずの東日本大震災といった死別や危機の体験よりも、小村は夫婦関係のトラウマを最大の苦痛の記憶としてとらえていることが示唆される。

「バースデイ・ガール」においては、原作において明かされることのない主人公の願いの中身が「めくらやなぎ」に由来するキョウコと死んだ学生の恋人、そして小村の三者の関係に関わるものであることが、オーナーがキョウコの願いを叶えるシーンに挿入される短いフラッシュバックを通してほのめかされる。この挿話の終わりでキョウコがそののちに小村と幸福な結婚をしたことを話すことから、レストランのオーナーが叶えたキョウコの願いは彼女の小村との生活を幸福なものにするために過去の喪失の記憶を抑圧ないし受容可能なかたちに変容させることであったと推測できる。夫婦の人間関係を優先させるために死者の記憶や喪失体験が希薄化されるという傾向がここでも見られる。小村とキョウコをはじめ中心人物の関係のみに焦点をあてる点は、移動のシーンなどで登場人物のみを彩色で描き、周囲の人間を半透明の影として描くアニメーション上の演出でも一貫したものである［図3］。

　このほか、「かえるくん、東京を救う」はかえるくんの内側から「様々な種類の暗黒の虫」[4]が出てくるところまで忠実に描かれているものの、正義のヒーローの内面に潜んでいた闇の暴露は片桐の昇進という映画オリジナルのハッピーエンドによって中和される。「ねじまき鳥と火曜日の女たち」における不穏ないたずら電話は母親からの小言の電話におきかえられるほか、原作において最後まで姿を消したままのネコのワタナベはキョウコが引っ越し先の新居で開いた荷物の段ボール箱の中から元気そうな様子で出てくる。「ＵＦＯが釧路に降りる」の物語では、原作で「一瞬のことだけれど、小村は自分が圧倒的な暴力の瀬戸際に立っていることに思い当たった」[5]と抽象的な言葉で表現されている部分が、小村がシマオに対して抱く殺意として明示的に視覚化されることで、夫婦関係の破綻や震災とも共鳴する無意識下に抑圧された暴力性としての奥行きを欠いたものになっている。「かいつぶり」にいたっては、冒頭部分の迷路のような階段や廊下のイメージが借用されているのみで合言葉をめぐ

図3『めくらやなぎと眠る女』

るやりとりを含めた物語が完全に省略されているため、原作との接点はほとんど皆無である。

映画における原作からの改変に一貫して見受けられるのは、喪失、死、謎めいた異界といった村上作品におなじみの主題が薄められ、三人の主人公の人生を肯定的に描こうとする姿勢にほかならない。キョウコは村上が男性主人公目線でしばしば描く、失われるヒロインではなく、自立して生きていける一人の女性であり、ネコのワタナベもそれを理解して彼女のほうについていったと解釈できる。片桐は心を通じあわせた理解者のかえるくんを失うものの、現実の生活においてそれまでの努力が昇進というかたちで認められる。小村はキョウコも仕事も失ってからっぽのまま放りだされるが、彼の喪失体験は彼がかつて志していた文学関係の仕事に戻る転機になるであろうことが示唆される。三人の生は素朴に肯定される一方で、生と表裏一体のものとして存在するはずの死の掘りさげは東日本大震災という圧倒的な喪失体験まで映画オリジナルの要素として盛りこんだわりには十分であるとはいいがたい。一九九五年から二〇一一年へと歴史的により近い災害にアップデートはしていても、震災はあくまでただの背景であり、物語の主題と直結させられているわけではない。

原作と照らしてないものねだりばかりをしてもきりがないが、映画における小村とキョウコの夫婦関係への関心は、『ねじまき鳥クロニクル』において主人公が失踪した妻を捜しもとめ、それまでの夫婦生活を顧みる点との関連で理解できるかもしれない。映画冒頭のクレジットはモーツァルトのピアノソナタ第二番第二楽章、終盤で小村が笠原メイの自宅の庭で空を見あげる場面ではピアノ協奏曲第二三番第二楽章が用いられる。監督のフォルデス自身が音楽も担当しているなかで、モーツァルト作曲のこの二曲は例外的である。モーツァルトは『ねじまき鳥クロニクル』の第三部のタイトル「鳥刺し男」が『魔笛』（一七九一年）からの引用であるように、短編よりも長編との接点を感じさせるものである。またネコのワタナベが戻ってこない短編「ねじまき鳥と火曜日の女たち」とは異なり、『ねじまき鳥クロニクル』の最後では主人公の異界での冒険の末に飼いネコがひょっこり戻ってくる。

村上の長編小説のアダプテーションは『海辺のカフカ』（フランク・ギャラティ演出、二〇〇八年）のほか、『ねじまき鳥クロニクル』（スティーヴン・アーンハート演出、二〇一一年、およびインバル・ピント／アミール・クリガー演出、二〇二〇年）、『ダンス・ダンス・ダンス』（マギー・イヴァノヴァ演出、二〇二三年）、『スプートニクの恋人』（メリー・スティル演出、二〇二三年）など、舞台作品が多い。その反面、映画化作品は『風の歌を聴け』（大森一樹監督、一九八一年）と『ノルウェイの森』（トラン・アン・ユン監督、二〇一〇年）を大きな例外として、基本的に短編に限られている。このような状況を踏まえると、本当にフォルデスが映画化したかったのは『ねじまき鳥クロニクル』のほうではなかったのかとさえ思えてくる。『ねじまき鳥クロニクル』でも歴史の闇や異界というかたちで死や闇が不可欠の主題として描かれるため、フォルデスがどの程度それらにむきあうことができたかは未知数であるが。

新潟国際アニメーション映画祭において『めくらやなぎと眠る女』はグランプリを受賞した。二〇二四年七月には日本での劇場公開も迎え、磯村勇斗、玄理、塚本晋也らを声優に起用した日本語版も制作された。日本語で広く見られるようになることで、今後、多くの研究や評論が出てくると予想される。

▽1 Haruki Murakami, *Blind Willow, Sleeping Woman*, translated by Philip Gabriel and Jay Rubin, Harvill Secker, 2006, p. x. 詳しくは本書の補章②を参照のこと。
▽2 村上春樹『神の子どもたちはみな踊る』新潮社（新潮文庫）、二〇〇二年、一七頁。
▽3 村上春樹『螢・納屋を焼く・その他の短編』新潮社（新潮文庫）、一九八七年、一三六頁。
▽4 村上『神の子どもたちはみな踊る』一八四頁。
▽5 同、四四頁。

あとがき

同時代の作家や作品を扱う研究書ではありがちなことかもしれないが、本書がとりあげる対象には際限というものがない。

すべての章をそろえて校正の準備を進めていた二〇二四年一月、短編小説「品川猿の告白」（二〇二〇年）を原作とする短編映画『宿屋のサル』*The Monkey at the Inn*（ディクラン・ダッガン監督、二〇二二年）が YouTube で公開された。▽1 ノースカロライナ大学人文学部の学生によって撮られたこの作品では、物語の舞台はアメリカに移され、サルがかつて住んでいた品川はシカゴにおきかえられている。英語を話し、人間の女性しか愛せないサルと寝息のうるさいネコはパペットで表現されており、蜷川幸雄が演出した舞台『海辺のカフカ』（二〇一二年、二〇一四年、二〇一九年）に登場する着ぐるみの動物たちのような可愛らしさと気味の悪さがないまぜになった雰囲気をかもしだし

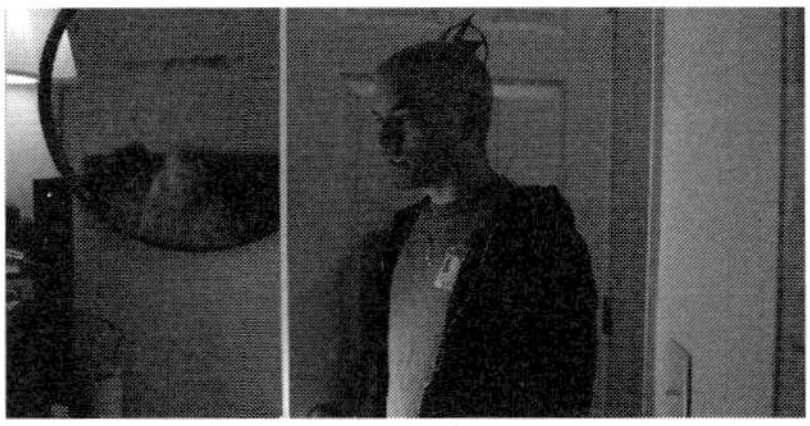
図１　『宿屋のサル』

図２　『ドライブ・マイ・カー』

ている。興味深いのは、村上の小説において肝となるサルの「告白」が省かれている代わりに、宿屋に泊まる主人公の男を、同居中のガールフレンドに浮気されて家を飛びだした若者として描いている点である。オープニングでは男が予定より早く帰宅し、ガールフレンドが別の男と情事におよんでいる場面に出くわす。ガールフレンドと浮気相手を鏡ごしに映しだす演出は、この部分が村上の別の短編「木野」（二〇一四年）の引用というよりは、より直接的に濱口竜介の映画『ドライブ・マイ・カー』（二〇二一年）の影響下にあることを示している［図1、2］。まさにアダプテーションがさらなるアダプテーションを生んでいる例である。

『ノルウェイの森』（一九八七年）の永沢さんのセリフ「現代文学を信用しないというわけじゃないよ。ただ俺は時の洗礼を受けてないものを読んで貴重な時間を無駄に費したくないんだ」は、ハルキスト（村上によれば「村上主義者」が適切な呼称らしい）[2]なら誰でも知っている名言の一つである。[3]たしかに永沢さんのように作家の死後三〇年まで待てば作品の真価はある程度定まるだろうし、もう四〇年待って死後七〇年経てば著作権が切れるため許諾がなくてもアダプテーションが作れるようになる。しかし一人の作家の作品のアダプテーションの全体像を把握しようとするならば、そんな悠長なことをしていては次々と生まれるアダプテーションの洪水に呑まれて何一つまとまったことが言えなくなってしまう。たとえ原作が古典であっても、アダプテーションは同時代の観客にむけて物語をアップデートする。異なる文脈に植えつけられた物語は新しい意味を生みだし、それまでとはまったく違う原作の読み方さえも可能にする。アダプテーションの研究者には、刻一刻とアップデートされる物語の新しさに驚かされつづける覚悟が不可欠だ。

筆者にとって本書は、はじめての学術的な単著である。大学院では修士でも博士でもずっと沖縄映画の研究にとりくんでいたのだが、そちらを本にする前につい村上春樹と映画をめぐる研究に大きく脱線してしまった。それは、ひとえに個人の嗜好によるものだ。学部一年生のときに『ノルウェイの森』を読んで以来、ずっとハルキスト、否、村上主義者として愛読してきた。端から見れば、かなりイタい奴だったに違いない。村上の書く本を愛するあまり、あるとき大学の友人の誕生日に文庫版の『TVピープル』(一九九三年)を贈ったら「この本のどういうところが私っぽいと感じたの?」と訊かれて答えに詰まってしまった。プレゼントには自分の好きなものを押しつけるのではなく、相手の好きなものや相手にあっていると考えられるものを選ばないといけないという単純な原則に私は気づいていなかったのだ。

本書においても、私は大学生のころと同じ間違いを犯しているのかもしれない。可能な限り学術的な客観性をもったスマートな本を目ざしたが、村上主義者のオタクっぷりがにじみでて細部をめぐる些末な議論に熱が入りすぎた部分がところどころに散見されるかもしれない。ただし、教科書として否応なく買わされるなどの特殊なケースをのぞいて、本は基本的に自分の意志で選んで読むものだから、著者による「好き」の押しつけが嫌になったらいつでも放りだす権利はあるだろう。

本書の大部分は科学研究費助成事業の若手研究「ポスト撮影所時代の日本映画における村上春樹映像化作品の位置づけに関する基礎研究」（JP22K13025）および研究分担者として参加した基盤研究C「村上春樹文学アダプテーションに関する総合的研究―「世界文学」という視座から―」（JP22K00320）の助成を得てとりくんだ研究にもとづいている。後者の研究代表者である山根由美恵さん、研究分担者の内田康さん、研究協力者のダルミ・カタリンさんと伊藤弘了さんをはじめ村上春樹とアダプテーション研究会の参加者からは多くの示唆をもらった。また、台湾の淡江大學で曾秋桂教授が中心となって運営されている村上春樹研究中心は、村上研究の国際的なハブとして学術交流の機会を与えてくれたほか、村上春樹研究叢書の第一〇輯および第一一輯に拙論を掲載してくれた。さらに、『ドライブ・マイ・カー』をめぐる国際シンポジウムでの研究発表および論考では、自称ＲＥＭこと冨塚亮平さん、奥田詠二さん、佐藤元状さんの三人に大変お世話になった。そのほか、論文の再録許諾や情報提供、研究発表や論文査読でのフィードバック、編集やデザインをはじめ、この本の成立に不可欠な助力をしてくれた方々全員の名前を挙げれば、この限られた紙幅にはまったく収まりきらない。もちろん、何かの縁で今この文章を読んでくれているあなたも、もれなく感謝の対象である。

照れ隠しでつい引用に頼ってしまうが、私があなた方に伝えたいのは「**僕は・君たちが・好きだ。**▽4」という一言に尽きる。これもれっきとした「好き」の押しつけではあるのだけど。

二〇二四年一一月

藤城《ふじき》孝輔《こうすけ》

▽1 "The Monkey at the Inn (UNCSA Short Story Adaptation Film)," directed by Declan Duggan, YouTube, January 28, 2024, https://www.youtube.com/watch?v=0pIwEn-KwBM.

▽2 村上春樹『村上さんのところ』新潮社（新潮文庫）、二〇一八年、四九頁。

▽3 村上春樹『ノルウェイの森』上、講談社（講談社文庫）、一九九一年、五九頁。

▽4 村上春樹『風の歌を聴け』講談社（講談社文庫）、一九八二年、一四四頁。太字は原文どおり。

初出一覧

第1章「映画批評に見る創作のインスピレーション――鈴木清順の映画と村上春樹『騎士団長殺し』の比較を通して」『映像学』一〇八号、二〇二二年、一〇一―一二二頁。

第2章「アダプテーションが媒介するノスタルジアとトラウマ――『風の歌を聴け』映画化における時間の主観性」『JunCture　超域的日本文化研究』一五号、二〇二四年、一三八頁―一五二頁。

第3章「反復されるアダプテーション―「パン屋（再）襲撃」および「4月のある晴れた朝に100パーセントの女の子に出会うことについて」映像化作品におけるグローバル時代の戦術―」『村上春樹とアダプテーション研究』二号、二〇二四年、二五―五二頁。

第4章「クロスメディアを紐帯する五感―村上春樹原作映画『森の向う側』における感覚表現の変容―」中村三春監修、曾秋桂編『村上春樹における紐帯』淡江大學出版中心、二〇二三年、二二七―二五八頁。

補章①「*Dansa med dvärgar*（小人たちと踊る）―女性を主人公に「踊る小人」を翻案したスウェーデン映画―」『村上春樹とアダプテーション研究』一号、二〇二三年、六三―六六頁。

第5章「アダプテーションを通した語りの〈引き継ぎ〉―市川準『トニー滝谷』における父親の主題と原作への忠実さ―」『岡山理科大学紀要　B：人文・社会科学』五八号、二〇二二年、九―二〇頁。

第6章「Kタウンのかえるくん――映画『神の子どもたちはみな踊る』における多文化共生社会とポスト9・11の

アメリカ」『層――映像と表現』一五号、二〇二三年、一一四―一三二頁。

第7章「グローバル・アート・シネマに擬態する日本映画―映画『ノルウェイの森』におけるノスタルジアの回避と時間構造―」中村三春監修、曾秋桂編『村上春樹における擬態』淡江大學出版中心、二〇二四年、六七―九八頁。

補章② 書きおろし

第8章「男性アイドル映画になった村上春樹――『アコースティック』におけるスター表象と韓国ポピュラー文化」『JunCture 超域的日本文化研究』一二号、二〇二一年、一一二―一二四頁。

第9章「村上春樹とヤンキー男子―映画『ハナレイ・ベイ』における男性表象と視線の政治性―」『国際教育研究所紀要』三二号、二〇二二年、四一―五三頁。

第10章“Adapting Ambiguity, Placing (In)visibility: Geopolitical and Sexual Tension in Lee Chang-dong's *Burning*”『映画研究』一四号、二〇一九年、七二―九八頁。

補章③「共同製作における腹話術――『特集ドラマ バーニング』の再文脈化」小暮修三編『日本映画学会第15回大会プロシーディングス』日本映画学会、二〇二〇年、二〇―二九頁。

第11章「他者の声を聴け――『ドライブ・マイ・カー』における他者性の構築と受容」佐藤元状／冨塚亮平編『『ドライブ・マイ・カー』論』慶應義塾大学出版会、二〇二三年、一五一―一六四頁。

補章④ 書きおろし

作品名索引

第 3 章のみで言及される自主制作映画については、章末の付録 2, 3 を参照のこと。
＊印は筆者が便宜的に直訳したタイトルである。

［著者略歴］

藤城孝輔（ふじき・こうすけ）

沖縄県出身。岡山理科大学教育学部講師。沖縄映画研究会運営委員長。

キングズ・カレッジ・ロンドン映画学博士課程修了。専門分野は、沖縄を中心とする東アジア映画およびアダプテーション。

共著に、ミツヨ・ワダ・マルシアーノ編『映像アーカイブ・スタディーズ』（法政大学出版局、2025年1月刊行予定）、佐藤元状・冨塚亮平編『『ドライブ・マイ・カー』論』（慶應義塾大学出版会、2023年）、杉野健太郎編『映画とイデオロギー』（ミネルヴァ書房、2015年）など。"Trapped in Between: Interim Space/Time in Wong Kar-wai's *In the Mood for Love* and *2046*"（『映画研究』6号、2011年）で第4回日本映画学会賞、「『罪の手ざわり』と触感のない動物たち」（『ドキュメンタリーマガジン neoneo』10号、2017年）で映画評論大賞2017を受賞。

村上シネマ——村上春樹と映画アダプテーション

発行日……………………2024年12月5日・初版第1刷発行

著者……………………藤城孝輔

発行者…………………大石良則

発行所…………………株式会社森話社
〒101-0047 東京都千代田区内神田1-15-6 和光ビル
Tel 03-3292-2636
Fax 03-3292-2638

印刷……………………株式会社厚徳社

製本……………………榎本製本株式会社

ISBN 978-4-86405-186-6 C1074

映画と文学 交響する想像力

中村三春編　映画はいつの時代も文学との協働によって活性化され、文学もまた映画との交流の中で変異を遂げてきた。川端康成原作などの〈文芸映画〉を中心に、アニメ、ミステリー、スリラーなどのジャンルも含め、映画と文学の多様な相関をとらえ直す。四六判 336 頁／ 3740 円

村上春樹 表象の圏域——『1Q84』とその周辺

米村みゆき編　『1Q84』を中心に、『多崎つくる』『ノルウェイの森』などの村上春樹の小説から、表象・ジェンダー論のメソッドを用いて新たな相貌を析出する。四六判 368 頁／ 2640 円

日本映画とナショナリズムの時代——娯楽・闘争・プロパガンダ

岩本憲児著　日本映画が自立するための試行錯誤、戦意高揚のために政府・軍部が主導する映画、占領軍の視線の下での戦後映画——。ナショナリズムが大きくせり出してくるなかで、時代の大きな波に揺れ続けた日本映画の姿と、その渦中に生きた映画人たちを描く。A5 判 440 頁／ 5280 円

フロンティアをこえて——ニュー・ウェスタン映画論

川本徹著　かつて「アメリカ神話」を形づくってきた古典的な西部劇は、現代では、SF やロード・ムーヴィー、アニメーションなどに潜入し、多様化している。現代アメリカ文化の基層を照らし出す新たなウェスタン映画論。四六判 328 頁／ 3520 円

戦後映画の生き残り戦略——変革期の一九七〇年代

谷川建司編　従来の大手映画会社によるスタジオ・システムが崩れた後、異業種からの参入などによって日本映画界が再び活性化し、映像コンテンツ産業として新たに定義されるまでの道のりを考察した、産業としての戦後映画史。A5 判 304 頁／本体 4180 円